INHALT

CÉDRIC GRAS

STALINS ALPINISTEN

Der Fall Abalakow

Aus dem Französischen
von Manon Hopf

TYROLIA-VERLAG • INNSBRUCK-WIEN

DRITTER TEIL: WITALI ABALAKOW

Doch nichts Besseres als eine Wahrheit,
die unwahrscheinlich wirkt!

Stefan Zweig, *Magellan*

ABALAKOW

Lange habe ich mich gesträubt. Ich habe schon immer nach der Geschichte hinter der Geschichte gesucht: Stalin, den Gulags und allem, was im Westen als exotisch dargestellt wird. Ich bin kreuz und quer durch Russland gereist, um es heute klarer zu sehen. Ich wollte nie, wie es gegenwärtig allzu üblich ist, mich der berühmten Namen Verstorbener bedienen, um eine fade Reise in der heutigen Zeit aufzuwerten. Ich weigerte mich, die Geschichte heranzuziehen, um eine Gegenwart, die manchmal nicht an die Vergangenheit heranreicht, interessanter zu machen. Doch man interessiert sich nicht ungestraft für Eurasien. Das rote Jahrhundert lauert überall. Die Sowjetunion hat eine gewaltige Dramaturgie entwickelt, erschütternde Schicksale und launische Fügungen. Das wird immer ihr größter Erfolg bleiben. Aus ihr werden die Schriftsteller nach wie vor ausgiebig schöpfen.

Wenn ich heute der Versuchung erliege, Schwarzweißbilder heranzuziehen, dann nicht wegen der erstbesten Anekdote. Diese Geschichte lässt mich nicht mehr los, weil sie jede meiner Leidenschaften anspricht. All die Jahre im Osten, die Berge, die mich als Heranwachsenden stets begleiteten, meine Reisen durch Zentralasien. Sie kam zu mir wie eine Katharsis, wie eine Selbstverständlichkeit. Und mir wurde bewusst, wenn nicht ich, würde sich niemand sonst dieser unglaublichen Geschichte annehmen. Ich wollte nicht, dass sie im Dunkeln verschwindet. Schließlich fühlte ich mich verpflichtet, sie ans Licht zu bringen. Daraufhin versank ich jeden Tag tiefer in fiebrige Recherchen, gefesselt von diesen verrückten Lebensgeschichten aus jenen Jahrzehnten, die nicht weniger verrückt waren, in einem Land, das es schon immer war.

So kam es, dass ich eines Tages im Herbst in der ohrenbetäubenden Metro der Hauptstadt aller russischen Staaten saß. An der Station Frunsenskaja, die in der Moskwa-Schleife liegt, komme ich wieder an die frische Luft. Ich blicke auf Beton und große Bäume, die ihr welkes Laub abwerfen. Ich frage nach der Bolschaja Pirogowskaja. Dort befindet sich heute das Staatsarchiv. Zügigen Schrittes versuche ich mir nochmal klarzumachen, warum ich hier bin. Warum beschäftige ich mich seit so vielen Monaten mit diesen beiden in Vergessenheit geratenen Alpinisten? Was bringt einen dazu, im Leben Unbekannter herumzuschnüffeln? Und mit welchem Recht übrigens, wenn nicht dem, der wahren Geschichte auf den Grund zu gehen?

Die Akademiker in meinem Bekanntenkreis prophezeiten mir Schwierigkeiten auf allen Ebenen. „Du wirst sehen", sagten sie voraus, „die Akten über die Säuberungen sind unter Verschluss. Russland unter Putin kehrt die Opfer des Stalinismus unter den Teppich. Man wird dir nicht das Geringste zeigen." Ich hatte mich also auf die Willkür der Beamten eingestellt, darauf, dass ich alle möglichen Stempel sammeln müsste, dass ich meine gesammelten Russischkenntnisse und mein gesamtes Wissen über die internationale Bürokratie für diese außergewöhnliche Spurensuche brauchen würde. Ich konnte mir nicht vorstellen, über diese beiden Kerle zu schreiben, ohne das Kafkaeske ihrer Prozesse gelesen, ohne den Geruch des Papiers eingeatmet zu haben, das man zu lügen und zu töten nötigte.

Zuvor hatte es mich einige Mühe gekostet, die Akte P-8594 ausfindig zu machen, in ihr befand sich der Schlüssel. In der Lubjanka, dem historischen Hauptquartier des KGB, war sie nicht mehr. Sie war ins Staatsarchiv verlegt worden, und ich hatte gleich einen detaillierten Antrag gestellt. Dann musste ich Geduld haben. Ein oder zwei Monate lang. Als die Antwort auf sich warten ließ, rief ich an. Ich fragte eine knarzende Stimme nach der Abteilung für die „Opfer der Säuberungen" des Stalinschen Terrors. „Wir haben keine anderen", erwiderte schlechtgelaunt eine Dame. Übrigens, mein Antrag sei jetzt bewilligt, ich könne kommen, wann ich wolle.

Da bin ich nun, in der Bolschaja Pirogowskaja, vor diesem riesigen sowjetischen Gebäude voll mit sortierten, schrecklichen Geheimnissen, am frühen Morgen eines Tages, dessen Himmel ich nicht zu Gesicht bekommen werde. Auf der rechten Seite der Eingangshalle kann man über ein altes Telefon die Archivare kontaktieren. Ich wähle eine der Nummern auf der Liste, die daneben an der Wand hängt. Es klingelt, worauf eine Stimme grüßt, wie man in Russland eben grüßt. Sie grüßt nicht. Sie lenkt, sie befiehlt, sie ordnet an. Sie kündigt mich bei der Zuständigen für die Passierscheine an, die mit Mühe meinen ausländischen Namen dechiffriert.

Dann soll ich den Innenhof durchqueren bis zum Gebäude 7. Dort bedeckt das erste gefallene Laub die Schwelle eines Eingangs, der hundert anderen gleicht. Im zweiten Stock erwartet mich zwischen hohen Regalen meine Ansprechpartnerin – freudlos, aber hilfsbereit. Das Zimmer ist schlecht beleuchtet. Ich setze mich an einen kleinen Tisch in der Nähe eines Fensters, das ein wenig Licht hereinlässt. Sie bringt mir die Akte. Dann bittet sie mich mit Nachdruck „nichts zu stehlen", um anschließend merkwürdigerweise zu erwähnen, dass sie sich gegen Mittag mit einem Agenten des FSB (Föderaler Dienst für Sicherheit) treffen werde. Ich sage, das sei perfekt. Dass der FSB mich wahrscheinlich besser kennt als ich mich selbst. Ich werde allmählich vergesslich, nachdem ich schon seit fünfzehn Jahren dieses Land bereise.

Darauf lässt sie mich allein.

Hier war ich also. Seit acht Monaten verfolgte ich die Spur dieser beiden Männer. Der Brüder Abalakow.

Ich öffnete die Akte. Ich warf einen Blick auf die Liste derjenigen, die bereits vor mir dagewesen waren. Nur zwei Namen von vor ungefähr zehn Jahren. Sie waren mir schon unter Artikeln aufgefallen, die sich mit dem Alpinismus in der UdSSR beschäftigten. Sonst niemand, zumindest seit der Verlegung der Akte ins Staatsarchiv.

Dann stürzte ich mich wissensdurstig auf 350 Seiten Untersuchungsmaterial. Ich hatte Hunderte von Fragen. Aus welchen Gründen wurde Witali Abalakow, der bekannteste sowjetische Alpinist, Opfer des Großen Terrors? Hatte er unter Folter seine Seilkameraden denunziert? Und vor allem: Hatte er seinen eigenen Bruder verraten? Jewgeni Abalakow, Stern am Himmel des Alpinismus, heldenhafter Bezwinger des gewaltigen Pik Stalin.

Ich hatte mich so lange danach gesehnt, Licht in diese Geschichte zu bringen.

Doch war ich recht bald froh, wirklich erst am Ende meiner Recherchen in die Archive gegangen zu sein. Denn um diese Geschichte richtig zu verstehen, muss man in das Sibirien des beginnenden letzten Jahrhunderts zurückkehren.

ERSTER TEIL

PICKEL UND SICHEL

AUS BÜRGERLICHEM HAUSE

Wir befinden uns im Jahr 1920. Der Bürgerkrieg hat gerade Sibirien erfasst. Das heilige Russland bricht in seine fahlen und unermesslichen Weiten auseinander. Die Weißen drängen die Roten zurück, die Roten metzeln die Weißen nieder und die Bolschewiki haben gerade Krasnojarsk erobert, eine verschlafene Holzstadt am Ufer des Jenisseis, mit Schildern auf Altslawisch, zerzausten Muschiks[1] und chinesischen Waren. In einem stattlichen Haus in der damaligen Leninstraße – oder heißt sie noch Straße Mariä Verkündung? – sitzt eine ungewöhnliche Familie am Abendtisch, als es laut an der Tür klopft. Es trommelt sogar, und als die Tür aufgeht, erscheint im Türrahmen ein Soldat der Revolution und zeigt stolz einen Haftbefehl.

Das Dokument mit dem Stempel der neuen Herrscher des Landes erwähnt den Namen Iwan Abalakow, Eigentümer des Hauses. Er ist ein angesehener Geschäftsmann, somit ein Volksfeind schlechthin. Sein Schicksal ist besiegelt. Seit Ausbruch der Oktoberrevolution weiß man nur zu gut, wie diese abendlichen Besuche enden. Wer zur Bourgeoisie gehört, wird im Eilverfahren hingerichtet. Zwei junge Heranwachsende stürzen zum Eingang, um zu verhindern, dass dieser Iwan Abalakow abgeführt wird. Er ist ihr Onkel väterlicherseits und hat sie bei sich aufgenommen. Die beiden heißen Witali und Jewgeni, vierzehn und dreizehn Jahre alt, zwei Waisen, deren hohe Bestimmung noch niemand erahnt, während sich der angestaute Klassenhass unter dem Joch der Zaren entlädt.

Der Rotgardist beschließt, Onkel sowie Neffen wegen Behinderung der Arbeiter- und Bauernjustiz zu verhaften, weil er, der einfache Bürger, von jetzt an alle Rechte hat. Also greift er sich die Sprösslinge dieser „kapitalistischen" Patchworkfamilie. Wahrscheinlich war dies der Abend, an dem Witali und Jewgeni auf einmal erwachsen wurden, als sich das kommunistische Ideal ihren jugendlichen Köpfen derart unrühmlich zeigte. Die Tür schließt sich vor ihrer mütterlichen Tante, der Frau, die sie großzieht, die keine anderen Kinder hat und die nicht aufgibt. Sie bricht nicht vor Ikonen und Kerzen kniend in Tränen aus. Nein, lieber holt sie nachts auf der Straße den mutigen Soldaten ein. Sie lässt, während der Soldat scheinbar die Sterne betrachtet, Wodka und Sakuski[2] in seine Manteltasche gleiten.

Schließlich hat auch die Revolution eine menschliche Seite. So rettet sie die beiden Brüder, die ins Haus zurückgehen, um einstimmig für das Heil ihres Onkels zu beten, der bald zum Tode verurteilt wird. Seine Strafe wird wie durch ein Wunder umgewandelt in Zwangsarbeit im Lager, und im Dezember desselben Jahres wird er sogar begnadigt. Die Bolschewiki haben ihre Meinung geändert, denn sie brauchen gebildete Leute. Man weist ihm eine Stelle als Buchhalter in einer Fabrik zu und deklassiert, proletarisiert und entbürgerlicht, gehört er von nun an zu den fleißigen Arbeitermassen.

Diese Szene habe ich aus einem Artikel, der erst 2018 erschienen ist und den ich im *Arbeiter von Krasnojarsk* ausfindig gemacht habe, einem im Sterben liegenden Blatt, das von einigen Pensionierten geführt wird, die über eine Welt lamentieren, die die ihrige vergisst. Eine alte Dame brachte darin einen Zeugenbericht aus zweiter Hand über eine ferne Freundin, deren Großmutter mit der Tante der Abalakows verkehrte … Wahrscheinlich bin ich der Einzige gewesen, der diese unvollkommene Erinnerung in der letzten Ecke eines kaum gelesenen sibirischen Blattes fieberhaft verschlungen hat. Aber mit welcher Erleichterung! Sie ließ eine Kindheit in einem neuen Licht erscheinen, die von allen anderen sowjetischen Quellen politisch kompatibel erzählt wurde. Und diesen Fallen galt es auszuweichen. Laut offizieller Literatur sollten die Helden gleich mit dem ersten Schluck Muttermilch Bolschewisten gewesen sein. Aber als treue Söhne von Kosaken konnten die Brüder Abalakow nur in Liebe zum Zaren und im Weihrauch der orthodoxen Kirchen erzogen worden sein. Hier musste man beginnen.

Die sowjetische Geschichtsschreibung lässt nämlich, beschämt über die bürgerliche Herkunft ihrer jungen Helden, gerade diese Ereignisse diskret aus. „Es waren harte Zeiten", ist die Ausrede, „wegen der Koltschak[3]-Truppen." Einer erwähnt, dass „die Abalakow-Brüder im Dorf, beim Flößen, im Haus arbeiten mussten". Er hütet sich davor zu erwähnen, dass der Grund dafür die Konfiszierung der Dampfmühle und des Geschäfts ihres Onkels im Zuge seiner Verhaftung war. Das Wohngebäude, ein Blockhaus, damals auf 9471 Rubel geschätzt und damit ein Vermögen, wurde verstaatlicht. Eine bolschewistische Verwaltung hat sich dort niedergelassen und es ist schwer nachzuvollziehen, wo die bisher privilegierten Waisen ab diesem Zeitpunkt leben.

Es ist also ein schwieriger Start in einer Gesellschaft, in der nur die soziale Herkunft zählt. Eine Schande, über die in der Presse der UdSSR gnadenlos geschwiegen wurde; man kann auch nicht damit rechnen, dass die Brüder Abalakow unter diesen Umständen von ihrer Kindheit erzählen, die auf brutale Weise in Armut endete. Sie selbst behaupteten immer, dass sie von einfachen Leuten abstammten. Sie hatten ihr Leben lang keine andere Wahl, als ihre Abstammung von „Geschäftemachern" zu leugnen, und damit ihren Onkel und ihre Tante ebenso wie ihre Eltern, die sie kaum kannten. Schenkt man ihnen Glauben, so ist ihr Vater Jäger oder Holzfäller gewesen. Doch die Ermittlungsarbeiten, die das Volkskommissariat für Inneres der UdSSR, das schreckliche NKWD, während der Stalinschen Säuberungen durchführen ließ, belegen das exakte Gegenteil. Sie waren die Söhne eines wohlhabenden Kaufmanns, der Goldförderungen am unteren Jenissei besaß. Heute weiß man, dass sie den Namen eines Geschäftsmannes der dritten Gilde trugen, der mit handwerklichen Erzeugnissen, Fellen und Pelzen handelte. Was ihre Mutter betrifft, die bei Jewgenis Geburt im Kindbett starb, weiß man, dass sie aus Irkutsk stammte, aus der Familie Glotowych, Reeder von Dampfschiffen.

DAS FONTAINEBLEAU VON SIBIRIEN

Der Name Abalakow hat zwei Gesichter, es ist der Familienname zweier Helden, zu zwei Vornamen. Witali und Jewgeni, zwei Jungs, die später in der gesamten UdSSR als die „Brüder Abalakow" bekannt sein werden, als die, die die Wolkenmeere durchstreifen. Es wird der Tag kommen, an dem der eine sich bereit machen wird, den Everest zu besteigen, während die Witwe des anderen ihren „Eroberer der Substratosphäre" beweinen wird. Die Propagandapresse konnte dem sowjetischen Leser nicht erklären, dass diese Männer die Oktoberrevolution zunächst gehasst hatten. Die Ikonen des Kommunismus konnten nichts anderes als echte Proletarier sein. Von ihrer Jugend hat sie also nur ihre Eskapaden in den legendären Stolby im Gedächtnis behalten.

Stolby bezeichnet so etwas wie „Säulen", „Blöcke" oder „Boulder". Man findet dort ein Archipel aus Syenitfelsen, die in der unmittelbaren Nähe von Krasnojarsk aus dem Boden ragen. Weil sich der Ort gut zum Klettern eignet, wird er oft als das Fontainebleau von Sibirien bezeichnet, ich muss aber sagen, dass die Stolby bei Weitem den berühmten Sandstein der Pariser Umgebung übertreffen. Man wandert dort zwischen Felswänden, in denen die Kletterer hängen, zwischen verfallenen Gräbern und herumschweifenden Bären. Die jungen Russen kommen hierher, um wochenlang am Fuß der Kletterrouten zu kampieren, die sie so lange wiederholen, bis sie sie in- und auswendig kennen. Heute noch heißt einer dieser schwindelerregenden Felsen, an dem sie trainieren, der Kommunar, und man kann ihn über die Abalakow-Route besteigen. Über den Stolby schwebt überall der schützende Geist Witalis und Jewgenis.

Die Stolby strahlen eine nonkonformistische Atmosphäre aus, etwas Anarchistisches, vergleichbar vielleicht mit dem ursprünglichen nordamerikanischen Yosemite. Ein subversiver Geist ist dort spürbar, der auf das Zarenreich zurückgeht, als das Klettern Seite an Seite mit der Utopie in seinen Kinderschuhen steckte. Die Utopie, die damals in Mode war, hieß „Sozialismus". Die Deportierten und Anarchisten trafen sich im Schutz der Taiga und der Höhlen. Schenkt man den sowjetischen Autoren, die ich bis zum Überdruss gelesen habe, Glauben, malten diese in Großbuchstaben

„Nieder mit der Zarenherrschaft!" oder „Der Gouverneur ist ein Ganove!" oben auf die Felsen. Die Polizei konnte nicht anders, als mit der Pistole zu drohen, damit sie diese Parolen, die außerhalb der Reichweite der Polizei lagen, selbst wieder entfernten. Wenn sie nicht gleich auf die knallroten Symbole feuerten, die die makellose Landschaft befleckten.

Naja, natürlich wurde das leicht übertrieben dargestellt, damit der Alpinismus besser in die sowjetische Mythologie hineinpasst. Dass sie den ersten roten Dissidenten Schutz geboten haben, verlieh den Felsformationen einen fast heiligen Charakter und adelte die Brüder Abalakow. Ich bezweifle, dass sich Witali und Jewgeni dort an den Debatten über den Klassenkampf beteiligten. Ich will aber gerne glauben, dass sie in ihrem Alter, in den Felsen hängend, andere Wege suchten als jenen der Diktatur des Proletariats.

Die einzige Brücke über den Jenissei war der Transsibirischen Eisenbahn vorbehalten, also mussten sie jedes Mal den breiten Fluss mit einem Kahn überqueren und dann etwa zwanzig Kilometer zu Fuß zurücklegen. In den Stolby angekommen, biwakierten sie unter hohen Bäumen und Wänden mit einer Unbekümmertheit, die an Leichtsinn grenzte.

Sicher ist, dass ihr Schicksal hier seinen Ursprung nimmt, in diesem Chaos aus Syenit, das durch die Baumkronen scheint. Zumindest in diesem Punkt stimmt die offizielle Überlieferung überein. Die Brüder Abalakow verbrachten ihre Jugend in diesem Gestein, an das sie sich schmiegten und wo sie der Schwerkraft zu trotzen und ihre Kunststücke über dem Abgrund zu vollbringen lernten. Angeblich verpassten seine Kameraden Jewgeni den Spitznamen „Tamias". Das *Tamias sibiricus* ist ein kleines endemisches Streifenhörnchen. Denn Jewgeni erschloss Routen dort, wo bisher noch keine Galosche die Flechten vom Felsen gekratzt hatte. Witali, obwohl um ein Jahr älter, folgte ihm, so gut er konnte. Auf den wenigen Fotografien aus dieser Zeit ist er weniger kräftig und schlanker. Er selbst wird sich später als beinahe kränklich beschreiben und sagen, dass er sein Überleben einzig seinem eisernen Willen verdanke, der legendär werden sollte. Ihre Tante ließ ihn mütterlich sibirischen Kräutersud trinken. Schon damals ist der kleine Jewgeni derjenige, der die ganze Aufmerksamkeit auf sich zieht. Er ist der Jüngste, der eindeutige Liebling, und auch ich bin in diese Falle getreten und habe mich dabei ertappt, dass ich Jewgeni Witali vorziehe. Ich habe den Künstler Jewgeni bewundert, den seiltänzerischen Kletterer, den untadeligen Helden. Und ich habe vor dem Ingenieur Witali, dem Schweigsamen, der beinahe zum Gulag verurteilt wurde, das Gesicht verzogen. Obwohl mich eigentlich ein Männerlächeln kaum berührt. Jewgeni war bekannt für sein freundliches Gesicht, und sein Bruder sollte sich sein Leben lang damit zufriedengeben, bei allem immer der Zweite zu sein, bei den Frauen, bei Stalin, dem Volk und sogar vor dem Tod.

ERBAUER DER STRAHLENDEN ZUKUNFT

Nach dieser vom Klettern und vom Aufstand der Bolschewiki geprägten Kindheit begeben sich die Brüder Abalakow nach Moskau. Eine Reise, die heute noch vier Tage und vier Nächte mit der Transsibirischen Eisenbahn dauert. All die Ebenen, der Ural und wieder Ebene um Ebene und endlich die neue Hauptstadt der Sowjets. Witali packt 1925 seine Koffer. Er, der in Krasnojarsk in ihrem in eine Werkstatt umgestalteten Zimmer Ski anfertigte, wird an der Mendeljew-Universität an der Fakultät für Mechanik zugelassen. Ein Jahr später legt Jewgeni seinen Schülerkittel ab, um am Moskauer Kunstinstitut zu studieren, wo er auf die lobende Empfehlung eines Zeichenlehrers der Schule Nummer 3 von Krasnojarsk hin aufgenommen wurde. Seit seiner Kindheit zeichnet er die eingeschneite Taiga, Stillleben und erstaunliche Selbstportraits, auf Schulhefte skizziert, so wie ein Meister vor seinem Spiegel.

In Moskau kennt niemand die beiden sibirischen Studenten und alles deutet darauf hin, dass sie sich dort, begünstigt durch die Anarchie, eine neue Biografie erfinden. Eine von bürgerlicher Herkunft und gesellschaftlich geächteter Verwandtschaft bereinigte Vergangenheit. Ihr Onkel hat ihnen sehr ans Herz gelegt, sich unter die Massen zu mischen, die den Kommunismus vorbereiten. Die Brüder Abalakow stellen sich überall als einfache und seit Langem verwaiste Kosakensöhne vor. Sie fallen niemandem auf. Die Macht der Sowjets scheint von Dauer zu sein, aber die Neue Ökonomische Politik des verstorbenen Lenin ist in vollem Gange. Durch sie kommen einige Händler vorläufig zu Wohlstand und die Stadt brodelt im Rhythmus der holprigen Straßenbahnen.

Zwanzig Jahre alt in einem Land zu sein, das mit seiner schrecklichen Vergangenheit reinen Tisch macht, wie berauschend musste das sein! Bei der Ankunft der Abalakows verdrehen die Trugbilder der Oktoberrevolution allen die Köpfe. Ihnen steht die strahlende Zukunft bevor: Alles muss neu gemacht werden, alles ist möglich! Ich habe guten Grund zu glauben, dass in Witali und Jewgeni eine innere Umwälzung stattfindet. Auf einmal öffnen sie sich dieser Revolution, die ihren Onkel deklassiert und ihr

Vermögen verstaatlicht hat. Ihr Ausbruch ist zwar brutal gewesen – wie hätte es auch anders sein können? –, aber ihr Zweck ist rein. In den Gemeinschaftswohnungen leben junge Leute, die darauf drängen, eine vorbildliche Zukunft zu entwerfen. Auch die Brüder Abalakow engagieren sich bei der Erbauung dieses siegreichen Sozialismus. Witali widmet sein konzentriertes und kartesianisches Wesen dem Fortschritt. Die UdSSR spricht von nichts anderem als von einer materiellen Zukunft, von Industrie und Fabriken. Man braucht tatkräftige Arbeiter und Konstrukteure mit Visionen …

Jewgeni seinerseits taucht in eine von jeder konservativen Last befreite Gesellschaft ein. Man hält sich für avantgardistisch. Die Kunst darf nicht mehr allein der Bourgeoisie vorbehalten sein. Die kulturelle Revolution ist auf dem Vormarsch. Sie fasziniert bis in den Westen, und das bis heute. Es sind sozusagen die Goldenen Zwanziger der Sowjetunion. Ein Auflodern, das bald wieder erlischt. Als Jewgeni nach Moskau kommt, ist das alles schon vorbei, Marc Chagall ist emigriert, Kasimir Malewitsch steht in der Kritik. Lenin ist seit zwei Jahren tot und einbalsamiert. Es ist schon das Ende des Futurismus, des Kubismus und jener Gemälde, die keine mehr sind. Im Hinterhalt lauert der Sozialistische Realismus. Jewgeni wird in den Kurs von Wera Muchina aufgenommen, der zukünftigen Bildhauerin der Skulptur *Arbeiter und Kolchosbäuerin*. Diese wird emblematisch für die stalinsche Bildgebung werden. In den Quellen wird diese frühe Begegnung zweier Figuren des sowjetischen Pantheons hervorgehoben, und ich habe hundertmal die lobenden Worte Wera Muchinas über den ernsten, konzentrierten Jewgeni Abalakow gelesen, über den sie niemals die geringste kritische Bemerkung machen musste. Später wird sie ihre Wertschätzung hinsichtlich seines „Talents“ und seiner „großen Bescheidenheit“ wiederholen. Hätte sie sich überhaupt abfällige Kommentare erlauben dürfen?

An der Universität lernen die Brüder Abalakow die Grundlagen einer neuen Ordnung kennen. Die Revolution behauptet, einen Musterbürger zu schmieden, so wie Gott den Menschen nach seinem Ebenbild erschaffen hat. Sie ist der Urknall einer neuen Welt, eines Universums, das sich im Namen der Internationalen immer weiter ausdehnt. Witali und Jewgeni gehören vielleicht nicht gerade zu denen, die den Marxismus Wort für Wort befolgen, und doch wird die UdSSR ihr Land, und nicht mehr Russland, denn die Sowjetunion ist ihre Epoche. Man muss verstehen, dass ein Ort nichts ist ohne ein Datum, dass das Eurasien der Zwanzigerjahre heute ein versunkener Kontinent ist. Und dass die beiden sich darauf vorbereiten, das Banner einer wunderbaren Utopie auf den höchsten aller Gipfel zu setzen.

Ich erinnere mich an eine großartige Passage in Iwan Bunins *Das Leben Arsenjews*. Eine Kämpferin von großer Schönheit, die sich von der Natur übervorteilt sieht, versucht sich zu verstümmeln, um mehr Gleichheit unter ihresgleichen herzustellen. Ich habe nie mehr eine passendere Allegorie für diese fanatische und selbstzerstörerische, jedoch Berge versetzende Revolution gefunden. Können wir uns das vorstellen, wir, für die der Sozialismus vor allem eine Art ist, unseren Lebensstandard zu rechtfertigen? Wir, die das Elend beklagen und dabei auf nichts verzichten wollen.

Ich habe keinen Zweifel, dass Witali in den 1920er-Jahren in einer Art streberhaftem Wettstreit lebt, während Jewgeni eine gewisse Moskauer Bohème für sich entdeckt. Sie bleiben jedoch die besten Komplizen, sobald es um ihre Eskapaden geht. Die sich in der Entwicklung befindende Hauptstadt und ihr urbaner Horizont können ihre Sehnsüchte nicht vollends stillen. Viel mehr als von Moskau träumen sie davon, sich an den Steilwänden des Kaukasus zu messen. Im Winter trainieren sie an den Leninbergen. Heute nennt man sie die Sperlingsberge, auf deren Anhöhe die renommierte Lomonossow-Universität steht. Doch zu jener Zeit gab es noch keinen einzigen dieser schwindelnd hohen Wolkenkratzer, die die „Sieben Schwestern Stalins" genannt werden.

Alles musste erst erbaut werden.

DIE GESELLSCHAFT FÜR PROLETARISCHEN TOURISMUS

Mittlerweile sind die Brüder 25 und 24 Jahre alt. Witali ist diplomierter Maschinenbauingenieur und Jewgeni hat die Kunstakademie abgeschlossen. 1931 muss man sie sich in einem Zug vorstellen, der in die kleine kaukasische Republik Kabardino-Balkarien fährt. Die Brüder Abalakow sind kräftige und starke junge Männer geworden. Jewgeni ist noch stämmiger als sein großer Bruder, mit tiefblauen Augen, hellbraunem Haar wird er als immer heiter beschrieben. Witali seinerseits spricht schnell und scharf, er hat einen ungestümeren Charakter. Er hat ein schmales Gesicht, das später faltig wird und nie rund. Seine knochige Gestalt spiegelt die Askese wider, der er sich verschrieben hat. Seine Kahlheit schreitet voran, aber noch hat er nicht diesen Kahlkopf mit abstehenden Ohren, der der Nachwelt bekannt ist.

Eine junge Frau, Valentina Tscheredowa, ist mit dabei. Sie ist ebenfalls aus Krasnojarsk, auch sie hat das Klettern an den Stolby gelernt. Sie ist Witalis Jugendliebe. Ein erstes Herzklopfen, das ewig bleibt. Die ganzen Studienjahre lang hat Valentina brav in Sibirien am Ufer des Jenisseis gewartet. Es sei denn, sie lebte die freie Liebe, um gegen die überholten bourgeoisen Sitten aufzubegehren. Wer weiß? Wie dem auch sei, schließlich zog sie zu ihrem Zukünftigen in die Hauptstadt. Das ist der Lauf der Dinge in Sachen Ehe in diesem weiten Land. Hier ziehen die jungen Männer als Aufklärer den Trugbildern der Großstadt entgegen. Wenn sie dort einmal Fuß gefasst haben, lassen sie ihre Verlobten nachkommen, die sie im hintersten Winkel des trostlosen Flachlandes zurückgelassen haben und die befürchten, von einer eleganten Dame auf einem Moskauer Boulevard in den Schatten gestellt zu werden.

Witali hat Valentina nicht vergessen. Sicher betrachtete er am Abend nach seinen Kursen die sportliche und kräftige junge Frau, die zu Beginn der UdSSR und ihres Lebens posiert, ein Moment, den ein schmachtender Verehrer auf einem Sepiafoto verewigt hat. Mit ihrem Bubikopf ist sie der Inbegriff einer jungen und emanzipierten Kommunistin. Jetzt, da sie zivilrechtlich verheiratet sind, rollt der Zug in Richtung Kaukasus. Diesen haben Witali und Jewgeni nur das eine Mal im vorigen Sommer von den üppigen Ufern des Schwarzen Meers aus gesehen. Keiner von ihnen hat jemals einen Fuß auf einen Gletscher gesetzt. Sie sind nicht in Tälern groß geworden, nicht im Schatten schwindelnd hoher Berge geboren. Sie sind in den unendlichen Ebenen auf die Welt gekommen, die einen an Galileo zweifeln lassen, am Ufer des Jenisseis. Dieser Fluss durchzieht den gesamten Bauch Eurasiens, mächtig, glatt, faszinierend ist er das einzig Bemerkenswerte in dieser Landschaft.

Drei Tage auf Schienen. Die Sibiriaken kennen das Zugfahren. Sie verbringen ganze Monate ihres Lebens im Zug. Bis dahin sind die Brüder Abalakow fast jeden Sommer nach Krasnojarsk zurückgekehrt. Wochenlanges Reisen, natürlich um Valentinas schöner Augen willen, aber auch, um ihrem Abenteuergeist Freiraum zu geben, ermöglicht durch die Ersparnisse, die der Ingenieur Witali mit seinen ersten Patenten erwirtschaften konnte. Der Künstler Jewgeni verdient noch keinen müden Heller. Nichts Neues unter der Sonne, selbst wenn sie kommunistisch war, und sicherlich nichts, das ihre Eintracht stören könnte. In diesem Alter scheinen sie unzertrennlich zu sein, wie sie wochenlang in die unbekannten Gebirgsmassive des Altai oder Sajan vorstoßen.

Es wäre ein zu großer Exkurs, von diesen äußerst wilden initiatorischen Streifzügen zu erzählen. Ich würde einfach sagen, dass sie die Brüder Abalakow definitiv geprägt haben. Die Bären sicherlich, aber auch die zugefrorenen Flüsse, die Nächte auf einer von der Glut aufgewärmten nackten Erde, die „ohne jeden Nagel" zusammengebauten Flöße. Welch strahlende Jugend, die ihre Schritte nach den Sternen oder dem Kompass richtet und sich zu den Quellen des Jenisseis aufmacht! Jewgeni wird darüber schreiben: „Unsere Vorräte waren aufgebraucht, wir ernährten uns von Kräutern und Beeren … Die meiste Zeit schwammen wir neben dem Floß, das in den Stromschnellen überschwemmt wurde … Wir haben uns definitiv das Reisevirus eingefangen."

Und dieses Mal endlich der Kaukasus! Der Zug bremst laut an der Endstation, an der Pforte zum Orient, die die Russen so sehr fasziniert. Valentina, Witali und Jewgeni treffen in Naltschik ein, von wo aus man den 5642 Meter hohen Vulkan Elbrus schimmern sieht. Sie beziehen ihr Quartier in den mehr als dürftigen Unterkünften der Gesellschaft für proletarischen Tourismus[4]. Anders gesagt: Sie richten sich voller Freude in einem *Aul* ein, jenen seit Urzeiten unveränderten Steindörfern der balkarischen Hirten. Was für ein Name, diese Gesellschaft für proletarischen Tourismus! Sie wurde gerade von einer Handvoll Lenins ehemaliger Exilgenossen gegründet. Als sie in den Schweizer Bergen auf eine Revolution warteten, die selbst Wladimir Iljitsch nicht mehr zu erleben glaubte, brachen einige zu Gipfeltouren auf, manche beabsichtigten sogar, die Bergführerprüfung abzulegen. Nun ist es ihr Ziel, jungen Sowjets die Kunst des Bergsteigens beizubringen, und zwar in ihren eigenen Bergen, auch wenn sie es weiterhin *alpinism* nennen.

In *Auf kühner Reise – Von Moskau in den Kaukasus*[5] teilt die Schweizer Abenteurerin Ella Maillart die plötzliche Begeisterung der Sowjets für Sport im Freien. Die Verfassung garantiert den Arbeitern ein Recht auf Urlaub und in den Fabriken sind proletarische Wandersektionen entstanden. Es geht darum, sich das gewaltige Territorium der Union im Zeichen der „sozialistischen Vaterlandsliebe“ anzueignen. Die hohen Berge sind nicht mehr wie zur Zarenzeit nur der Aristokratie vorbehalten, sondern gehören von nun an dem Volk! Auch wenn es vor allem Studenten sind, die, mit dem Segen der Partei, leidenschaftlich gern Bergsteigen gehen. Ella Maillart zieht mit einigen von ihnen los, wobei sie fast von einem Balkaren entführt wird. Sie beobachtet die „Bildungspropaganda“, die Wanderkinos, oder notiert die Absicht, die kaukasischen Völker von ihren mittelalterlichen Bräuchen und Vendettas loszureißen, um sie zu modernem Wohlstand zu führen. Das sind die Tugenden der Oktoberrevolution …

In der Alpinismussektion der Gesellschaft für proletarischen Tourismus lernen die Brüder Abalakow und Valentina, angeleitet von ein paar Kameraden, die kaum mehr wissen als sie selbst, schnell dazu. Die Gesellschaft ruht einzig und allein auf der Begeisterung ihrer Mitglieder (Pessimismus ist nämlich ein spießiger Makel), auf der Unterstützung einiger Bolschewiken, auf wenigen langen Eispickeln, Steigeisen ohne Vorderzacken und einfacher Technik. Auch wenn die Brüder Abalakow in den Stolby ohne Seil und Haken kletterten, „im Unterschied zu westlichen Kletterern“, wie ich weiß nicht mehr welcher Autor prahlt, werden sie schnell mit dieser unentbehrlichen Ausrüstung vertraut. Valentina lernt die Lektionen im Eisklettern genauso gut wie ihre Begleiter, und das Autodidaktentrio wird unmittelbar einen erstrangigen Gipfel bezwingen.

Gegen Ende des Sommers werden zwei Schweizer (die UdSSR hat sich Ausländern noch nicht verschlossen) und ihre Moskauer Begleiter am Missestau als vermisst gemeldet, einem 4425 Meter hohen Gipfel des unberührten Bezengi-Gletschersystems. Da kaum mehr als eine Handvoll aktiver Bergsteiger verfügbar ist, werden die Abalakows für die Suche mobilisiert. Sie erkunden Gletscherspalten und Séracs, durchkämmen die Wände, suchen in Winkeln und Vorsprüngen. Bald finden sie Überreste ausländischer Konserven oder Schweizer Schokolade – ein sich wiederholendes Klischee in den sowjetischen Chroniken. Die Leichen aber bleiben unauffindbar.

Was dann passierte, habe ich in allen Texten gelesen, es ist überall auf die gleiche Art und Weise beschrieben. Die Erstbesteigung. Klares Wetter, unten die ersten Wiesen, die Bäche, Almen, Weidezäune. Absolut unbeeindruckt von der Tragödie ziehen unsere Helden es vor, einen benachbarten Gipfel zu besteigen, den Dychtau. Das bedeutet auf Balkarisch „Himmelsberg“, mit seinen 5205 Metern ist er als zweithöchster Gipfel des Kaukasus der Thronfolger des Elbrus. Wer kennt schon im Westen diese kühnen Bergspitzen und Republiken, deren Namen unmöglich auszusprechen sind? Über einen überwechteten Grat, der die beiden Berge miteinander verbindet, rücken sie in Richtung Ziel vor. Es scheint unglaublich, aber nur Witali hat Steigeisen an.

Mit Valentina biwakieren sie auf 4700 Metern Höhe in schneidender Kälte. Sie haben Durst und nichts, um Schnee zu schmelzen. Die Ausrüstung ist dürftig und zusammengestückelt, statt Seilen haben sie nur Feuerwehrleinen dabei. Zum ersten Mal begeben sie sich in solche Höhen. Und doch finden sie auch hier das vertraute Ringen mit dem Felsen wieder. Ihre Hände kennen die Übung. Ihre Nerven sind die Anspannung der Ausgesetztheit gewohnt. Die endlos aufeinandergetürmten Felsblöcke ähneln den Spielzeugen ihrer Kindheit und die in den Himmel ragenden Granitspitzen rufen sie. Am Morgen des 5. September stoßen sie endlich zum Gipfel vor, nachdem sie sich durch tiefen Schnee und über einen letzten Vorsprung gekämpft haben. Unter einem Stein finden sie eine Konservendose und darin eine Notiz auf Deutsch als Beweis für den Gipfelgang. Auch sie kritzeln eine Nachricht für die Nachwelt, gezeichnet „Abalakow“.

Erstaunen in der verblüfften Welt des sozialistischen Alpinismus. Gerade haben Unbekannte im Kaukasus die Ehre der Nation gerettet! Sie haben sich dort hochgearbeitet, wohin vorher nur Fremde ihren Fuß gesetzt hatten. Man ist verblüfft, wie sie das Klettern beherrschen. Über sie wird zum ersten Mal in den Zeitungen berichtet. Man hebt ihre Eigenschaft als *siberjaki* und Kosaken hervor. In der russischen Vorstellung erwecken diese zwei Wörter das Bild von charakterstarken und unerschrockenen Landvermessern, die die Grenzen ihres Landes, das so groß ist wie ein Kontinent, sowohl schützen als auch erweitern. Selbst der Name Abalakow ist das genealogische Echo einer uralten Waldkultur, eines antiken Russlands, das in den unbekannten Tiefen eines „Far East" aufgebrochen ist. Und hier sind jetzt diese Pioniere, die von nun an die Grenzen in Richtung Himmel verschieben!

Hier, auf diesem kaukasischen Riesen, beginnt die Geschichte der Abalakows. Was unsere Helden betrifft, habe ich mir das Foto, das sie unsterblich machte, lange angesehen. Links ein kräftiger Jewgeni, eine kaukasische Mütze auf dem runden Kopf. Rechts ein schmalerer Witali, ausgemergelt, mit hoher, breiter und kahler Stirn. Er ist so blond, dass seine Haare auf dem Schwarz-Weiß-Abzug fast weiß erscheinen. Sie haben beide Pluderhosen an, und wie sie da im Gras posieren, sind sie so unterschiedlich. Jewgeni strahlt eine freche Gesundheit und Kraft aus, auch in seinem offenen Blick. Witali meidet das Objektiv, sein Blick schweift wie aus Verlegenheit über die Wiese. Man erkennt am Abstand ihrer Augen, dass sie Brüder sind, an ihren Nasen und an ihren Mündern. Und dann gibt es da ein Detail, das man am Anfang gar nicht bemerkt. Sie halten sich an der Hand. Oder vielmehr scheint Jewgenis Hand auf der halbgeschlossenen Faust Witalis zu liegen.

Von nun an werden sie nur noch für diese Saison im ewigen Schnee leben. Jeden Sommer werden sie verreisen. Witali wird erst im Herbst wieder in seine Fabrik zurückkehren. Die Kunst wird für Jewgeni eine Winterbeschäftigung werden. 1932 wird er ausgewählt, ein Lenin-Monument zu realisieren. Für die Bildhauer seiner Zeit ist das ein riesiger Markt. Stalin hat beschlossen, den Kommunismus in die Landschaft einzupflanzen. Jeder Platz jedes Dorfes jeder Republik in ganz Eurasien muss seinen Wladimir Iljitsch haben, der mit einer Arbeitermütze auf dem Kopf und seinem Proletariermantel auf den Schultern mit ausgestrecktem Arm den Weg weist. Der Lenin des Bildhauers Abalakow ist für die Stadt Kertsch auf der Krim bestimmt. Ich habe einen alten Abzug dieses Werks gefunden, das später bei der Invasion der Nazis zerstört wurde. Darauf sieht man das ziemlich schlichte Abbild Lenins, vermutlich lebensgroß, nach den Regeln des *sotsrealism* entworfen.

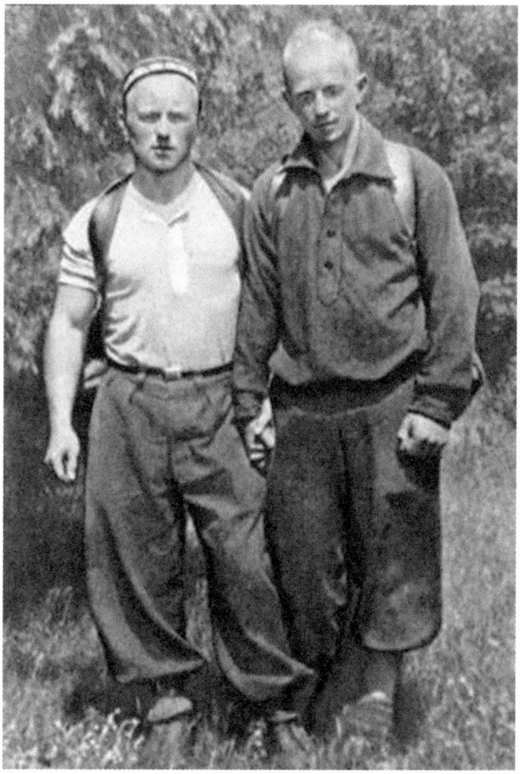

Die Brüder Jewgeni (links) und Witali Abalakow, 1920

Da Lenin der Sockel ist, auf dem die junge UdSSR ruht, muss die Notwendigkeit zur Eroberung der Gipfel logischerweise in seiner Biografie begründet sein. Ein Sport, ursprünglich ausgeführt vom europäischen Adel, der seinem Wesen nach so eitel und tiefbürgerlich ist, bildet eine Herausforderung für den Sozialismus. Deswegen beschwören die sowjetischen Autoren in ellenlangen Prologen die Jahre des Propheten der Revolution im schweizerischen Exil. „Wir wissen, dass der große Lenin seine ganz besondere Freude in den Bergen fand, dass er seine knappe freie Zeit mit Wanderungen in die Schluchten, zu Wasserfällen und auf die Gipfel der Alpen verbrachte", berichtet einer von ihnen. Wenn der brillante Geist des „großen Lenin" in der klaren Luft während der Schweizer Verbannung aufblühte, konnte das Bergsteigen nicht konterrevolutionär sein.

Die Glanzleistungen der Brüder Abalakow sollten die Vorherrschaft des Menschen über die Natur beweisen. Ein Jahr nach ihren ersten bemerkenswerten Schritten erregen sie erneut die Gemüter. Dieses Mal ist Valentina nicht dabei. Mit einem Kameraden aus der Hauptsektion des Alpinismus der Gesellschaft für proletarischen Sozialismus unternehmen sie die gefürchtete Traverse der Bezengi-Mauer von West nach Ost. Es ist immer schwierig, einen Berg in Worten zu beschreiben. Die Bezengi-Wand besteht aus einer Reihe von Erhebungen, die alle fast 5000 Meter Höhe erreichen und die durch einen schmalen Grat voller tückischer Abbrüche verbunden sind. Dieser markiert über mehrere Kilometer die Grenze zu Georgien. Eine unglaubliche Festung, vollkommen makellos und unberührt. Sieben Tage lang schlagen sich die drei Männer durch schlechtes Wetter, im Bereich der Séracs sichern sie sich gegenseitig vor dem Absturz. Sie erklimmen nacheinander drei Gipfel, den Gestola, den Katyn-Tau und den Djangi-Tau, bevor sie schneeblind den Rückzug durch die Wand antreten.

Auf den sattgrünen Almhängen kurieren sie ihre Augen. Sie strecken sich in der Sonne aus und betrachten die weiße Hölle, aus der sie entkommen sind. Der Wind, der hoch droben die Wolken jagt, hat hier beinahe etwas von Stille. Witali sieht in der Üppigkeit der Kumuluswolken die Rundungen Valentinas, die in der Hauptstadt auf ihn wartet. Jewgeni denkt seinerseits zweifelsohne an Anna Kasakowa, die er auf einem Wanderpfad kennengelernt hat. Ein junges Mädchen aus gutem Hause, auch wenn dieser Ausdruck seit der Oktoberrevolution nicht mehr viel bedeutet. Das Anwesen ihrer Eltern wurde von den Bolschewiken konfisziert. Ich glaube, habe aber kaum Beweise für diese Aussage, dass ihr nur ein kleines Zimmer als Zuhause geblieben ist. Die gebildete Pianistin und Philologin teilt mit Jewgeni die Freude an der Kunst, aber auch die Liebe zu Reisen und Hochtälern.

Zuerst begegnen sie sich in den Bergen, wo sie die Gesellschaft für proletarischen Tourismus tatkräftig unterstützt, dann im Rahmen von Vorträgen in Moskau. Ich stelle sie mir in einer armseligen Wohnung vor. Sie spielt Jewgeni etwas auf dem Klavier vor, nackt vielleicht, während er seine Augen schließt, von der Schönheit der schwebenden Töne in den Bann gezogen. Als er sie wieder öffnet, fällt sein Blick auf ihren Körper. Sie sind jung in einer Welt, die noch jünger ist, auch wenn sie zwei kleine Jahre älter ist als er.

Eine einzige Sache bereitet Jewgeni vielleicht Sorgen: die langen Abwesenheiten, die sein Leben charakterisieren werden, um die Gebirge der gesamten UdSSR zu durchstreifen. Wie ein so vollkommenes Geschöpf der Versuchung ganz Moskaus überlassen? Auf den Fotos, die es von Anna Kasakowa gibt, zeigt sie ein stolzes Profil. Ohne Zweifel wurde diese junge Frau von allen Bergsteigern des Kaukasus begehrt. Aber Jewgeni ist der beste unter ihnen, das wird jetzt offensichtlich. Und Witali folgte der verwirrenden Leichtigkeit seines talentierten kleinen Bruders, so gut er kann.

DIE 29. EINHEIT

Die Geschichte, die auf diesen Seiten erzählt wird, ist im Westen weitgehend unbekannt. Es ist auch nicht ausgeschlossen, dass der Schauplatz, an dem sie spielt, einer imaginären Landschaft ähnelt. Wir Europäer träumen für gewöhnlich vom Himalaya, von den Tropen, von der Sahara. Wir kennen aber den Kaukasus nicht, den Tian Shan, den Pamir. Wir haben aus Eurasien die dunkle Seite der Erde gemacht, eine Welt, die es auf unserer mentalen Karte nicht gibt. Damals hatte sie einen Namen: die UdSSR …

Die abgelegene Tadschikische Sozialistische Sowjetrepublik an der Grenze zu Afghanistan und Tibet ist damals die letztgeborene der UdSSR. Die Kommunisten gründeten dort eine Hauptstadt mit dem Namen Stalinabad. Die Region wurde endlich „vom doppelten Joch der Zaren und der Verwüstungen durch die Soldaten des Emirs von Buchara" befreit, erzählt uns ein Autor namens Mikhaïl Davidovitch Romm. Die Zaren haben demnach „die Wissenschaft zugunsten des Krieges vernachlässigt", doch zum großen Glück kümmern sich nun die Roten darum, die gebirgigen Festungen zu erforschen. Multidisziplinäre Expeditionen brechen jedes Jahr auf, um Karten zu erstellen, die Geologie zu untersuchen oder Wetterstationen einzurichten. Mit jedem Feldzug füllen sich die weißen Flecken dieser abgelegenen Gegenden mit Maßeinheiten und Namen und gleichzeitig wird Geister- und Aberglaube verdrängt.

Und so kam es, dass es einer Expedition gelang, im gigantischen Pamir-Gebirge einen Gipfel ausfindig zu machen, der alle anderen überragt. Er ist vermutlich ungefähr 7600 Meter hoch, die Einheimischen scheinen ihn Garmo zu nennen, aber – daran soll es nicht scheitern – man soll diesen Namen sofort auf einen benachbarten Gipfel übertragen haben, um den Bergriesen in Pik Stalin umbenennen zu können. Alles muss nun „Stalin" heißen, dem zu Ehren, der in Moskau die absolute Macht an sich gerissen hat. Der Pik Lenin, der etwas weiter im Norden liegt und den man bisher für das Dach der UdSSR gehalten hat, wird durch diese topografische Entdeckung entthront, und das entspricht stark dem Verlauf der Geschichte. Die Trotzkisten ebenso wie die Sinowjewisten und „Deviationisten" aller

Art werden im Namen der Einheitspartei denunziert. Der politisch-revolutionäre Machtkreis zittert im Stillen vor dem Genossen Stalin.

Das ist der Fall bei einem gewissen Nikolai Gorbunow, einem bekannten Bolschewiken, der Anfang der 1930er-Jahre im Komitee für die Wirtschaftsplanung eingesetzt war. Als ehemaliger persönlicher Assistent Lenins während der Oktoberrevolution wird der Mann anschließend Sekretär des Rats der Volkskommissare. Als solcher steht seine Unterschrift auf Tausenden von Dokumenten, von den ersten Regierungsdekreten wie dem Dekret für die Aufhebung der Stände oder für die Gründung der Roten Armee bis zum Erlass zum Zwangsarbeitslager auf den Solowezki-Inseln, aus dem einmal der Gulag erwachsen würde. Nikolai Gorbunow ist einer der Akteure des größten politischen Erdbebens des zwanzigsten Jahrhunderts. Das alles steht in den Enzyklopädien. Seltener steht dort, dass Nikolai Gorbunow einer der Förderer der Pamir-Expeditionen war.

Da ich kein Experte für sowjetische Politik bin und mich eher für weniger entscheidende Stunden der Menschheit interessiere, betrachtete ich die Archivfotos, auf denen Gorbunow streng in seinem Staatsbüro posiert, mit anderen Augen. Hochgewachsen, kahlköpfig, mit einer kleinen runden Brille, einem ovalen Gesicht, intelligentem Blick und festgezogener Krawatte ähnelt er darauf mehr einem marxistischen Schreiberling als einem erfahrenen Alpinisten. Man kann sich diesen eifrigen Funktionär in seinem gepflegten Anzug nur schwer in der riesigen Gletscherlandschaft Eurasiens vorstellen. Ich war erstaunt, einen solchen Staatsmann in der Geschichte des Alpinismus zu entdecken.

1933 stellt Gorbunow eine neue Expedition unter der Schirmherrschaft des Rats der Volkskommissare zusammen. Sie besteht aus nicht weniger als vierzig Einheiten und eine von ihnen, die Nummer 29, betraut er mit der für diese Zeit unvernünftigen Mission, den Pik Stalin zu erobern. Die 29. Einheit besteht hauptsächlich aus Männern, die an einer Aufklärungskampagne teilgenommen haben, die er im Sommer zuvor selbst geleitet hat. Diese waren unter anderen der Mechaniker Schianow, der Automobilarbeiter Guschin, der österreichische Kommunist Zak und die Boxer Guettier und Charlampiew. Die Erwähnung des Berufs ist in diesen äußerst sowjetischen und höchst proletarischen Darstellungen unerlässlich. Sie bestimmt die soziale Stellung des Betroffenen in einem neuen Klassensystem, in welchem einzig der gebürtige Plebejer des Vertrauens der Bolschewiki würdig ist. Die 29. Einheit nimmt auch die Dienste eines Malers und Bildhauers in Anspruch, der wohl eher für seine Kletterkünste als für seine Kunstwerke bekannt ist: Jewgeni Abalakow.

Der Ingenieur Witali Abalakow hingegen wird nicht einberufen. Ich habe mich natürlich gefragt, warum er nicht ebenfalls in diese gefährliche Unternehmung eingestiegen ist. Gefunden habe ich nur eine Version, laut der er sich selbst aus der Sache zurückgezogen habe, weil er die Auswahl der Teilnehmer angesichts dieses monströsen Bollwerks aus Eis und Schnee als zu schwach einschätzte. Ob das stimmt, weiß keiner. Alle Beteiligten haben ihre Geheimnisse mit ins Grab genommen – wenn sie denn eins haben. Vielleicht wurde Witali ganz einfach nicht von Gorbunow berücksichtigt. Was jenen betrifft, hält sich das hartnäckige Gerücht, dass er sich mit dieser Bergfahrt vor einer Repression schützen wollte, die er intuitiv befürchtete. Es ging für ihn darum, dem Genossen Stalin seine Loyalität durch die Besteigung des nach ihm benannten Gipfels zu beweisen, großmütig seine Haut zu riskieren, um sein Leben besser gegen die politischen Hinrichtungen zu feien. Wer weiß? Das könnte womöglich die Absicht Nikolai Gorbunows gewesen sein.

Jedenfalls trennt das Schicksal die Brüder Abalakow zum ersten Mal. Das Schicksal entscheidet für sie über die Berge, die sie besteigen, über ihre Ziele, über alles. Das Schicksal heißt Politbüro. Diese höhere Instanz, die die Massen regiert wie vormals der Zar. Von alldem bleibt nur ein Telegramm vom 17. Mai 1933 mit dem Briefkopf der Akademie der Wissenschaften, bei der Gorbunow Mitglied ist. Darauf ist zu lesen, dass der Alpinist Jewgeni Abalakow für mehrere Monate zur Verfügung stehen muss, aber seine Arbeitsstelle behalten und sein Gehalt weiterbeziehen kann. Er soll, steht dort, den „höchsten Punkt der UdSSR“ erreichen, „den Pik Stalin, 7600 Meter, um dort eine Wetter- und Radiostation einzurichten“. Der sowjetische Alpinismus soll der „Erbauung der Zukunft“ dienen. Offiziell zieht die 29. Einheit im Namen der Wissenschaft los. Ihre Mission ist Teil des Programms des Zweiten Internationalen Polarjahrs[6].

Im Mai erreicht eine erste Gruppe Zentralasien. Jewgeni ist mit dabei, ausgestreckt in einem sengend heißen Waggon ziehen Taiga, Steppen und Wüsten an ihm vorbei. Er lässt Anna endlose Monate lang zurück. Was macht sie in diesem Sommer? 1933 ist ein Jahr schrecklicher Hungersnöte in der UdSSR. Stalin treibt die Kollektivierung der Grundbesitze voran und Tausende Bauern verlassen das Land, um in die Arbeitervorstädte zu kommen. Ich weiß nicht, ob Jewgeni das Elend durchs Fenster betrachtet. Allerdings reist er in Regionen, denen dieses Drama relativ erspart geblieben ist. In den Berichten der Alpinisten jedenfalls finden die ausgehungerten Muschiks, die von der Staatspolizei vor den Stadttoren zurückgedrängt werden, keine Erwähnung. Jewgeni und seine Kameraden brechen inmitten der von Hunger gezeichneten Provinzen zu Ehren der Sowjets und von Väterchen Stalin auf, um den Pik Stalin zu bezwingen.

In Zentralasien mangelt es an allem, angefangen bei den Lebensmitteln bis hin zu Lastwagen und Pferden. Man braucht Lebensmittelmarken, muss sich bei den staatlichen Ställen vorstellen und die örtlichen bolschewistischen Komitees aufrütteln, wo unter Lenins Portrait nun analphabetische Bauern das Sagen haben. Ich kann mir vorstellen, dass die 29. Einheit die Befugnis hatte, alles zu beschlagnahmen, was sie benötigte, um ihr Ziel zu erreichen. Sie erreicht Osch im heißen Fergana-Tal, das als Ausgangspunkt für die Expeditionen dient. Dort vollbringen die usbekischen Schuster und Schmiede bei der Herstellung der handgearbeiteten Ausrüstung Wunder. Fertig ausgerüstet begeben sich die Männer auf die M-41, eine 700 Kilometer lange Straße, die seit Neuem die abgeschiedenen Hochtäler des Pamir mit der Außenwelt verbindet. Heutzutage quälen sich schwitzende Radfahrer aus dem Westen auf ihr entlang und werden dabei auf gefährliche Weise von Lastwägen voller chinesischem Plunder überholt. Aber 1933, im Rahmen des ersten Fünfjahresplans, ersetzt die M-41 seit Kurzem die alten Karawanenstraßen. Hunderte Straßenarbeiter schufteten sich bei der Aufgabe, die Errungenschaften der sowjetischen Zivilisation den abgelegenen Hochplateaus zugänglich zu machen, zu Tode.

Der Fortschritt bringe Licht in die Finsternis der Scharia und sprenge „die Ketten der uralten Gebote des Koran“, begrüßt der Autor Romm und stellt fest, dass sich die Kolchosen nicht gut mit den „Stammesgesetzen“ vertragen. An dieser Stelle muss ich Mikhaïl Romm vorstellen, den ich bereits zitiert habe. Der ehemalige Fußballspieler, von der italienischen Presse *colosso russo* genannt, wurde Sportredakteur, ihm verdanken wir den Bericht über diese erste Expedition. Sein Text wurde im Zuge der stalinschen Zensuren mehrmals editiert. Ich konnte leider bei den Moskauer Antiquaren nur die letzte Ausgabe ausfindig machen, die – ihres ursprünglich unbefangenen Tons beraubt – in Tausenden Exemplaren verbreitet wurde. Ich habe sie parallel mit Jewgeni Abalakows offiziellen Reisetagebüchern verwendet. Trotz gewisser Abweichungen stimmen die beiden Texte im Wesentlichen überein, wobei sie zwei unterschiedliche Sichtweisen mitbringen: die eine von oben, die andere von unten. Romm war kein Bergsteiger.

Weder Romm noch Gorbunow sind übrigens von Anfang an bei der Expedition dabei. Sie werden später dazustoßen. Nur von Jewgeni erfährt man etwas über die ersten Schritte der Kamelkarawane, die mit zweieinhalb Tonnen Ausrüstung beladen ist. Alle Teilnehmer erhalten einen Nagant-Revolver und sie üben sich mit den Soldaten der Roten Armee, die ihnen Geleitschutz geben, im Schießen. Die Gegend wird immer wieder von aufständischen Basmatschi[7] heimgesucht, die sich in die Festung des Pamir geflüchtet haben. Die Hochtäler sind noch nicht ganz Moskau ergeben. Jewgeni und seine Kameraden sind die Aufklärer des Sozialismus in den letzten Bastionen der alten Welt. In einem Text habe ich folgende Aussagen gefunden, die einem Banditen zugeschrieben werden: „Wir sind gekommen, um Sie zu bestehlen, aber Sie haben uns Essen gegeben und Vertrauen entgegengebracht", [...] „guter tapferer russischer Mann"!

Der Pamir ist eine der kontinentalsten und abgelegensten Gegenden der Welt. Der Anmarsch verspricht beschwerlich zu werden. Er beginnt mit der Überschreitung eines Passes in der trockenen und für die Alai-Kette charakteristischen Kulisse. Jewgeni schmückt seine Notizen hie und da mit der Erwähnung von Wacholder oder Sanddorn. Müde davon, auf ihren Reittieren so durchgeschüttelt zu werden, fangen viele seiner Kameraden an, neben ihren Pferden herzulaufen, bis der Abend sie zwingt, eine Weide für die Kamele zu finden, die in die Hocke gehen. Manchmal flieht in der Ferne ein verdächtiger Reiter, verfolgt von einer Schwadron der Roten Armee. Während der Nacht muss man dann nur mit einer Granate bewaffnet Wache halten.

Die Basmatschi sind jedoch nicht die einzige Gefahr. Romm erzählt, dass das eiskalte Schmelzwasser der Gebirgsbäche unter der brennend heißen Sonne und das Labyrinth der Furten über die unzähligen geröllführenden Flussarme mehr Männer umgebracht haben als die versteckte Guerilla. Von den Polargebieten abgesehen ist der Fedtschenko, zu dem sich Jewgeni und seine 29. Einheit hinbewegen, der längste Gletscher der Welt. Alles andere besteht aus Gesteinsflächen, kargen Felsen und Höhenwüsten. Eine makellose ockerfarbene Welt unter dem Feuer eines tiefblauen Himmels.

In einem Jurtenlager, letztes Zeugnis einer nomadischen Menschheit, rekrutieren sie mit Schwierigkeiten sechs Träger, die über ihre Ausrüstung staunen. Träger? Verbietet der Kommunismus nicht die Ausbeutung des Menschen, sei es nun ein „Sherpa" oder ein Hausangestellter? Die angeworbenen Tadschiken und Kirgisen haben keine Erfahrung im Hochgebirge und doch schließen sie sich der Karawane an, die sich auf die schwarze Zunge des riesigen Fedtschenko-Gletschers wagt. Tag für Tag muss ein achtzehn Kilometer langer Weg angelegt, müssen Stufen für die Pferde geschlagen, die Moränen mit steinernen Wegzeichen markiert werden. Es gibt wenig Weiden, die Soldaten kehren um, die Expedition teilt sich in kleine Gruppen auf. Jewgeni und seine Kameraden zerstreuen sich in die benachbarten Täler, um Wildschafe zu jagen, ohne großen Erfolg. Abends im Biwak schreibt er in sein Reisetagebuch oder zeichnet Skizzen von den unberührten Gipfeln, die den Himmel bevölkern.

Es ist nun einen Monat her, dass sie Osch verlassen haben. Sie müssen sich noch einen Weg durch das Chaos eines Nebengletschers bahnen, auf den sie abbiegen, bevor sie am 8. Juli auf einer Höhe von 4600 Metern das Basislager festlegen. Das Zeltdorf nimmt langsam Gestalt an, als nach und nach die verstreuten Teile der Karawane eintreffen. Von ihren Zelten aus betrachten alle die einschüchternde Nordostwand des Pik Stalin, den sie besteigen müssen. Sie *müssen* es tun, es ist ihre Pflicht. Von überall hört man das Echo der herabstürzenden Steine und Séracs. Von der ersten Nacht an schreibt Jewgeni, dass er von Lawinen geweckt wird.

Die ersten Besteigungsversuche sind nicht überzeugend. Sie leiden unter Kopfschmerzen, Zweifel macht sich breit. Bei der Erkundung im Vorjahr war Gorbunow nur bis 5900 Meter gekommen. Bis zu seiner Ankunft wird die Truppe vorübergehend von Arkadi Charlampiew geleitet, seinerzeit ein bekannter Boxer. Das magere Aufgebot sowjetischer Alpinisten schöpft aus anderen Sportarten seine Leute und Jewgeni genießt beachtlichen Einfluss. Er bringt die Expedition in Schwung, die bald den Nordgrat erreicht, wo sie vor den Staublawinen geschützt ihr erstes Höhenlager aufschlägt. Es folgen heikle Biwaks in Zwei-Mann-Zelten, in die man zu dritt hineinschlüpfen muss, unzählige Auf- und Abstiege zwischen den Lagern und der erste Todesfall. Beim Passieren eines Gendarms wird der Bergarbeiter Nikolajew Opfer eines Steinschlags. „In dieser Nacht hat keiner geschlafen", gesteht Jewgeni.

Die Gendarme (das Wort ist im Russischen gleich) sind gefährliche, turmähnliche Felszacken, die den Gratverlauf unterbrechen. Soweit es möglich ist, muss man sie umgehen, ansonsten sie über den Grat überwinden. Jewgeni ist für diese Aufgabe wie geschaffen. Er ist in der führenden Dreierseilschaft, begleitet von einem weiteren Boxer, Alexandre Guettier, und dem Automobilarbeiter Danil Guschin. Mit Letzterem hat Jewgeni vergangenen Winter im Rahmen eines Trainingsaufenthalts am Elbrus schon Erschreckendes erlebt. Bei Temperaturen von minus vierzig Grad Celsius waren sie gezwungen, den Leichnam eines Kameraden hinter sich herzuziehen, der in der unermesslichen Eiswüste erfroren war. Bis zu dem Moment, als Jewgeni selbst im tobenden Sturm mit dem Leichnam in eine Gletscherspalte rutscht. Danil Guschin gelingt es vorerst, den Sturz zu stoppen, doch als er merkt, dass auch er hoffnungslos dem Abgrund aus Eis entgegengleitet, durchtrennt er schließlich das Seil …

Zweifellos ist es ein merkwürdiges Gefühl, wieder mit einem Kerl am Seil zu gehen, der einst nicht zögerte, dein Schicksal zu besiegeln. Am Elbrus damals konnte sich Jewgeni im letzten Augenblick noch an einem Vorsprung festhalten. So ging die Nacht vorüber, Guschin an der Oberfläche des Gletschers, Jewgeni in seinem Inneren und die sterbliche Hülle ihres Freundes über dem Abgrund hängend. Am Morgen gelang es dem einen dem anderen zu helfen. Sie stiegen zur Schutzhütte ab, um Hilfe zu holen und schließlich den dritten Kameraden zu bergen. In den Wänden des Pik Stalin werden sie diesmal vielleicht nicht dasselbe Glück haben. Im Augenblick zeigen sich die Symptome der Höhenkrankheit. Keiner von ihnen hat bisher die 6000-Meter-Grenze überschritten. Eine ganze Woche lang kämpft das Trio damit, an den Gendarmen Haken und Fixseile anzubringen. Am Fuß des vierten Turms angekommen, haben sie den Grat so weit ausreichend mit Sicherungen versehen und steigen wieder ins Basislager ab.

Dort hat sich mit Morgengymnastik und erfrischenden Bädern im nahen Schmelzwassersee die Routine eingestellt. Die Sowjets bleiben menschlich, ihre Berichte erzählen auf jeder Seite von Nahrungsmitteln: Kondensmilch, nach der sie verrückt sind, Konserven, Suppen, Kascha[8]. Außerdem muss man bei Schlechtwetter die Zeit totschlagen. Jewgeni liest *Eugen One-*

gin oder *Die Hauptmannstochter* von Puschkin. Wenn er nicht den Trägern das Klettern zeigt oder viel Zeit damit verbringt, mit dem *binokl*[9] die senkrechten Wände abzusuchen. Abends ertönen Lieder, eine Flasche Cognac hat das Gerüttel der Karawane überlebt und jemand trägt in der Stille der Nacht Majakowski-Verse vor. Alle warten auf die Ankunft von Nikolai Gorbunow, ehemals persönlicher Sekretär Lenins, der irgendwo von den angeschwollenen Gebirgsbächen aufgehalten wird …

Jewgeni nutzt die freie Zeit, um seinen Blick auf den Pik Woroschilow oder die Wand der Roten Arbeiter- und Bauernarmee zu richten. Er steigt etwas auf und dann, völlig allein in der Pracht dieser Berge, zeichnet er die Landschaft; geblendet von den Meringen aus Eis, vom Schnee, der die Granitwände wie Gips überzieht, vom Spiel aus Ocker und Weiß. „Der Pik GPU[10] ist ein Berg aus Marmor", beobachtet er. Kalt, wie es zur Staatspolizei nur zu gut passt … Auf der linken Seite erhebt sich in vielen Farben ein namenloser Gipfel. „Lange haben wir mögliche Namen gesucht und ihn dann Pik Menschinski getauft", schreibt Jewgeni weiter. „Wir"? Wirklich? Wohl eher ein politischer Kommissar der Expedition. Menschinski ist kein anderer als der ehemalige Leiter der GPU. Jewgeni und seine Freunde machen danach den „Vorschlag", einen Gipfel zu Ehren des am Elbrus erfrorenen Kameraden zu benennen. Ein Misston unter den hohen Tieren der Partei.

8. August. Rückkehr zum Grat und Angriff des fünften Gendarms. Jewgeni Abalakow führt an den Schlüsselstellen. Haken für Haken, Seillänge für Seillänge wird der felsige Vorsprung überwunden und dann mit einer Hanfleiter ausgerüstet. Erneuter Abstieg zum Basislager, wo der Filmemacher der Expedition Gründe findet, nicht zu viel Film zu verbrauchen: „Eine gewöhnliche Lawine auf weißem Hintergrund interessiert mich nicht", erklärt er den Alpinisten. „Ich brauche eine gigantische auf schwarzem Hintergrund mit seitlichem Lichteinfall!" Am gleichen Tag hätte beinahe eine Lawine alle unter sich begraben. Jewgeni erzählt, dass das Abendessen nicht fertig war, als sie – ihr knapp entronnen – ins Lager zurückkamen. Der Koch hatte geglaubt, sie seien verschollen …

Kurz darauf stirbt ein Kirgise, Dschambai, an einer Lungeninfektion, was bei den Trägern Entsetzen auslöst. So beschreibt Romm diesen Tag: „Die Träger sitzen im Kreis um Dschambai. Sie schauen uns, die wir aus einem Grund, der ihnen fremd ist, auf diese Gipfel wollen, feindselig an.

Diese Gipfel sind die Heimat der bösen Geister. Und diese bösen Geister haben schon Steine auf einen der … ‚Bosse' herunterfallen lassen. Jetzt hat es einen unschuldigen Kirgisen getroffen." Romm versucht, so gut er kann – die Einheimischen stammeln nur ein paar Brocken Russisch –, die wissenschaftliche Notwendigkeit einer Wetterstation auf dem Pik Stalin zu erklären. Er erzählt, dass die Arbeiter und Bauern der gesamten UdSSR die Bergfahrt in den Zeitungen mitverfolgen. Er beteuert, dass im Himmel keine Geister wohnen, dass er den Menschen gehört, dass es kein anderes Paradies gibt als ein irdisches und sowjetisches.

Er hätte meiner Meinung nach noch sagen können, dass der kommunistische Alpinismus ein großes Unterfangen war, den Himmel zu entsakralisieren. Ich habe in einigen Texten gelesen, dass in der gesamten UdSSR die Völker der abgelegenen Täler dazu aufgefordert wurden, ihre eigenen Berge zu besteigen, um sich selbst davon zu überzeugen, dass dort keine bösen Geister wohnen. In Georgien kämpften sich die Swanen auf den Tetnuldi, um sich zu vergewissern, dass kein böser Geist namens Al dort lebt, geschweige denn die Göttin Swali. Jeder Aberglaube, der mit den Gipfeln zu tun hatte, sollte zurückgedrängt und die Kathedralen aus Stein und Eis, um die herum sich Volksglaube rankte, entmystifiziert werden. Auf dem Altar der Welt Gott durch den Marxismus zu ersetzen, das sollte die eigentliche Herausforderung der Besteigung des Pik Stalin sein.

PIK STALIN

Ende August erreicht Gorbunow endlich das Basislager. Vor drei Monaten hat die Expedition begonnen. Die Visagen der Teilnehmer sind seit Langem verbrannt und zerfurcht, die Blicke geblendet, die Finger verbunden. Im Gepäck führt Gorbunow die berühmte Wetterstation mit, die die Alpinisten auf den Gipfel bringen sollen. Sein plötzliches Auftauchen setzt der Lethargie, in der sich das Lager seit zwei Wochen wiegt, augenblicklich ein Ende. Es ist keine Minute mehr zu verlieren. Der Chef ist da und der Sommer neigt sich dem Ende zu.

Die Besteigung beginnt am 22. August, die Rucksäcke zum Bersten voll, das Seil über der Schulter, das Gesicht weiß vom Lanolin. Abalakow und Guschin steigen zum vierten Mal und in Rekordzeit zum Nordgrat auf. Gorbunow bewegt sich mit seiner hohen Statur deutlich bedächtiger. Unter dem Vorwand, die Gradanzeige auf seinem Thermometer zu notieren, macht er Pausen. Die Wissenschaft dient als Alibi für seine Langsamkeit. Laut Romm zieht er auch regelmäßig eine Dose des Beruhigungsmittels Bromisoval aus der Tasche.

Das Lager auf 5900 Metern ist in erbärmlichem Zustand. Die Männer müssen die Zelte freilegen, die in eine Spalte gerutscht sind. Am nächsten Tag passieren sie einen Gendarmen nach dem anderen. Die schwindelnd steile Wand des fünften zwingt die Träger zum Rückzug, bis sie schließlich einwilligen, der Seilschaft Abalakow-Guschin zu folgen. Doch als diese oben ankommen, sehen sie nur noch die zurückgelassenen Rucksäcke an seinem Fuß und Gestalten, die sich schnell davonmachen. Wohl oder übel müssen die zwei Alpinisten ab- und wieder aufsteigen, um notwendige Lasten nach oben zu hieven, wobei sie über einem Hunderte Meter tiefen Abgrund tanzen.

Am sechsten, noch unbezwungenen Gendarmen führt Jewgeni Abalakow. Auf einmal löst er aus Versehen einen Stein, der auf Guschin herabschießt, ihn an der Hand trifft und das Seil durchtrennt. Jewgeni klettert ganz ohne Sicherung ab. So gut es geht, versorgt er die Wunde seines Kameraden, der trotz Schmerzen nicht aufgibt. Dieses Mal hätte Jewgeni beinahe Guschin getötet. Jetzt sind sie quitt. Beiden gelingt es, das letzte felsige Hindernis zu überwinden. Der Weg zum Gipfel liegt nun frei. Sie müssen nur noch ein paar Dutzend Stufen in die Eiswände schlagen. Es wird dunkel. In seinen Tagebüchern spricht Jewgeni davon, einen völlig erschöpften Guschin „hinterherzuziehen“. Auf 6400 Metern erwartet sie in der Finsternis ein schmaler Felsvorsprung. Sie biwakieren unter einer Zeltplane. Guschin stöhnt die ganze Nacht. Seine Hand blutet und schwillt an. „Man kann das Fleisch nicht von der Binde unterscheiden“, schreibt Jewgeni.

25. August. Jewgeni richtet das neue Höhenlager ein. Gegen zwei Uhr erscheinen drei entsetzte Träger. Hastig werfen sie ihr Gepäck ab. Sie bringen auch eine Nachricht von Gorbunow mit, der aus irgendeinem Grund wütend ist. Darin wird mehrmals die Eigenschaft dieser Expedition als „staatliche Mission“ hervorgehoben. Anders gesagt, der Gipfel muss um jeden Preis erreicht werden. Gorbunow wird am nächsten Tag aufsteigen.

26. August. Jewgenis Aufzeichnungen: „Klares Wetter heute Morgen. Der Höhenmesser ist wieder auf 6950 Meter angestiegen. Eigentlich wollten wir den Grat erkunden, aber ich habe angefangen zu zeichnen und dabei die Zeit vergessen. Danil Iwanowitsch [Guschin] hatte auch keine große Lust aufzusteigen.“ So erfährt man, dass Jewgeni Abalakow auf 6400 Metern in aller Ruhe die Landschaft skizzierte! Man muss sagen, dass das senkrechte Meer ewigen Schnees ein atemberaubendes Naturschauspiel bietet. Seine Betrachtungen werden durch Gorbunows Ankunft unterbrochen, dem er eilig entgegenläuft. Er nennt ihn zwar „Nikolai Petrowitsch“, siezt ihn aber. Gorbunow ist so erschöpft, dass er seinen Rucksack zurücklässt, angeblich, um ihn später wieder zu holen. Jewgeni wird sich im Mondschein darum kümmern. Revolution hin oder her, man ist immer jemandes Träger.

Ab jetzt sind sie zu viert: Abalakow, Guschin, Gorbunow und der zukünftige Testpilot Schianow. Sie verbringen die Nacht zusammen in zwei windigen Zelten neben der Wetterstation, die unter so großer Anstrengung heraufgeschleppt wurde und sie wahrscheinlich den Erfolg kostete. Guschins Hand geht es besser. Er und Abalakow brechen am nächsten Tag auf, beladen mit allen Teilen des Forschungsgeräts. Der Grat besteht nur noch aus tiefem Schnee, der sich zu einem abschüssigen und von Spalten durchzogenen Plateau hin öffnet. Keuchend erlauben sie sich alle zwanzig Schritte, auf ihre Eispickel gestützt oder im Schnee kauernd, eine Pause. Auf ungefähr 6900 Metern legen sie ihre Last ab und kehren um.

Am nächsten Tag, dem 28. August, sind sie immer noch auf 6400 Metern. Gorbunow war nicht in der Lage, höher aufzusteigen. Sturmböen haben ihren Zelten schwer zugesetzt. Die Träger versorgen sie nicht mehr. Glücklicherweise können Guettier und der österreichische Kommunist Zak sie mit Lebensmitteln, ein paar Brühen und Rinderzunge, einholen. Anton Zak[11] ist aktives Mitglied des Republikanischen Schutzbunds, einer linken paramilitärischen Organisation. Diese wird vom Faschismus, der sich im „germanisierten" Europa ausbreitet, verfolgt. Ihre Mitglieder wandern in großer Zahl in die UdSSR ab, deren politisches Ideal sie teilen. Unter ihnen sind zahlreiche Alpinisten, die die Gesellschaft für proletarischen Tourismus tatkräftig unterstützen.

29. August. Gemeinsamer Versuch, zum Gipfel vorzustoßen. Gorbunow geht am Seil mit Guettier, Abalakow mit Guschin und Schianow mit Zak. Die Höhe macht zu schaffen, der Puls rast. Bei allen außer einem! Das Herz Abalakows, wie Romm betont, schlug nur achtzig Mal pro Minute. Jewgeni selbst behauptet in seinem Tagebuch, dass er „Lieder grölt"! Kaum zu glauben. Auf 6900 Metern findet er die Wetterstation wieder und richtet ein Notbiwak ein. Die anderen kommen völlig erschöpft und durchgefroren an. Sie zwängen sich zu dritt in die Zelte. Das Ziel erscheint so nah, aber die Männer haben keine Ressourcen mehr.

30. August. Guschin, Schianow und Zak beschließen abzusteigen. Die Hand des Ersten verheilt nicht, und für die knappe Ausrüstung der beiden anderen sind die Temperaturen zu tief. Außerdem denke ich, dass der Österreicher Zak nicht für den Gipfel vorgesehen war. Wie könnte der Erstbesteiger des Pik Stalin einen ausländischen Namen haben? Die kommunistische Internationale hat eindeutig patriotische Grenzen.

Noch am selben Tag beladen sich Jewgeni und Guettier mit je einem *Pud* der Wetterstation, also mit mehr als sechzehn Kilo. Auf fast 7000 Metern! Wahnsinn! Gorbunow folgt, ohne ihnen auch nur die geringste Hilfe zu sein. Guettier bricht oft im Schnee zusammen. Höhe und Unterernährung zeigen ihre Wirkung. Die Kälte ist so grausam wie die Strahlen der Sonne, die bald hinter Wolken verschwindet. Jewgeni, der einen Vorsprung hat, muss zu seinen Kameraden zurück, die keinen Schritt mehr vorankommen. Als Gorbunow erkennt, dass die Herausforderung unmöglich zu meistern ist, beschließt er den Rückzug zum Lager auf 6900 Metern, um dort die zwei Module der Station zusammenzusetzen. Sie richten die Antenne Richtung Himmel, aber der Wind ist zu schwach und bringt das Anemometer nicht zum Drehen.

31. August. Laut Jewgeni maues Wetter, Ruhepause. Romms Texte und seine stimmen immer weniger überein. Jewgeni kocht den Rest der Rinderzunge, danach ist Hungern angesagt. Der Mond stört sie beim Einschlafen, aber sie sind gut akklimatisiert.

1. September. Den ganzen Tag Sturm. Gorbunow ist unzufrieden und möchte endlich die Wetterstation fertig aufbauen, aber die Windstöße zerreißen die Zelte. In Romms Bericht gelingt es Gorbunow, einen Fehlkontakt zu reparieren. Bei minus 27 Grad Celsius, so schreibt Jewgeni in seinen Notizbüchern. Sicher ist, dass das Anemometer durchdreht, dass der Druck abfällt. Der Schnee dringt überall ein. Gefriert auf den Schlafsäcken. Die Lebensmittel lassen sich an den Fingern abzählen. Der Neuschnee drückt auf die Zeltwände. Die Zeltstangen brechen. Am Morgen liegt der Schnee so schwer auf Guettier und Gorbunow, dass sie fast ersticken. Jewgeni hört ihr Rufen und schafft es, sie mit einem Topfdeckel freizuschaufeln.

2. September. Guettier ist blass und ihm ist schlecht, er bleibt liegen und kann weder schlucken noch trinken. Von Krämpfen geschüttelt beschwört er seine Kameraden, sich nicht um ihn zu kümmern. Ohnehin hat auch er einen ausländischen Namen, den Namen französischer Vorfahren, die ins Reich des Zaren gekommen waren, um sich niederzulassen. Sein Vater war Leibarzt von Lenin, Swerdlow und Dzierżyński. Wie weit ist doch jetzt die Moskauer Revolutionselite entfernt. Die Zelte brechen unter den Windböen zusammen. Sie müssen mithilfe von Säcken und sogar mit Teilen der Wetterstation befestigt werden. Abalakow kämpft allein gegen die Elemente. Es ist nur noch eine Fischkonserve und eine Tafel Schokolade übrig.

In der darauffolgenden Nacht sinkt das Quecksilber auf minus 45 Grad Celsius, schreibt Jewgeni. Es tobt erneut ein Sturm. Doch am Morgen werden sie von mehr oder weniger klarem Wetter geweckt. In seinem Bericht vertritt Romm die Meinung, dass es angesichts der kritischen Situation logisch gewesen wäre, diese Aufheiterung zu nutzen, um nach unten zu fliehen. Hätte die kommunistische Orthodoxie etwa nicht verordnet, zuerst Guettier zu retten? Aber Gorbunow entscheidet anders. „Das ist hier keine sportliche Bergtour, sondern eine wissenschaftliche, eine staatliche Mission." So bricht er mit Jewgeni zum Gipfel auf, in der Hoffnung, zu guter Letzt doch noch den Sieg davonzutragen. Abalakow und Gorbunow. Authentische, klingende russische Namen, wie für die Nachwelt gemacht.

Sie warten zunächst, bis die Sonnenstrahlen die Luft etwas aufgewärmt haben. Dann spurt Jewgeni Schritt für Schritt durch die weiße Wüste, durch kniehohen Neuschnee. Vor ihm münden die unberührten und von Spalten durchzogenen Hänge in einem Gipfel aus Eis. Hinter ihm der schrecklich leidende Gorbunow. Er hat Halluzinationen. Romm erzählt, dass er sich doppelt sieht, neben sich selbst gehend. Er ist viel zu langsam und die Sonne erreicht schon ihren Höchststand. Mittag. Die Stunde des Mythos Abalakow schlägt. Gorbunow kann nicht mehr. Er befiehlt ihm, allein auf den Gipfel des Pik Stalin zu steigen, oder vielleicht ist es Jewgeni, der ihm diese Entscheidung nahelegt. Hier teilen sich die Meinungen. Fest steht, dass die Seilschaft, als perfekte Metapher für den Kommunismus, in diesem Moment auseinanderbricht. Ein Mann dort oben reicht aus, um der Eitelkeit des Führers zu schmeicheln. Abalakow würde genügen …

Und dann, besagt die Legende – Jewgeni erwähnt das nicht –, öffnen sie die letzte verdorbene Konserve. Heringe ohne Geschmack. Gorbunow überlässt seinen Anteil dem Mann, der auf den Gipfel steigen wird. Auf einen Zettel schreiben sie eine Nachricht: „Am 3. September 1933 erreichte Jewgeni Abalakow den Gipfel des Pik Stalin und Nikolai Gorbunow den Gipfel des Ostgrates." Jetzt muss nur noch vollbracht werden, was niedergeschrieben ist. Gorbunow behält das Seil. Abalakow nimmt die Messinstrumente. Lenins ehemaliger Sekretär, der so sehr auf Moskaus Geheimnisse Einfluss nimmt, hat keine andere Wahl, als dem Aufstieg des jungen Sibiriaken zuzusehen, der keine Müdigkeit kennt und der womöglich ihr Schicksal in den Händen hält.

Dort oben kriecht Jewgeni Abalakow über eine Schneebrücke. Schon geht die Sonne unter. Die Hänge sind bis zu 45 Grad steil. Er steigt sie mit seinen kurzen Haxen, die wie für den Kasatschoktanzen gemacht sind, empor. Er wird vom Gipfel angezogen, irgendwo unten ist Gorbunow, nur noch eine Silhouette. Fünf Stunden einsamer Aufstieg in der dünnen und azurblauen Luft. Der letzte Grat, in den seine Steigeisen sich festbeißen, ist von absolut makelloser Unberührtheit. Der Schnee ist hart, „wie Steingut“, erinnert er sich. Was wohl im Kopf dieses Burschen vom Jenissei vorgeht, wie er allein durch den Himmel über dem gewaltigen Knoten des Pamirgebirges marschiert?

Steine: das Ziel ist ganz nah. Der Wind schiebt ihn Richtung Abgrund, Eiszapfen verlängern seinen Bart. Der Grat wird immer schmaler, scharf „wie eine Klinge“, mit einigen Wechten. Dann der Gipfel. Er hat es geschafft, er fällt auf alle viere. Er ist der Erste. Der Höhenmesser zeigt minus 25 Grad Celsius und 7700 Meter Höhe an. 7500 Meter, korrigiert er in Gedanken. Der dritthöchste Gipfel der Welt, der bisher bestiegen wurde. Unbekannte Täler breiten sich überall zu seinen Füßen aus. Alle Berichte besagen, dass er noch die Kraft findet, eine Skizze der Gletschersysteme, die sich unter ihm auftun, anzufertigen. Denn ist er nicht ein Alpinist vor allem zum Zwecke der Forschung? Leider ist es im Süden und Osten bedeckt, der afghanische Hindukusch und Tibet sind nicht sichtbar. Romm gestaltet aus diesen Wolken ein lyrisches und phantasmagorisches Bild, auf welchem der Schatten des Helden auf die weiße Wand der Wolken fällt, die die untergehende Sonne nach und nach glühend rot färbt.

Dann steckt Jewgeni den Zettel, den er mit Gorbunow geschrieben hat, in ihre letzte Konservendose, welche er unter einen Stein legt. Doch auf dem Rückweg bereut er plötzlich, dieses Zeichen auf dem Gipfel errichtet zu haben, da er befürchtet, dass der Wind es zerstört. Fast 25 Jahre später wird der Gipfel von einer anderen Expedition abgesucht werden, die wiederum folgende Worte hinterlässt: „Es wurde kein Beweis einer Besteigung des Pik Stalin gefunden.“ Nie hätte ich es gewagt, so etwas zu denken. Ich habe der Leistung Abalakows meinen uneingeschränkten Glauben geschenkt. Niemand in der UdSSR erlaubte sich jemals, explizit die Erstbesteigung der 29. Einheit infrage zu stellen, aber man kommt nicht umhin zu sagen, dass keinerlei Beweis ihre Behauptung unterstützt. Der Gipfelgrat besteht aus mehreren kleinen Erhebungen, die von Windstößen mal eingeschneit, mal leergefegt werden. Was damals sichtbar war, ist heute vielleicht von Eis überzogen. Wir werden niemals sicher wissen, welchen Punkt Jewgeni tatsächlich erreicht hat.

Polemik beiseite, Jewgeni Abalakow taumelt am 3. September 1933 talwärts, dem Ruhm entgegen. Er trifft auf Gorbunow, der kaum vorangekommen ist. Den Berichten zufolge machen sie noch einige Fotos und Messungen und fertigen verschiedene schematische Zeichnungen der umliegenden Berge an. Das fällt einem jetzt wirklich schwer zu glauben. Wahrscheinlicher ist, dass sie sich völlig erschöpft und bei Mondschein beeilten, das Lager auf 6900 Metern zu erreichen, wo Guettier im Sterben liegt. Im Mondlicht erscheint das gesamte Relief wie am helllichten Tag. Als Gorbunow seine Schuhe auszieht, entdeckt er schlimme Erfrierungen. Jewgeni massiert kräftig bis spät in die Nacht die Zehen des Apparatschiks. Ich kann in den letzten Absätzen, die nur über den Sieg berichten, keine Zeile über die Wetterstation finden. Sie wird mit keinem Wort mehr erwähnt und wahrscheinlich hat sie an die Wetterwarte auf dem Fedtschenko-Gletscher, die im Vorjahr mithilfe einer 200 Kamele starken Karawane errichtet wurde, keinerlei Daten übertragen.

Am nächsten Tag bringt Abalakow heroisch – denn von nun an wird alles, was Jewgeni Abalakow macht, heroisch sein – seine beiden Kameraden ins Lager auf 6400 Metern, bevor er selbst schneeblind wird. Seit einer Woche gab es keine Nachricht mehr von ihnen. Unten hatten schon alle die Hoffnung aufgegeben, dramatisiert Romm. Der Österreicher Zak beschließt, ihnen zu Hilfe zu kommen, allein …

Wiederholter Verstoß gegen die zukünftigen Regeln des sowjetischen Alpinismus: völlige Improvisation dieses „Sturmtrupps“, der taumelnd zurückkommt. Romm, der das Basislager selbst nie verlassen hat, stellt fest: „Der erste, der auf der Moräne erschien, war Jewgeni Abalakow. Der Gang dieses eisernen Sibiriaken zeigt keinerlei Erschöpfung. Er läuft wie immer, flink und flott balanciert er von einem Bein auf das andere, wie ein Bärenjunges in der Taiga. Nur die Haut auf seinen Wangenknochen ist von Kälte und Sturm gegerbt.“ Und am nächsten Tag, nach achtzehn Tagen Bergfahrt, kraxelt er lieber auf einen benachbarten Bergrücken, um ein herrliches Aquarell des Pik Stalin zu vollenden, statt sich in seinem Zelt auszuschlafen!

Die anderen Expeditionsteilnehmer waren selbstverständlich in einem weniger guten Zustand. Guettier, der inzwischen wieder zum Leben erwachte, bezeichnete Abalakow als „Maschine“ und Romm erzählt uns, dass von Gorbunows hundert Kilogramm nur mehr 79 übriggeblieben sind. Zwar verlor er sein von Erfrierungen schwarz gewordenes Fleisch, nicht aber seinen Kopf. Am 9. September verfasst er ein Telegramm fürs Politbüro, in dem Abalakow nicht einmal erwähnt, aber viel Aufhebens um die „Erfüllung der Mission der 29. Einheit“ und den „Sieg der Wissenschaft und des Alpinismus der Sowjetunion“ gemacht wird:

„An den Genossen Stalin, Kreml, Moskau. Wir freuen uns, Sie zu informieren, dass der höchste Punkt der Sowjetunion, den wir letztes Jahr entdeckt und nach Ihnen, dem geliebten Führer des Weltproletariats, benannt hatten, am 3. September von unserer Sturmgruppe erreicht wurde. Am Gipfel wurden zwei Wetterstationen aufgestellt. Die Expedition sendet Ihnen herzliche Grüße. Gorbunow.“

Dann zeigt sich das erste Gras, das Grün kehrt zurück. Als sie die erste Jurte erreichen, stürzen sich die Expeditionsteilnehmer, Fels und Eis überdrüssig, auf Post und Zeitungen. Mit keiner Zeile erwähnen die Schlagzeilen von 1933 die Hungersnöte auf dem Land. Sie rühmen die Durchbrechung des Weißmeer-Ostsee-Kanals oder die Förderrekorde der Bergbaubrigaden im Donbass. In der UdSSR brodelt es, die Fabriken von Magnitogorsk katapultieren den neuen Menschen in das industrielle Zeitalter, die Stratonauten sind in den Himmel geflogen, die Polarforscher erkunden die Arktis! Eine Epoche der Eroberungen in allen Bereichen. Und jetzt hat auch noch Jewgeni Abalakow das Dach der sowjetischen Welt erreicht! Über seine Glanzleistung wird auf der Titelseite berichtet, direkt neben einem Bericht über die erste Schmelze, die sich aus einem ukrainischen Hochofen in Saporischschja ergießt.

Ein Foto von 1933 zeigt ihn 26-jährig, ein sehr russisches Gesicht. Der Abzug ist in Schwarz-Weiß, aber man kann an der Helligkeit der Haare ein von der Sonne gebleichtes Blond erraten. Darunter leicht hochgezogene Augenbrauen über einem wohlwollenden Blick. Alle, die ihn gekannt haben, loben ihn einstimmig. Er war ein willensstarker und gleichzeitig sehr sanftmütiger Mann. Wie oft habe ich das Wort „Lächeln“ im Zusammenhang mit ihm gelesen! Er besaß alles, um angehimmelt zu werden. In allen Republiken löste er Begeisterung aus und die UdSSR formte aus ihm das Modell des „ersten Alpinisten", ein Vorbild. Er verkörperte den neuen sowjetischen Menschen, rostfrei und siegreich; auch bescheiden, zumindest nach außen hin. Als Lohn für seine Dienste erhielt er 150 Rubel und elf Kopeken. In etwa so viel wie der Preis eines Mantels.

PIK LENIN

Die Brüder Abalakow könnten der berühmten Abenteurerin Ella Maillart über den Weg gelaufen sein. Als ich erneut *Turkestan Solo* gelesen habe, erlebte ich eine große Überraschung. In Moskau, das sie auf den ersten Seiten verzweifelt abläuft, versucht Ella Maillart sich erfolglos den großen Expeditionen dieser Zeit anzuschließen. Zum Beispiel der Expedition eines gewissen Nikolai Gorbunow. Schließlich wird sie bei der Gesellschaft für proletarischen Tourismus von einem anderen hochpolitischen Alpinisten aufgenommen: Nikolai Krylenko. Er ist kein Geringerer als der Volkskommissar für Justiz und der ehemalige Vorsitzende des Revolutionstribunals. Wie Gorbunow hindern auch ihn seine Staatsfunktionen nicht daran, gelegentliche Exkursionen in die abgelegenen Pamir-Ketten auszuführen. Man könnte meinen, dass sich das gesamte Präsidium der UdSSR pünktlich zur Saison anseilte!

Krylenko empfängt Ella Maillart höflich. Mit Wonne erinnert er sich an seine Jahre in der Schweiz. Wie viele andere Revolutionäre hat auch er sein Exil in den Alpen genutzt, die Freuden des Bergsteigens kennenzulernen. Dort ist in Lenins Gesellschaft seine Leidenschaft für die hohen Berge geboren. Ella Maillart versteht jedoch ganz genau, mit wem sie es zu tun hat. Als „für eine große Zahl von Verurteilungen verantwortlich" erfüllt sein Name „viele mit Schrecken", schreibt sie. Solschenizyn beschuldigt Nikolai Krylenko in seinen Schriften „gut fünfzehn Millionen Muschiks in die Tundra und Taiga geschwemmt" zu haben. Neben Deportationswellen und ähnlichen Prozessen gegen Trotzkisten hat Krylenko noch eine weitere Obsession: den 7134 Meter hohen Pik Lenin an der Nordgrenze des Pamir zu besteigen. 1928 hat er zusammen mit Nikolai Gorbunow dort eine deutsch-sowjetische[12] Expedition von der Südseite aus geleitet. Damals hatte der Pik Lenin noch Pik Kaufman geheißen, ein absolut zufällig deutsch klingender Name, aber um jedes Missverständnis auszuräumen, haben die Sowjets den Gipfel Wladimir Iljitsch zu Ehren umbenannt. Zumal sich unter ihnen keiner fähig zeigte, den Deutschen auf den Gipfel[13] zu folgen. Nur Nikolai Krylenko war es gelungen, den Ostgrat zu erreichen. Im Alpinismus wie in der Schwerindustrie blieb die UdSSR eine Maschine, die die kapitalistischen Nationen einholen musste.

Der Volkskommissar für Justiz hatte sich geschworen, über die zugänglichere Nordseite zum Pik Lenin zurückzukehren. 1934 beschließt er eine rein militärische Expedition der Roten Arbeiter- und Bauernarmee. Doch es fehlt ihm an erfahrenen Alpinisten und er beruft zwei junge und berühmte Bergführer ein: die Brüder Abalakow. Denn während Jewgeni seit seiner Besteigung des Pik Stalin angehimmelt wird, hat Witali sich einen Namen im Altai gemacht, wo er mit Valentina und weiteren Sibiriaken den Belucha[14] überquerte.

In Moskau arbeitet Witali damals bei Sojusprodmaschina, einer Fabrik, die Geräte zur Nahrungsmittelverarbeitung herstellt. Dort scheint er von seinen Vorgesetzten geschätzt zu werden. In den Beurteilungen, die ich in den Archiven einsehen konnte, wird erwähnt, dass er eine „Rationalisierung der Produktion" eingeführt hat und dass er diszipliniert ist, selbst wenn er – und das ist einer der seltenen Hinweise für seine politische Einstellung – nur selten an gemeinnütziger Arbeit teilnimmt. Wahrscheinlich ist er mehr mit Valentina beschäftigt und ein weniger leidenschaftlicher Anhänger des Kommunismus. Außerdem wird er mit Aufgaben betraut, die wesentlich wichtiger sind. 1934 ist das Jahr, in dem er zur Sommersaison aus seiner Fabrik austritt. Er und sein Bruder brechen schon im Juli in Richtung Zentralasien auf, mit seinem „roten Sand"[15], seinen Basaren und Nomaden. Ein Wiedersehen mit dem Orient für Jewgeni, eine Entdeckung für Witali.

Sparen wir uns dieses Mal die Karawane und die Langsamkeit der Baktrischen Kamele. Den Autor dieser Zeilen leitet hier ein schwer vermittelbares Motiv. Wie auf schlechten Fotos, die uns erhalten geblieben sind, zu sehen ist, richten die Brüder Abalakow ihr Lager etwas weiter oben auf, als man es heute macht. Sie erkunden rasch die Nordseite und machen es sich gemütlich, bis das Militär ankommt. Sie verbringen ruhige Tage in der Nähe von tosendem Wasser, dem Rauschen der Jahrhunderte, das die Berge erodiert, umgeben vom mineralischen Geruch, der bis zur Haut durchdringt. Wahrscheinlich haben sie ab und zu ein paar Gedanken an ihre Verlobten, die sie ein weiteres Mal einen ganzen Sommer lang nicht sehen werden. Jewgeni malt einige Aquarelle. Er schreibt auch täglich, und ich verlasse mich auf seine Aufzeichnungen für das, was folgt. Soweit ich weiß, verfasst Witali nur technische Artikel oder Lehrbücher.

Am 29. Juli sind die Offiziere in Sichtweite, in tadellose Uniformen geschnallt. Im Gegensatz dazu finden sich die Abalakows unpassend gekleidet. Sie salutieren häufig mit „*Kamarad!*" und unterwerfen sich der militärischen Disziplin, die bald über den schnurgeraden Zeltreihen herrscht. Einmal ist keinmal, persönliche Eindrücke verzieren diese meist sehr sachlichen oder sehr zensierten Tagebücher. Jewgeni beschwert sich darin mit bitterem Unterton, dass sie mit der Trillerpfeife geweckt und die Befehle „gebrüllt" werden. Wie gut tun diese seltenen spontanen Äußerungen dem heutigen Leser. Dann beginnt die Ausbildung. Die Soldaten sind Anfänger. In den Reihen der Roten Armee gibt es keine Gebirgsjäger. Sie müssen in Sicherungstechnik und im Steigeisengehen unterwiesen werden. Unter Anleitung der Abalakows trainieren sie das Klettern an den umliegenden Felsen und lernen an den ersten nassen Séracs Eisklettern. Abends hält Jewgeni Vorträge über die Geografie des Pamir-Gebirges, die Symptome der Höhenkrankheit oder er erzählt vor einem gewogenen Publikum von seiner Besteigung des Pik Stalin. Die Abende enden mit Gesang und kaukasischen *Lesginka*-Tänzen unter dem Sternenhimmel.

Die Versorgungskarawanen bringen immer wieder mal Zeitschriften und Post mit. Eine Ausgabe der *Iswestija*, die eines Morgens ankommt, berichtet, dass drei Nazis und sieben Sherpas am Nanga Parbat verunglückt sind. Ich lese bei Jewgeni, wie er sich über die Ausbeutung der armen Träger im Himalaya und über die selbstmörderischen Risiken, die die „fanatischen" Nazibergsteiger eingegangen sind, empört. Der sowjetische Alpinismus verherrlicht den Tod nicht. Er verkörpert für den, der es hören will, Altruismus, Kameradschaft und Unterordnung der individuellen Ziele unter die der Gemeinschaft. Eine prometheische Prüfung. Was die Rote Armee betrifft, so weiß ich aus anderen Quellen, dass sie in diesen Erstbesteigungen sehr wohl eine Verherrlichung der Kühnheit und Selbstaufopferung sieht. Es ging dabei um *sakalatsja*, sich buchstäblich „härten" wie Stahl. „Der sowjetische Alpinismus", schreibt ein Geschichtsschreiber, „ist eine Schule des Mutes für die Massen."

Der *homo sovieticus alpinisticus* zeigt trotzdem einige Schwachstellen. Weil ein Arzt und seine charmante Laborantin plötzlich auftauchen, wird das Zeltlager gründlich aufgeräumt. Das kommt gerade recht, denn am 16. August trifft Nikolai Krylenko nach einem Flug in einem Antonow-Doppeldecker im Basislager ein. Er wurde in Moskau wegen der Gesetzesänderung zum Vaterlandsverrat aufgehalten. Diese wird bald Hunderttausende sowjetische Bürger in den Gulag schicken. Hier kann er nun eine Weile eine Pause nehmen von seinem Amt als Militärstaatsanwalt und von den stalinschen Prozessen. Eine seltsame Person, die sich sowohl für das Bergsteigen als auch für Massenrepressionen begeistert. Und die im Sommer die damaligen Tribunale gegen den ewigen Schnee eintauscht.

Schenkt man Ella Maillart Glauben, hatte Krylenko einen „mächtigen Kopf, kahl, über einem kleinen Körper …". „Sein frappierender Blick strahlt metallisch aus blauer, durchsichtiger Iris." Jewgeni und Witali empfangen den Volkskommissar für Justiz, wie es sich gebührt. Die Brüder Abalakow fühlten sich bestimmt geschmeichelt, den Forschungszielen einer solchen Persönlichkeit zu dienen. Nirgendwo in Jewgenis Texten habe ich Angst oder Hass ihm gegenüber gespürt. Ich möchte hier keine zu schöne Geschichte zum Besten geben, in welcher die Berge eine Zufluchtsstätte vor dem aufkommenden Totalitarismus sind. Ich glaube nicht, dass es so war. Ich glaube, dass sie ganz aufrichtig wünschten, dem Sozialismus zum Aufstieg zu verhelfen. Am Abend von Krylenkos Ankunft notiert Jewgeni in seinem Tagebuch die Gespräche über die Aufstiegsroute und erinnert sich an die Seeteufelleber-Konserven an Wassermelone.

Von nun an beginnen die Aufstiege mit Eseln und Pferden, am unteren Gletscher vorbei, zu den höher liegenden Lagern. Wegen der physiologischen Laborgeräte ist die Ausrüstung sehr schwer. Der sowjetische Alpinismus muss vor allem der Wissenschaft und nicht „wie bei den Nazis" nur der Propaganda dienen, wie ich weiß nicht mehr wer sagt. Krylenkos Expedition transportiert ein wenig kartesianisches Gepäckstück: eine Leninbüste. Damals waren die Rucksäcke mit Plakettenansteckern bestückt, die, ähnlich wie Devotionalien für die Kirche, die kommunistischen Phrasen und Embleme der UdSSR propagierten. Und da, plötzlich, taucht beim Überqueren eines kleinen Passes der Pik Lenin auf wie ein gigantisches Denkmal für den Chef der Bolschewiken. Er ist ein Koloss von Berg, so breit wie der Horizont versperrt er die ganze Landschaft, indem er sie ganz in Weiß taucht. Die Rote Armee errichtet am Fuß des Berges das aus niedrigen Zelten und Holzkisten bestehende Lager 1.

In den Folgetagen schreiten die Militärtruppen voran über die zahlreichen Gletscher und ihre Spaltenlotterie. Die Offiziere tragen alle eine Pistole am Gürtel. Nikolai Krylenko scheint schon erschöpft zu sein. Er ordnet die Errichtung mehrerer Zwischenlager an. Jedes Mal werden die Biwakzelte wieder abgebaut und ein Stück weiter nach oben getragen. Dann werden sie im tiefen Schnee und bei drohender Lawinengefahr wieder aufgestellt. Das Gelände weist jedoch keinerlei technische Schwierigkeiten auf. Jewgeni und Witali verzweifeln angesichts dieser Langsamkeit. Der Gipfelgrat scheint zum Greifen nah … Sie müssen sich vorerst damit zufriedengeben, die Landschaft zu bewundern. Flüchtige Rottöne legen sich nach und nach auf das Mosaik der Séracs, kurz bevor die Sonne hinter der schwarzen Bergkulisse versinkt.

Am frühen Morgen des 29. August, irgendwo in der breiten Nordwand des Pik Lenin, warten die Männer geduldig und dösen vor sich hin. Kein Befehl, keine Anweisung dringt aus dem Zelt des Volkskommissars für Justiz. Dann wird die Anordnung eines Gipfelsturms „ohne Rucksack" von Mann zu Mann weitergegeben. Das heißt, dass alle noch am selben Tag den Gipfel erreichen und wieder absteigen sollen. Es hat minus fünfzehn Grad Celsius, ohne den irrsinnigen Wind wäre die Sonne sogar angenehm. Die Seilschaften verstreuen sich auf der unberührten Bergflanke. Jewgeni friert durch das ständige Warten auf die Truppe. Die Seilschaften der Armee erreichen erst mittags den Grat. Aber dann erscheint im Süden das gesamte Pamir-Gebirge, das riesige Plateau, das sich von Tibet her erstreckt, ein unendlicher Wald aus eisüberzogenen Gipfeln. Und dort, am Ende dieser offensichtlichen Linie, der man nur bis in den Himmel folgen muss, der Gipfel des Pik Lenin …

Allerdings wird die Expedition nicht viel weiter kommen. Krylenko ist erschöpft und fordert seine Offiziere auf, Lenins Büste schon hier feierlich aufzustellen. Die 24 Soldaten und die Brüder Abalakow beglückwünschen sich herzlich und überspielen ihre Enttäuschung. Ein Foto verewigt den Trupp und das winzige Denkmal für den Gründer der UdSSR, das sie irgendwo zwischen 6000 und 7000 Metern Höhe in den Neuschnee setzen. Man erkennt im Hintergrund den Fedtschenko-Gletscher, der Pik Stalin aber, den Jewgeni im Vorjahr bestiegen hat, verbirgt sich hinter den Wolken. Er hätte ihn so gerne gesehen. Er würde so gerne bis zum Gipfel des Pik Lenin vordringen. Ein martialischer Befehl schallt durch die dünne Luft: „Anseilen! Abstieg!" Und die Männer verstreuen sich, nach ihren Aufstiegsspuren suchend, in den Hängen.

Zurück im Basislager, im Grünen, ganz unten. Die Brüder Abalakow sind insgeheim frustriert. Die Soldaten bräunen sich auf ihren Matratzen in der Höhensonne. Jewgeni fertigt gerade eine Zeichnung für die Zeitschrift *Iswestija* an, als Krylenko ihn zu sich in sein Zelt bestellt, vielleicht in Begleitung Witalis, von dem in den Tagebüchern seines Bruders nur sehr selten die Rede ist. Der schreckliche Generalstaatsanwalt der UdSSR leidet unter Erfrierungen, die Saison ist bereits weit vorangeschritten und er muss vor dem Ende des Sommers noch weitere Regionen des Pamir-Gebirges erkunden. Er muss „die weißen Flecken liquidieren", wie er es selbst ausdrückt. Allerdings ist er einverstanden, dass die Brüder Abalakow ohne ihn und in Begleitung von drei Offizieren versuchen, den Gipfel zu stürmen. Er braucht die beiden jungen Sibiriaken, um seine Expedition trotz allem als erfolgreiche Mission präsentieren und sich hinterher vor der Regierungsspitze damit rühmen zu können. Ich habe in den Archiven ein Fotoalbum angesehen, das er bei seiner Rückkehr Marschall Kliment Woroschilow geschenkt hat. Der Umschlag ist ein Originalaquarell von Jewgeni Abalakow, und auf einem der Abzüge zeigt sich Krylenko in kühner Forscherpose. Hinter ihm scheint ein Schreiber die Namensgebungen zu notieren, mit denen er die unberührten Gipfel tauft: Pik Clara Zetkin (deutsche Kommunistin), Pik Swerdlow (Mörder der Zarenfamilie), Pik Tsyurupy (Revolutionär) oder auch Pik Krassin (idem) und weitere Akteure der Oktoberrevolution.

Am 3. September, nach einem Abschiedsessen, geschieht alles genau so, wie es Jewgeni glücklich in seinen Notizbüchern festhält: „Krylenko wird auf ein Pferd gesetzt" und die Karawane des Volkskommissars für Justiz setzt sich in Bewegung. Endlich sind sie frei! Es gibt „keine Truppen, keine Trillerpfeife, keine Pausen" mehr, schreibt Jewgeni weiter. Am 4. September um 8 Uhr 15, nach einem Tee und ein paar Konserven, machen sich die Seilschaften, die von Krylenko dagelassen wurden, auf den Weg, angeführt von den entfesselten Brüdern Abalakow. Sie erreichen 5600 Meter, kurz vor einem nächtlichen Sturm. Am nächsten Tag strahlt die Sonne, aber die Soldaten verspäten sich wegen einer Suppe, die zu lange auf kleiner Flamme kocht. Die Brüder Abalakow sind inzwischen schon sehr hoch gestiegen. Am 6. suchen sie auf 6600 Metern erfolglos eines ihrer Lager, das vom Schnee begraben wurde, schließlich schlagen sie woanders ihre Zelte auf.

Jewgeni ist in Bestform, sein Bruder döst ruhig vor sich hin. Am 7. macht sich die Handvoll Männer endlich zusammen auf den Weg zum Gipfel. Wie immer sind die Abalakows vorn. Sie stürmen los, befreit von der Last der Politiker, des unerfahrenen Soldatenhaufens und der Büste Lenins.

Der Lenin wird in wenigen Stunden ihnen gehören.

Bis plötzlich ein Schrei die trockene Luft durchdringt. Er kommt von einem jungen Offiziersanwärter namens Ganezki. Witali steigt ab, um nachzusehen, was passiert ist, und steigt wieder auf, um zu erklären, dass der Junge steif vor Erfrierungen ist. Er kann sich nicht mehr bewegen, weder nach oben noch nach unten. Er muss abtransportiert werden. Zumal es sich um einen Schützling Nikolai Krylenkos handelt. Er ist der Sohn eines berühmten jüdisch-polnischen Revolutionärs, der für Musik, Bühne und Zirkus in der UdSSR zuständig ist und ein Nahestehender des verstorbenen Wladimir Iljitsch war. Beklemmende Stille. Einer der beiden Brüder Abalakow wird nicht zum Gipfel steigen.

Ein Soldat weist Jewgeni schließlich darauf hin, dass er schon den Pik Stalin in der Tasche hat. Er sollte zurücktreten und den Lenin seinem Bruder überlassen. Man hört nur den Wind und das Flattern der Kleidung. Beißende Kälte in den Gesichtern. Jewgeni schaut vielleicht nach oben, nach jenen 7000 Metern, die zum Greifen nahe sind. Dann meldet er sich freiwillig. Zum zweiten Mal wird er von anderen gezwungen zu verzichten. Das schwere Los eines Bergführers. Unten ruft der Verletzte verzweifelt um Hilfe. Er muss zu ihm absteigen. Als sie sich verabschieden, rät einer der Offiziere Jewgeni, dem Leidenden die Pistole abzunehmen. Man weiß nie, zu welchen Verzweiflungstaten Schmerz führen kann.

Das Opfer, das Jewgeni bringt, ist eine Schlüsselszene in der gleichnishaften Erzählung der Brüder Abalakow. „Für einen sowjetischen Alpinisten ist es absolut selbstverständlich, auf das Ziel zu verzichten, um einen Kameraden zu retten", erklärt ein Autor. Ausländer hätten das natürlich nicht so gemacht! Ich für meinen Teil denke, dass Jewgeni in diesem Moment unter dem strahlenden Himmel vor Wut schäumt. Während er Ganezki beim Absteigen hilft, erreichen Witali und zwei Soldaten niederen Ranges den Grat, wo sie problemlos die Leninbüste wiederfinden. Sie packen sie in einen Rucksack. Der Grat ist „breit wie die Leningrader Chaussée" und

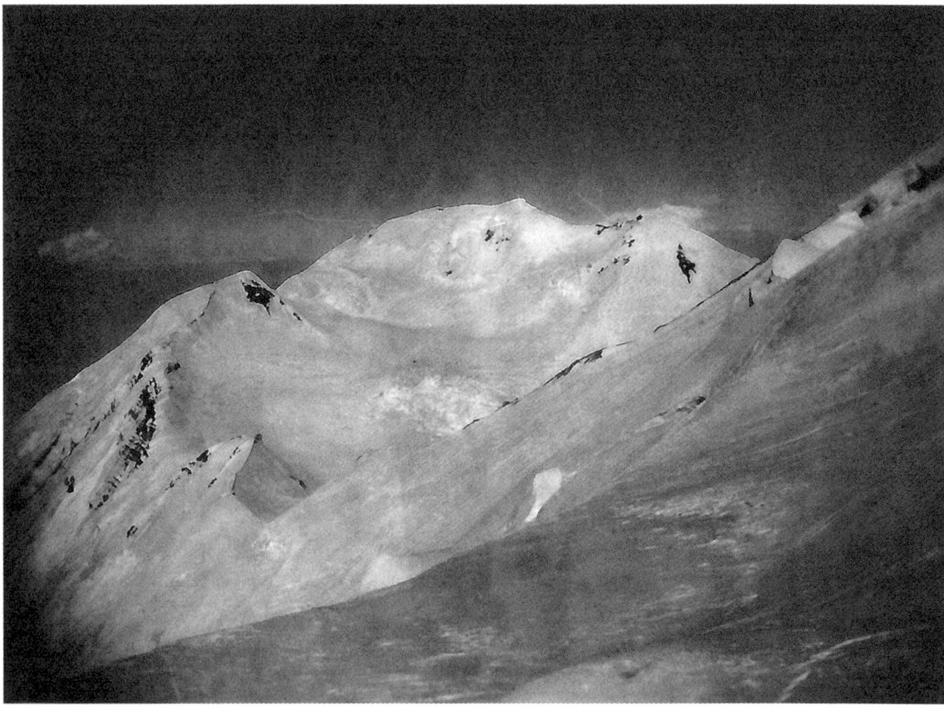

Der Pik Lenin in einer Aufnahme der deutsch-sowjetischen Alai-Pamir-Expedition von 1928

führt nach einem letzten Felsabschnitt gerade auf den Gipfel zu. Am späten Nachmittag setzen sie endlich Fuß auf den mit 7134 Metern zweithöchsten Berg der UdSSR. Zumindest denkt man das zu diesem Zeitpunkt.

Laut Witali fanden sie dort oben keinen Beweis der deutschen Besteigung von 1928. Sofort machen sie sich daran, ein ach so patriotisches Zeichen zu hinterlassen. Die mit einem adrianopelroten Tuch umhüllte Leninbüste befestigen sie an einem Stein. Man kann sie auf einem Archivfoto sehen, lächerlich klein wie die Statuette eines heidnischen Gottes einer untergegangenen Zivilisation. „Der große rote Christus", schrieb Cendrars. Zum ersten Mal wurde eine Büste in solche Höhen getragen. Der Kult um das Politikerpaar Lenin-Stalin war in vollem Gange. Ich weiß nicht, ob Witali stolz auf diese militärische Heldentat gewesen ist. Fühlten er und die Armeeoffiziere sich dort oben gezwungen, etwas feierlich zu sein? Hielten sie vor dem gleichgültigen Schnee und den reglosen Steinen eine schöne Rede? Unternahmen sie irgendetwas in Bezug auf eine klassenlose Gesellschaft und die Diktatur des Proletariats als Übergangsphase zum Sozialismus?

Auf den wenigen Fotografien erkennt man Witali neben seinen beiden Kameraden. Seine Glatze ist größer. Er ist sonnengegerbt, ohne Bart, eigentlich gutaussehend in seiner improvisierten Ausrüstung. 1934 wird für ihn wahrscheinlich ein unvergessliches Jahr. Er tritt aus dem Schatten seines Bruders heraus. Er gelangt ins Scheinwerferlicht und auf die ersten Seiten der sowjetischen Presse. Nach Jewgenis Tagebüchern, der im Basislager auf Witalis Rückkehr wartet, wird die Eroberung des Pik Lenin so begossen, wie es sich gehört. Weit weg vom Justizkommissar Krylenko, der damit beschäftigt ist, alle Berge des Pamir mit marxistischen Namen zu taufen.

EROBERUNG DES NÜTZLICHEN[16]

Witali kehrt nach Moskau zurück. Ich denke nicht, dass ich damit falsch liege, wenn ich sage, dass er in jenem Jahr mit allem Glück hat. Bald gelingt ihm die Winterbegehung des Elbrus, bevor man ihn zum „Meister des Alpinismus“ ernennt. Kurz darauf bekommt Valentina ihr erstes Kind, Oleg. Eigentlich ihr zweites. Das Paar hat ein Jahr zuvor seine kleine Tochter verloren. Beinahe hätten sie sich getrennt. Das freudige Ereignis bringt ein wenig Glück in das Eheleben und die UdSSR gewährt seit Kurzem Mutterschaftsurlaub. Zweifellos ein Fortschritt, der mit dem Recht auf Schwangerschaftsabbruch einhergeht. Valentina hat jedoch nicht die Absicht, zuhause zu bleiben. Sie ist eine typische vom Joch der Orthodoxie befreite sowjetische Frau. Sie wird überall mit ihrem Mädchennamen erwähnt. Wie viele Sibiriakinnen hat sie ein breites Gesicht und eine stämmige Figur. Für manche würde sie nicht sehr feminin aussehen, aber auf den Schwarz-Weiß-Fotos strahlt sie eine ungewöhnliche Jugend und Kraft aus. Auch für sie sind die Berge eine Leidenschaft.

Bei Jewgeni und Anna gibt es noch keinen Nachwuchs. Ich glaube, dass die beiden ein festlicheres Leben führen. Jewgeni ist in der UdSSR der 1930er-Jahre erfolgreich. Seine Leistungen haben auch seine Werke ins Scheinwerferlicht gerückt und das Paar verkehrt mit einem Teil der kulturellen Elite. Sie fahren oft in die Datscha der Familie, die sich in der Nähe von Wnukowo in der Moskauer Gegend befindet und wo sich oft ein Kreis von Schriftstellern trifft. Annas Schwager ist nämlich der Schriftsteller Sergei Klytschkow, ein Freund Sergei Jessenins[17]. Jessenin zieht einen ganzen Kreis heute vergessener Literaten an, darunter auch Sergei Michalkow. Ihm wird man später die Verse der sowjetischen Hymne verdanken, die die *Internationale* ersetzt. Er ist auch der Autor folgender bekannter Worte: „Der Kluge geht nicht auf den Berg, der Kluge geht um den Berg herum …“

Wunderbare Abende im ländlichen Moskauer Umland. Ein Gerücht sagt, dass Ossip Mandelstam eines Tages persönlich hier vorbeigekommen sei. Sollte das stimmen, dann muss das im Frühjahr vor seiner Verhaftung wegen seines *Epigramms gegen Stalin* passiert sein. Darauf muss er ins Exil. Im Übrigen wurde ein weiterer häufiger Gast der Datscha, Nikolai

Kljujew, nach Tomsk deportiert, wo er später wegen seiner Gedichte erschossen wird. Er hat sowohl die Kollektivierung als auch die mörderische Ausbeutung der Gefangenen beim Bau des Weißmeer-Kanals kritisiert. Die Nachricht von Sergei Kirows[18] Ermordung legt sich bleiern über das Land. Immer öfter verfinstern schwere Gedanken die Blicke. In solchen Augenblicken setzt sich Anna ans Klavier, ihre Hände fliegen über die Tasten, sie zieht alle in den Bann. Für kurze Zeit vergessen sie die dunklen Vorahnungen, die ihre Seelen bedrücken.

Merkwürdigerweise habe ich weder ein Porträt noch eine Skizze gefunden, die Jewgeni von Anna gemacht hätte. Er hat andere Musen. Seine Skulpturen verewigen den Dichter Wladimir Majakowski und den Schriftsteller Maxim Gorki im Stil des sowjetischen Realismus. Sein Werk entspricht genau den Erwartungen, die man von einem Künstler unter Stalin hat. Er ist kein Künstler der Rebellion – sein Werk ist mit dem damaligen Kanon konform; seine Themen sind ideologisch geradlinig. Außerdem ist sein Leben geteilt zwischen sozialistischen Ausstellungen und dem Bergsteigen. Dort liegt sein größeres Talent, und ich glaube nicht, dass er beide Genres vermischt. Von ihm sind die dünnen Lenin-Abgüsse nicht, die man auf die hohen Gipfel trägt.

1935 hat die UdSSR eine neue Mission für die Brüder Abalakow. Im Frühjahr weist man sie einer Erkundungsexpedition in der Turkestankette zu. Witali und Jewgeni entdecken jetzt, wozu der Alpinismus noch herhalten soll. Das Land wird im Eilschritt industrialisiert. Die Fünfjahrespläne verlangen immer größere Mengen Rohstoffe. Für die Brüder ist die Zeit gekommen, einen handfesteren Beitrag zum Aufbau des Kommunismus zu leisten. Alles im Land der Sowjets dient wie ein Rädchen im Getriebe einer so viel größeren Aufgabe: dem Fortschritt.

Witali und Jewgeni brechen also 1935 in Richtung Turkestankette auf, ein im Vergleich zum Pamir unspektakuläres Gebirgsmassiv, das diesen bis zur Oase Samarkand verlängert. In dieser mythischen Stadt Usbekistans finden die Brüder wieder ein ihnen vertrautes Zentralasien vor. Die Parandschas[19] geistern durch die Stadt, trotz des Fortschritts der Befreiung der sowjetischen Frau. Während die Frauen auf ihren verschleierten Köpfen alle möglichen Lasten tragen, schlürfen die Männer im Schneidersitz in den Tschaichanas[20] ihren Tee. Jewgeni malt dort ein Aquarell der berühmten Medresen auf dem Registan-Platz. Er liebt die antiken Durchgangsstäd-

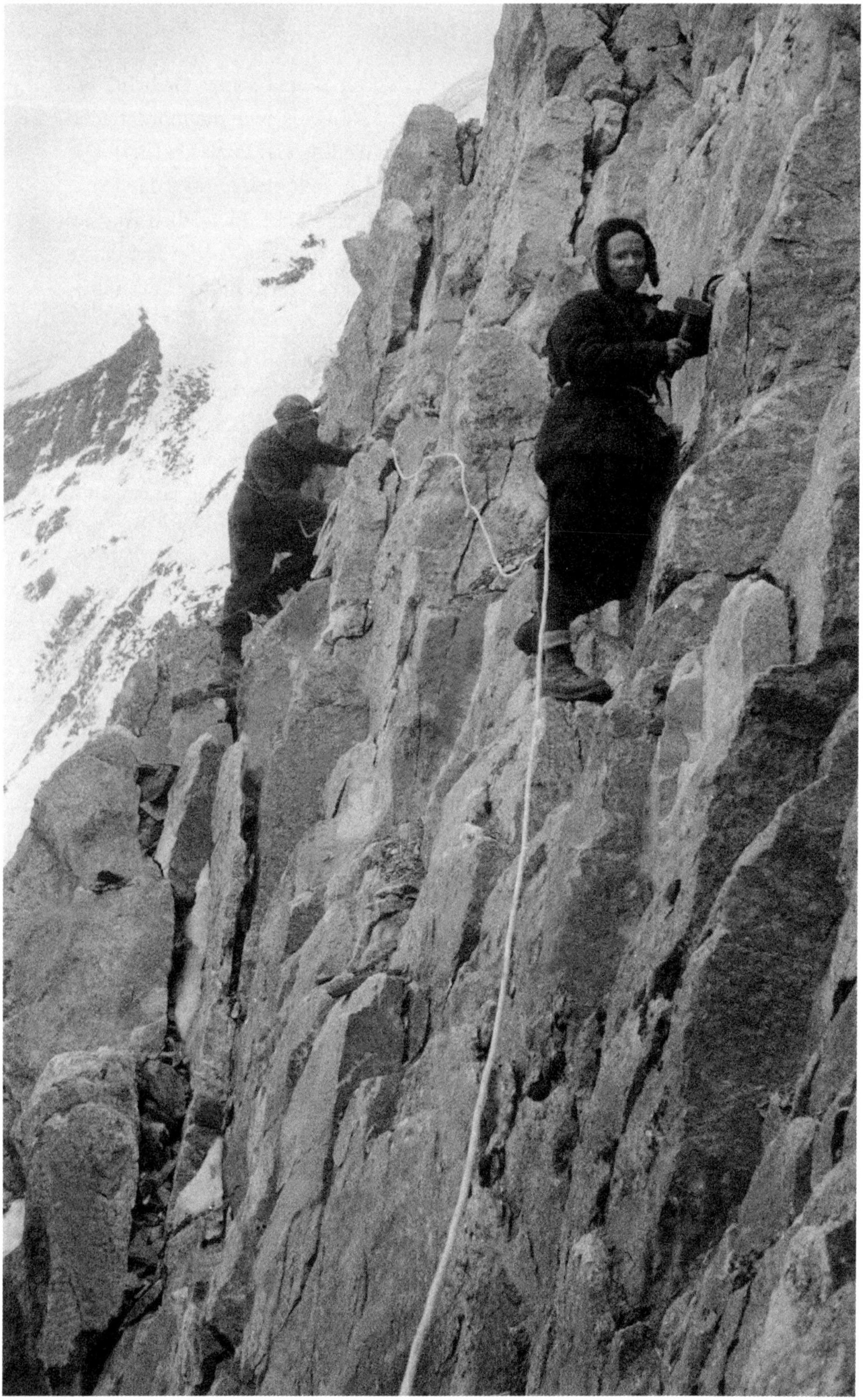

te der Seidenstraße und die Ruinen des Timuridenreichs. Die Lastwagen der Erkundungsexpedition machen noch Halt in Buchara, bevor sie in das fruchtbare Ferghana-Tal eindringen.

Ein Teil der Elitealpinisten, einschließlich Witalis Gefährtin Valentina Tscheredowa, wird für diese Mission mobilisiert. Auch einer seiner Kollegen aus der Fabrik ist dabei, Michail Dadiomow, der ihn schon 1933 ins Altaigebirge begleitete. Eine weitere Größe der damaligen Zeit ist Georgi Charlampiew, Mitglied der Expedition am Pik Stalin, der hin und wieder als Bergführer für ausländische Seilschaften im Kaukasus tätig ist. Er hat außerdem ein Mitglied der Kommunistischen Internationalen mitgebracht, den Schweizer Genossen Lorenz Saladin. Der gutaussehende Mann hat für das weite Land Feuer gefangen, das der Sozialismus fruchtbar gemacht hat. Und sollte seine politische Gesinnung ihm vielleicht den Zutritt zum Züricher Alpenverein erschwert haben, so stehen ihm jetzt die Türen zu Stalins UdSSR weit offen. Die Komintern[21] gewährt ihm die notwendigen Visa, ohne mit der Wimper zu zucken.

Dieser kleine Haufen erreicht endlich sein Ziel, das Tal von Kara-Suu. Dieses Tal wird später, während der postsowjetischen Guerillakämpfe, Schauplatz von Massakern zwischen verschiedenen ethnischen Gruppen. Ich möchte nicht näher auf die Erkundung von Rohstofflagerstätten in den unberührten und unerreichbaren Bergflanken eingehen, wo man nach Nickel und Zinn sucht. Stattdessen habe ich mir auf den Fotos, die Lorenz Saladin mit seiner Leica geschossen hat, jedes Detail genau angesehen. Beim Durchsehen der Fotos zieht der banale Alltag dieser äußerst „nützlichen“ Expedition vor meinen Augen vorbei. Die Brüder Abalakow erschließen die rohstoffhaltigen Wände, schlagen für die Geologen, darunter gelegentlich usbekische oder tadschikische Gesichter, Haken oder zahllose Stufen mit schweren Hämmern hinein. „Ich bewundere Witalis Beherrschung, mit welcher Ruhe er alles macht“, notiert Lorenz Saladin in seinem Tagebuch. Die mit Holzkisten beladenen Trägerkolonnen ziehen sich an den Hanfseilen hoch. Im Jurtenlager untersuchen Frauen unter dem Mikroskop sehr gründlich die Gesteinsproben, die die Männer auf ihren Rücken anschleppen, gleichzeitig wird auf einem Bergkamm im Namen der Wissenschaft und Industrie Erz gesprengt.

Links: Witali (im Hintergrund) und Jewgeni beim Klettern in den Wänden von Kara-Suu

Nächste Seite: Lastentransport für die geologische Erkundung der Turkestankette

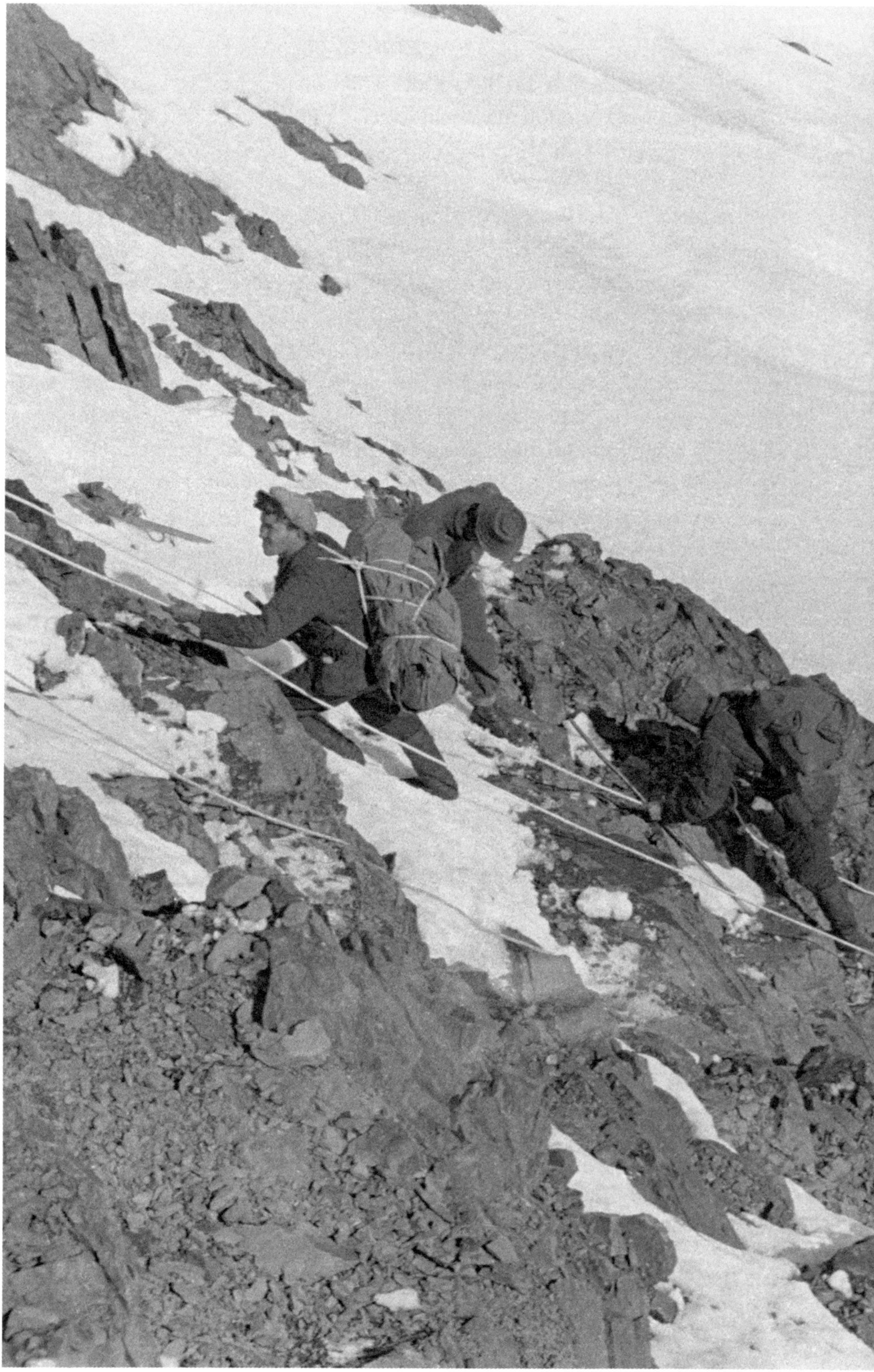

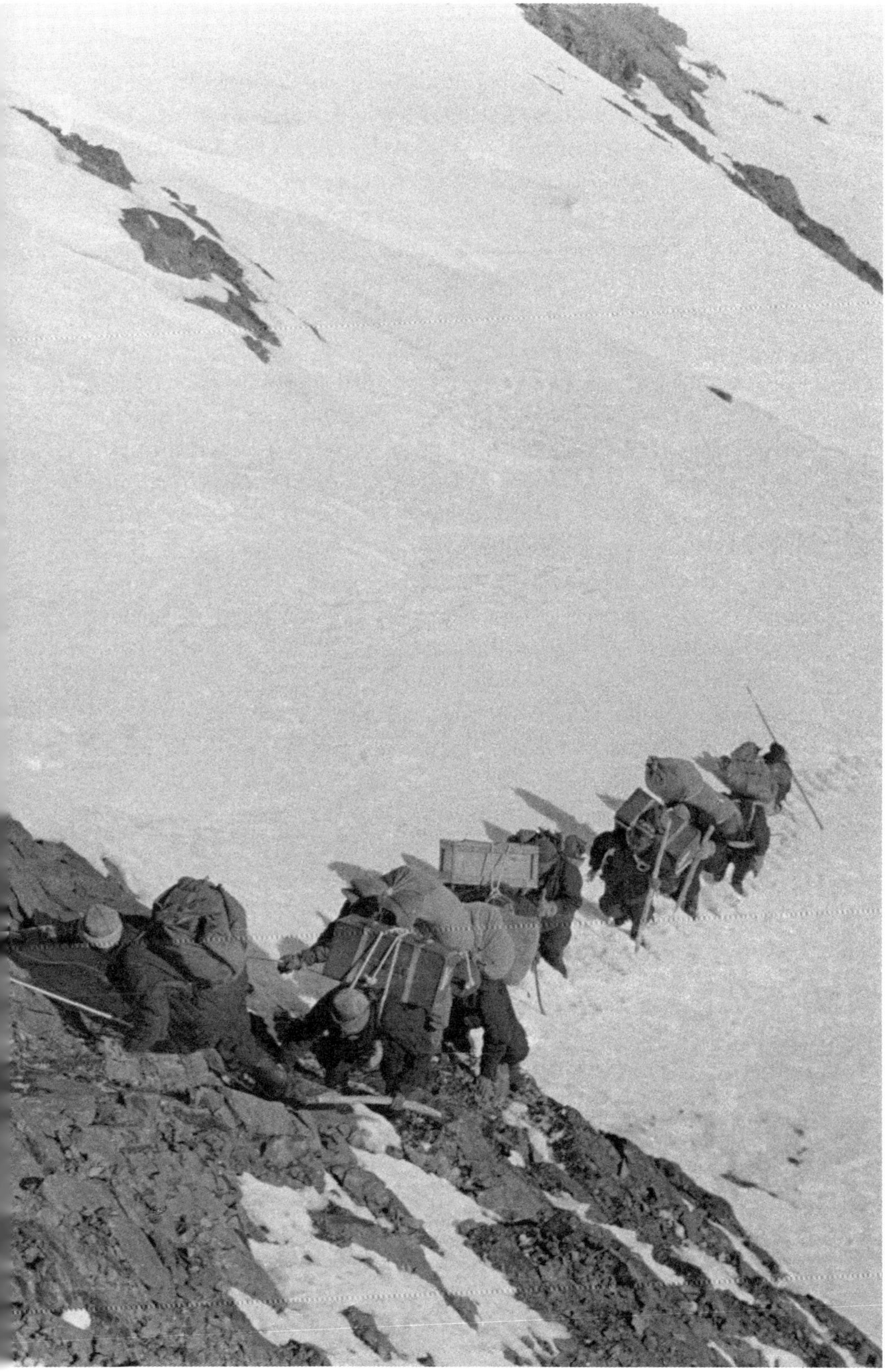

Drei Monate des Reisens über sämtliche Gletscher der Gebirgskette, mal zu Fuß, mal mit Ski auf den letzten Schneefeldern. Es ist ein abenteuerliches Leben, voller Enthusiasmus, inmitten von Gipfeln, die fast alle die 5000 Meter überragen. Von dort oben muss man kartografieren, die Äderungen der Grate, die Kare und Täler entwirren und nachvollziehen. Die Brüder Abalakow sind mehr denn je wissenschaftliche Alpinisten. Sie ebnen dem Fortschritt den Weg, der „Entwicklung" würde man heute sagen. Ich nehme an, dass Lionel Terrays Buch *Die Eroberung des Unnützen* in der UdSSR Ketzerei gewesen wäre. Einen Gipfel zu besteigen, nur „weil er da ist", wie George Mallory einmal sagte, wäre geradewegs als konterrevolutionär verurteilt worden. Die Nützlichkeit! Sie liegt wohl eher in der Ehre des sowjetischen Alpinisten, der die Worte „Bergfahrt" oder „Expedition" niemals ausspricht, ohne die Erklärung „wissenschaftlich", „militärisch" oder „für die Erkundung von Rohstoffvorkommen" hinzuzufügen. Nur von einer „Bergfahrt" zu sprechen, wie bürgerlich.

Was den Schweizer Alpinisten betrifft, so sehr er auch mit dem Kommunismus sympathisiert, er ist und bleibt ein Westler. Lorenz Saladin posiert vor dem Objektiv seiner Leica und tut, als würde er in eine Tafel Lindt-Schokolade beißen. Ein anderes Mal setzt er eine Toblerone ins Bild, Marmeladen von Hero, Ruff-Würstchen oder Zucker der Marke Cristal. Das waren die Partner, die seine kleine Reiseagentur „Höhen-Luft", deren Werbebanner überall zu sehen ist, finanzieren. Ein kleines Zugeständnis im Schweizer Sozialismus. Kein demonstrativ zur Schau gestelltes marxistisches Emblem, nicht die Spur eines Leninprofils!

Lorenz Saladin ist schon viel herumgekommen, in Nordamerika oder in den Anden. Seine russischen Kameraden können von solchen exotischen Reisezielen nur träumen. Der Schweizer Proletarier kann sich noch so sehr als einfacher Mann geben, jeder noch so linke Europäer bleibt im Land der Sowjets ein kleinbürgerlicher Spießer. Kein Zweifel, dass der Ingenieur Witali Abalakow die moderne Ausrüstung des unerwartet dazugestoßenen Seilkameraden interessiert begutachtet. Sie selbst besitzen nur gummiweiche Steigeisen und so dünne Jacken, dass man sie nicht einmal in der Stadt tragen würde. Ganz zu schweigen von Valentinas Unterwäsche, die auf dem Foto zu sehen ist, auf dem sie sich neben Witali sonnt.

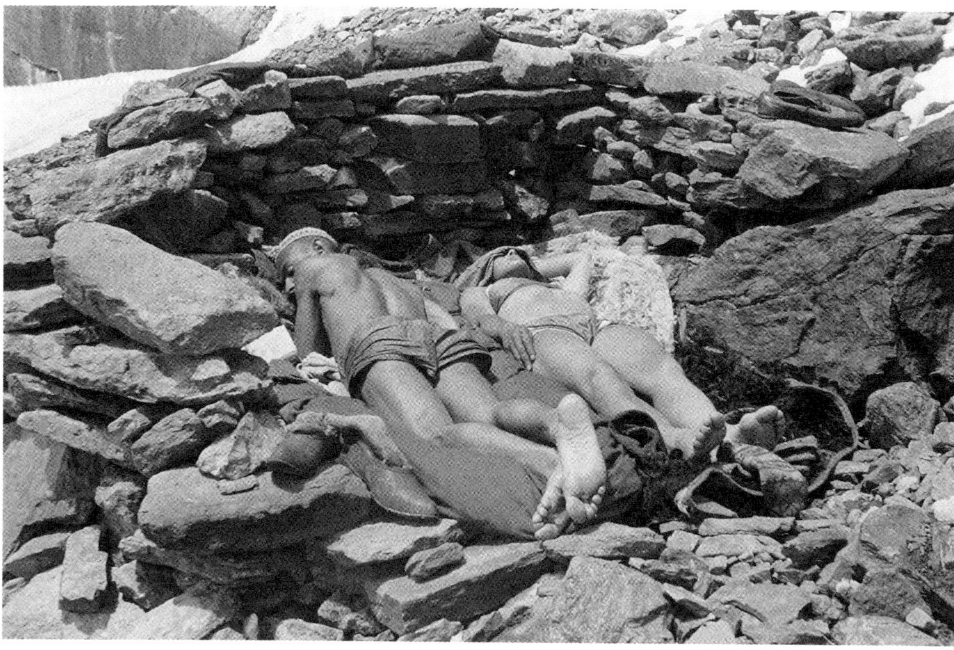

Valentina Tscheredowa und Witali Abalakow beim Sonnenbaden.
Links die typischen Gummigaloschen,
die die Russen auch zum Klettern nutzten

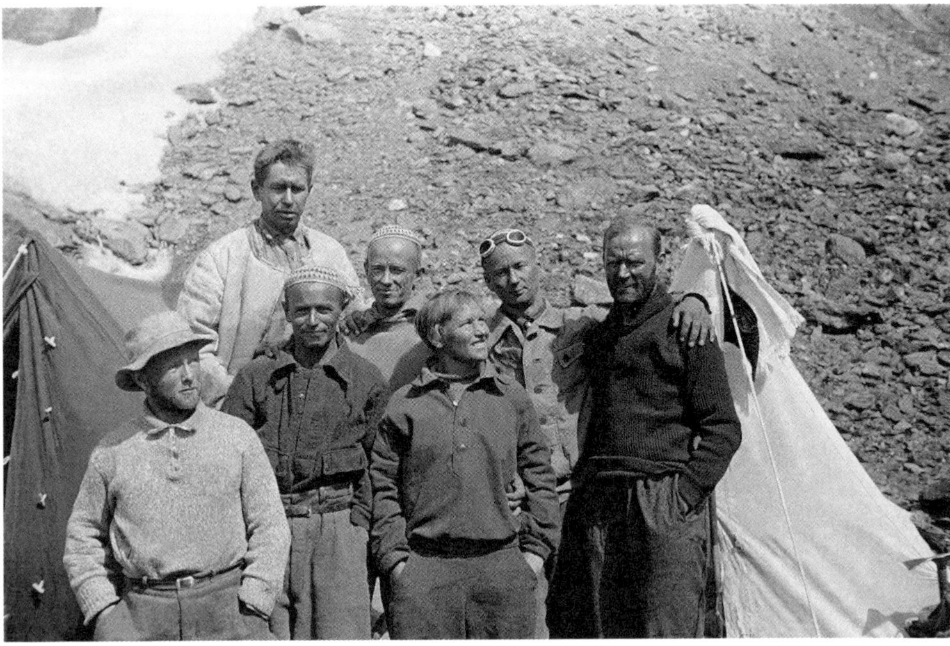

Pamir-Erkundung 1935: Lorenz Saladin (rechts) mit Jewgeni (mit Gletscherbrille) und Witali Abalakow, Valentina Tscheredowa, Michail Dadiomow und Georgi Charlampiew (mit Hut). Im Hintergrund ein Unbekannter

Die kleine Truppe trennt sich manchmal, um die Gebirgskette zu durchstreifen und sich später auf Anweisung der Direktion für „Produktionsbesprechungen" wieder zu treffen. Sie befreien sich von ihrem Schweiß in einer *Banja*[22] in einem der Dörfer. Sie genießen die köstlichen usbekischen Spezialitäten. Jewgeni kocht für seine Kameraden *Plov*[23], das typische Reis- und Karottengericht. Ich habe diese wenigen Details in seinen Tagebüchern entdeckt. Erstaunlicherweise spricht er über seinen Bruder nur sehr unpersönlich, ganz zu schweigen von Valentina, die darin einfach nicht vorkommt. Er erwähnt lieber „Lenz" Saladin, mit dem er sich scheinbar wunderbar versteht, und zieht es vor, von seinen öffentlichen Lesungen aus der *Prawda* zu erzählen. Diese Tätigkeit bestand darin, vor den Analphabeten in den Tälern laut aus dem Parteiblatt vorzulesen. Jewgeni ist ein guter sowjetischer Bürger, der sich für die politische Bildung seiner Mitbürger einsetzt. Für seinen Beitrag an dieser Rohstofferkundungskampagne wird er *udarnik* genannt, das heißt „Schockarbeiter". Der Kult um die Produktivkräfte und die Industrie läuft auf Hochtouren. Ein Alpinist ist ein Proletarier wie jeder andere, ein Arbeiter in der Vertikalen. Er ist nicht hier, um sich an der Schönheit der Landschaft zu ergötzen. „Schluss mit der Betrachtung! Ran ans Erz!", befiehlt eines Tages einer der Chefs der Mission. Die Landschaft genießen ist ein kleinbürgerliches Laster.

Die Suche nach Nickel und Zinn neigt sich Mitte August dem Ende zu. Die Expedition macht sich auf den Rückweg, doch Valentina bleibt auf den Schienen Richtung Moskau allein. Witali wurde in den naheliegenden Pamir abkommandiert, um eine „Alpiniade" am Pik Trapez zu führen. Die Alpiniaden! Eine spektakuläre Initiative des Marschalls der Sowjetunion Kliment Woroschilow und eine weitere äußerst sowjetische Art und Weise des Bergsteigens. Hunderte von Soldaten werden für den Ansturm auf die Gipfel mobilisiert, ganze Bataillone für „Massenbesteigungen" mit Artillerie ausgerüstet. Witali wurde ausgewählt, die dritte Infanteriedivision Turkestans bis auf 6048 Meter anzuführen.

Man lässt ihm jegliche Freiheit, einen Assistenten auszusuchen, und er nimmt Lorenz Saladin mit, der davon träumt, seine Abenteuer im sagenhaften Land der Sowjets weiterzuführen. Es folgt kein bürokratischer Einwand gegen die Teilnahme des Ausländers an einer Übung der Roten Armee. Eine ungewöhnliche Tatsache, derer sich Saladin nur zu bewusst ist und die ihm Sorgen bereitet. Er bemüht sich, sich bei den Militärs beliebt zu machen, unterrichtet sein Handwerk, scheut keine Mühen. Allerdings vertraut er seinem Tagebuch an, dass er befürchtet, für einen Spion gehalten zu werden. Er hat ein ungutes Gefühl. Von nun an werden alle noch so unbedeutenden Ereignisse, die ich auf diesen Seiten zu berichten versuche, geeignet sein, seine und die Akten der stalinschen Prozesse zu füllen.

Ende August 1935 erreichen Witali und Lorenz, begleitet von 78 mit schweren Maschinenpistolen bewaffneten Kämpfern, den Gipfel des Pik Trapez. Dort oben, auf mehr als 6000 Metern, „improvisieren sie eine Parade", schreibt Witali in einem etwas holprigen Artikel. Dagegen fand ich in einem Zeitungsausschnitt den viel leidenschaftlicheren Bericht eines Offiziers, der von einer ähnlichen Alpiniade im selben Jahr berichtet: „Mir wurde die Ehre zuteil, die Büste des Genossen Stalin zu tragen. Ich spürte weder Müdigkeit noch Kälte. Mein Herz schlug vor Begeisterung. [...] Der Aufstieg ist hart und ich drücke die Büste sacht an meine Brust, um sie vor Erschütterungen zu schützen. [...] Ergriffen stimmen wir die herrliche Hymne des internationalen Proletariats an. [...] Ich fixiere die Büste und die Maschinengewehre eröffnen das Feuer. [...] Das ist der Salut der Roten Armee [...] an unseren heißgeliebten Stalin!"

Was soll man daraufhin noch schreiben!

SCHIFFBRUCH AM KHAN TENGRI

Anfang 1936 wird die Gesellschaft für proletarischen Tourismus wegen ihres „Potentials, Volksfeinde zu decken" aufgelöst, also anders gesagt wegen ihrer großen Handlungsfreiheit. Die Schlinge zieht sich weiter zu. War das Bergsteigen bisher die Freizeitbeschäftigung einiger aus dem Exil in Europa zurückgekehrter Bolschewiki, so will die Partei es nun über den allmächtigen allunionistischen Zentralrat der Gewerkschaften kontrollieren. Stalin hat einen *Prikas*[24] unterzeichnet, der für die Bergführerausbilder ein Gehalt vorsieht und ein Handbuch mit den Regeln des Bergsteigens in der UdSSR diktiert den erfahrensten Kletterern seine Vorschriften. Man hat nur noch mit Berechtigung und Kontrollzeiten Ausgang, Armbandanhänger weisen das Niveau der Bergsteiger aus und alles wird von nun an sehr streng und staatlich kontrolliert. Das staatliche Durchgreifen setzt den Schlussstrich hinter diese ersten zwar etwas amateurhaften, aber bahnbrechenden Besteigungen.

Deshalb wird die 1936 von den Brüdern Abalakow geleitete Expedition als glänzende Ausnahme angesehen. Sie ist ein spektakuläres Ausbüxen unter Kumpeln, ein absolut zweckfreies Klettern in einer Zeit des nützlichen Alpinismus, eine Art Gnadenfrist vor dem Terror. Für mich ist sie ein letzter freier Atemzug in den schwarzen Sturmwolken des Stalinismus. Mehr als in der Erhebung der Massen lag die Daseinsberechtigung der Brüder Abalakow in der Höhe der Berge. Vor allem Jewgeni besaß den Hauch jener Ungeniertheit, die denen eigen ist, die sich von jeglichen Fesseln befreit haben. „[Er] warf sich in jedes sich bietende Abenteuer", wird Witali später verbittert betonen. Diese Besteigung wird in der Tat ihre letzte gemeinsame Unternehmung sein.

Einmal mehr habe ich mich neugierig auf die Reisetagebücher Jewgenis gestürzt. Der Aufbruch findet am zweiten Juli in einem der zahlreichen Moskauer Bahnhöfe statt. Genau 164 Kilogramm Gepäck türmen sich auf dem Bahnsteig. Nichts im Vergleich zu früheren Expeditionen. Erstaunlich leicht, bedenkt man die legendären Lasten der sowjetischen Bergfahrten. Ein schlechtes Omen, das die Katastrophe ankündigt, wie Witali später deuten wird. Das Pfeifen der Dampflokomotive, „eilige Küsse, ein wunderbarer Rosenstrauß, Abschiedsworte, die vom Lärm und den Rufen übertönt werden", berichtet Jewgeni. Der Zug lässt die Hauptstadt aller russischen Staaten hinter sich und mit ihr auch, wie jeden Sommer, die schöne Anna. Endlich sind sie wieder auf den Schienen, im rhythmischen Wiegenlied des Zuglaufwerks. Die Dunkelheit einer heißen Kontinentalnacht umhüllt den Waggon. Sie sind nur zu dritt: der Bildhauer Jewgeni Abalakow, der Chemiker Leonid Gutman und wieder „der Schweizer Antifaschist" Lorenz Saladin.

Witali ist nicht im Zug. Witali sollte nicht in dieses Schlamassel geraten. Das wird sein Unglück nur noch schmerzlicher machen. Denn während sein Bruder und seine Kameraden den eurasischen Kontinent durchqueren, leitet er im Kaukasus das alpinistische Ausbildungslager des allunionistischen Zentralrats der Gewerkschaften. Danach wird er einberufen, um im Sportklub der Roten Armee zu dienen. Witali behauptet sich immer mehr als Techniker. Die hohen Berge und fernen Expeditionen scheinen ihn weniger zu interessieren als die vagen Angaben über Aufstiegsrouten oder die Entwicklung innovativer Ausrüstung. Der Ingenieur Abalakow hat mit dem Zentralkomitee einen Ausrüstungsvertrag unterzeichnet. Er tritt für einen Alpinismus ein, der die Risiken durch präzise Vorbereitung und überlegte Strategien minimiert. Witali ist weniger romantisch und vergeistigt, insgesamt steifer als sein Bruder und damit irgendwo auch sowjetischer.

Der Zug rollt Tag und Nacht, entflieht dem Kreml. In diesem Sommer wurden während der ersten Moskauer Prozesse die Trotzkisten zur Todesstrafe verurteilt. Grigori Sinowjew und Lew Kamenew werden beim Verlassen des Tribunals hingerichtet. Nikolai Bucharin wird bei der Rückkehr von einer Reise im Pamir verhaftet … Die drei Alpinisten dösen von der Hitze erschlagen in ihren mit Gepäck zugestellten Kojen. Der vierte im Bunde, Michail Dadiomow, wird in Kirgisistan zur Gruppe stoßen. Wenn ich so durch Jewgenis Tagebuch blättere, fühle ich mich ihnen umso näher, da sich die Züge der ehemaligen Sowjetunion bis heute kaum verändert haben. Ich überquere mit ihnen den südlichen Ural. Die Taiga zieht vorbei, danach die Steppen und die Wüste Kysylkum. Der Zug bewegt sich auf das Zentrum Eurasiens zu, und ich erinnere mich an die gegerbten Gesichter, an die Wassermelonengelage auf den Bahnsteigen. Zweifellos ein gewisses Glück. Es gibt keinen Grund, diese Männer zu bemitleiden, weil sie unter dem Regime der UdSSR gelebt haben. Die hier bestimmt nicht. Die UdSSR bot ihnen Abenteuer, wie sie heute nur wenige erleben. Von den Ruinen des Kommunismus bleiben nur ihre Pioniertaten.

Das Quartett will einen legendären Berg besteigen: den Khan Tengri, dessen pyramidenförmiger Gipfel mit seinen 7000 Metern über dem gigantischen Tian-Shan-Massiv thront, jenem „Himmlischen Gebirge", das sich das sowjetische und das chinesische Turkestan teilen. Man sagt, es sei Lorenz Saladins größter Wunsch gewesen, den Khan Tengri zu besteigen, bevor sich die UdSSR, die ihn magnetisch anzog, ganz vor ihm verschloss. Der aufsteigende Faschismus im Westen führt in der Tat direkt in den Krieg. Stalin behält die Ausländer, auch wenn sie Mitglieder der Kommunistischen Internationalen sind, im Auge. Saladin ist sich dessen bewusst. Im Kaukasus geht niemand mehr das Risiko ein, Seilschaften aus dem Westen zu führen. Er weiß, dass dies seine letzte Reise ist. In seinen allerletzten Aufenthalt hat „der Schweizer Antifaschist" seine gesamten Ersparnisse gesteckt und seine gesammelten freundschaftlichen Beziehungen zu sowjetischen Alpinisten spielen lassen.

Sie erreichen zuerst Taschkent und seinen riesigen Basar. Wie muss das damals gewesen sein! Nach all den Tagen, die sie im Waggon eingepfercht waren, vertreten sie sich nun die Beine in der usbekischen Hauptstadt. Dann müssen sie, wie im Vorjahr, drei Wochen lang bei der Rohstofferkundung arbeiten. Das ist der Preis für ihre Freiheit. Den ganzen Juli über suchen sie die Felswände nach Bodenschätzen ab, alles für „den Aufbau des Kommunismus", dieser Utopie, deren Verwirklichung jedes Mal verschoben wird. Erst einen Monat nach ihrer Abreise aus Moskau, am 3. August, erreichen sie endlich Frunse (heute Bischkek), wo der Ingenieur Michail Dadiomow wie vorgesehen auf sie wartet.

In der Zwischenzeit war Leonid Gutman schwer erkrankt und wurde ins Krankenhaus eingeliefert, wodurch die Mannschaft auf lächerliche drei Personen schrumpfte. Es wäre reiner Wahnsinn, den Khan Tengri mit einer so kleinen Gruppe anzugreifen, und Jewgeni muss diese Expedition – die erste, die er leitet – unbedingt retten. In seinen Tagebüchern steht darüber kein Wort, aber er schickt ein Telegramm an seinen Bruder im Kaukasus, in welchem er ihn dringend bittet, er möge so schnell wie möglich zu ihnen in die ehemalige Kosakenstadt Karakol kommen.

Witali kommt gerade von einer militärischen Bergfahrt zum Dychtau zurück, dem Berg seiner gemeinsamen Glanzleistungen mit Jewgeni.

Als Witali die maschinengeschriebene Nachricht liest, hat er so etwas wie eine Vorahnung. Er wird am Ende seines Lebens darüber schreiben, dass er, beunruhigt durch den Improvisationsgrad dieses unwahrscheinlichen Unterfangens, lange gezögert habe. Dennoch entscheidet er sich, die gesamte UdSSR in der bedrückenden Schwüle der Züge zu durchfahren, in der glühenden Hitze der Wüsten und den Düften Zentralasiens. Ewig langsame Züge, deren Laufwerke die Schienen zu zählen scheinen und die an jeder Station halten. Dann das Rütteln der Lastwagen und schließlich die Schifffahrt über den herrlichen Gebirgssee Yssykköl, der – umrahmt von schneebedeckten Gipfeln – von fast tibetanischer Schönheit ist.

Am 18. August landet er in Karakol. Jewgeni, Dadiomow und Saladin sind im Umland verstreut. Letzterer verewigt das Leben in den kirgisischen Jurten in seinen Fotografien. Eine Welt, in der manche Nomaden mangels Streichhölzern noch glühende Kohlen mit sich führen. Witali trifft schließlich seinen Bruder irgendwo in dieser kleinen Stadt mit ihren kunstvollen Holzfassaden und der in eine Sporthalle umgewandelten Kirche. Mit Hilfe eines ortsansässigen Sowjets und von Professor August Andrejewitsch Letawet[25], der sich auch in Karakol befindet, kauft er auf dem Pferdebasar Vieh und rekrutiert einige Kirgisen, die gebrochen Russisch sprechen. Doch die Expedition sitzt fest. Lorenz Saladin hat keine Grenzerlaubnis. Von der Komintern eingeladen, hätte er sie in Moskau beantragen müssen. Gutman soll vom Krankenhaus in Frunse aus die Sache vorantreiben, aber die schönen Tage vergehen ohne jede Nachricht. Da sitzen die Brüder Abalakow nun auf einem Dach, drehen und wenden das Problem, dazwischen bleierne Stille. Dieses Mal sind sie ganz auf sich gestellt. Da ist kein Gorbunow, kein Krylenko, kein anderer hoher Parteifunktionär, der jede noch so dringende Angelegenheit mit einem einfachen Telegramm erledigen könnte.

Sie beschließen, dass Witali nach Frunse zurückkehren muss, um dieses Durcheinander zu entwirren. Witali, erschöpft von diesem unaufhörlichen Reisen, kehrt in die Hauptstadt der Kirgisischen Sozialistischen Sowjetrepublik zurück. Im Krankenhaus findet er bei sommerlicher Hitze einen sonnengebräunten Gutman vor, der die Krankenschwestern neckt und ihm gesteht, dass die Behörden von Lorenz Saladin nichts wissen wollen. Also geht Witali auf der Stelle dorthin. Einem braven Kommandanten erzählt er von den Diensten, die der Schweizer Kommunist in der letzten Saison geleistet hat: „Fast ein roter *komandir*!“, sagt er ohne zu zögern. Er ist an die richtige Person geraten. Der Kommandant ist für das Bergsteigen nicht unempfänglich, „das beste Mittel, um Soldaten auf den Kampf vorzubereiten“, sagt er, bevor er ein Gesuch nach Moskau schickt.

Es vergehen noch einige kostbare Tage, bevor wie durch ein Wunder die Zusage kommt. Sie haben so viel Zeit verloren. Übrigens ist Gutman wieder gesund und fährt mit Witali zurück nach Karakol. Nun sind sie zu fünft, aber unter welchen Umständen wird die Besteigung des Khan Tengri stattfinden? Der Kalender zeigt bereits Mitte August. Es bleiben noch genau dreizehn Tage bis zum September und es sind noch 160 Kilometer mit der Karawane bis zum Basislager. Zwar wurden die Expeditionen von 1930 am Pik Stalin und Pik Lenin auch an der Schwelle zum Herbst zu Ende gebracht, doch der Khan Tengri ist ein Fall für sich. Da er auf einem sehr nördlichen Breitengrad liegt, ist die Sommersaison dort kürzer als woanders.

Ein Grund zu zögern. Ganz zu schweigen von der Taktik dieser „Mikroexpedition“, sagt Witali: weder Depots noch Fixseile, noch Radio, noch Rettungsmöglichkeiten, ein krasser Mangel an Ausrüstung. Witali wird später bestätigen, dass man das beim allunionistischen Zentralrat der Gewerkschaften beantragte Budget von 10.000 Rubel – ein Vermögen zu dieser Zeit – sehr gut rechtfertigen musste. „Für Jewgeni, den Eroberer des Pik Stalin, war das auch eine Prestigefrage.“ Die unerschütterliche Entschlossenheit Lorenz Saladins gab schließlich den Ausschlag zum Aufbruch zum Khan Tengri. Der Kopf eines ansonsten leeren Briefes in den Berner Archiven deutet sogar darauf hin, dass er ursprünglich in Erwägung zog, von der chinesischen Seite aus aufzusteigen.

So zogen sie los, und so wollte ich sehen, was aus diesen kirgisischen Grenzgebieten geworden ist. Während die Brüder Abalakow und ihre Gefährten über uralte Pässe ihren Weg suchten, schlängelt sich heutzutage der Weg in tausend Schleifen über eine offensichtlichere Trasse. Die Nomaden hingegen haben immer noch die gleichen sonnengebräunten Gesichter wie auf den Fotografien von Lorenz Saladin. Ihre gefesselten Reittiere hüpfen mit zusammengebundenen Füßen zu grüneren Grasbüscheln und die Jurten tüpfeln weiß die Berghänge. Unterwegs lese ich wieder Jewgenis Tagebuch. Er schwärmt vom Leben unter freiem Himmel, den Berberitzen, dem Sanddorn, den Forellen, die sie bei jeder Pause fischen. Auf den Fotografien posieren die fünf Männer mehrmals im Adamskostüm. Sie bahnen

Seiten 74–75:
Die Expedition beim Anmarsch über den Engiltschek-Gletscher

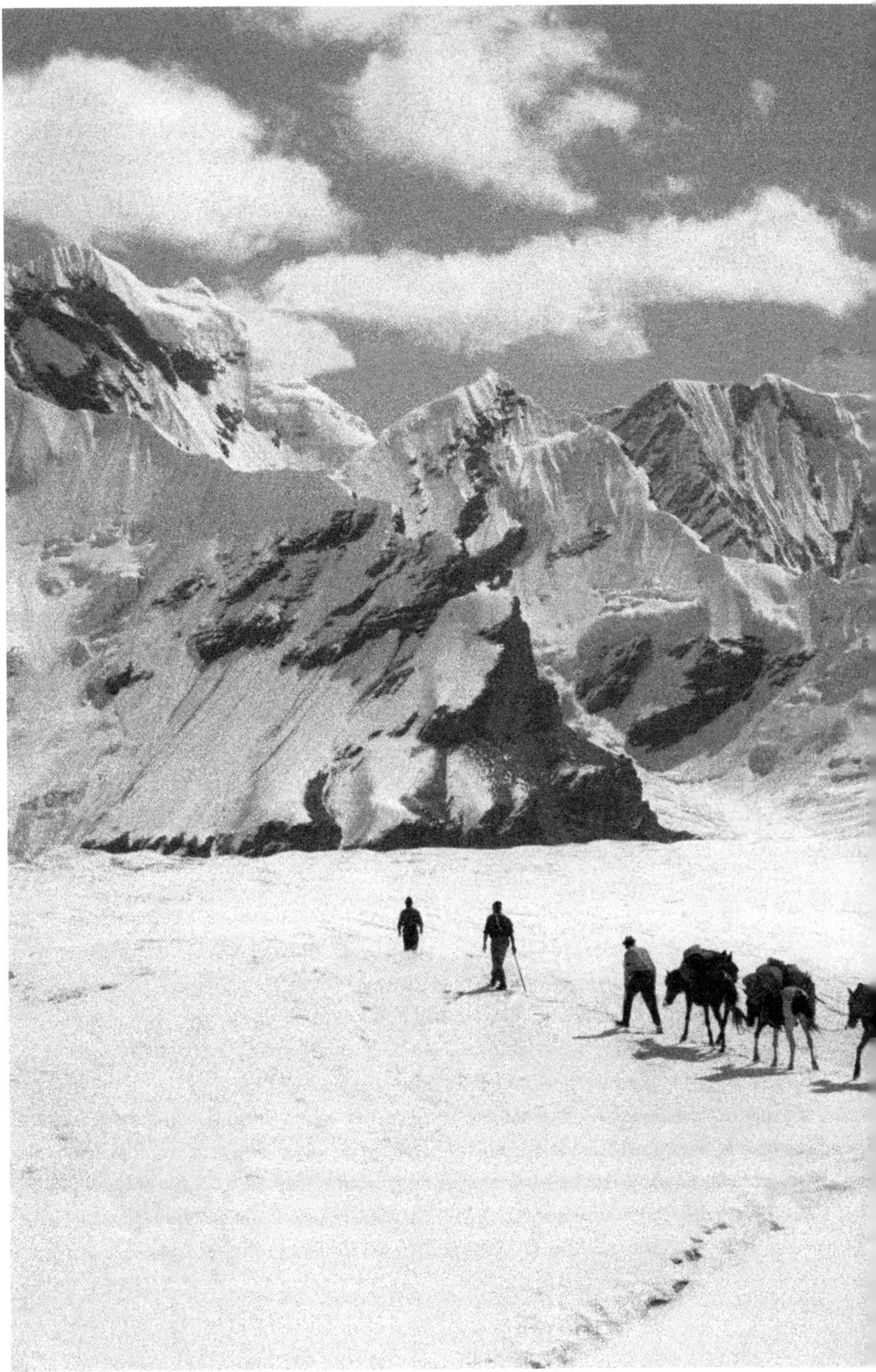

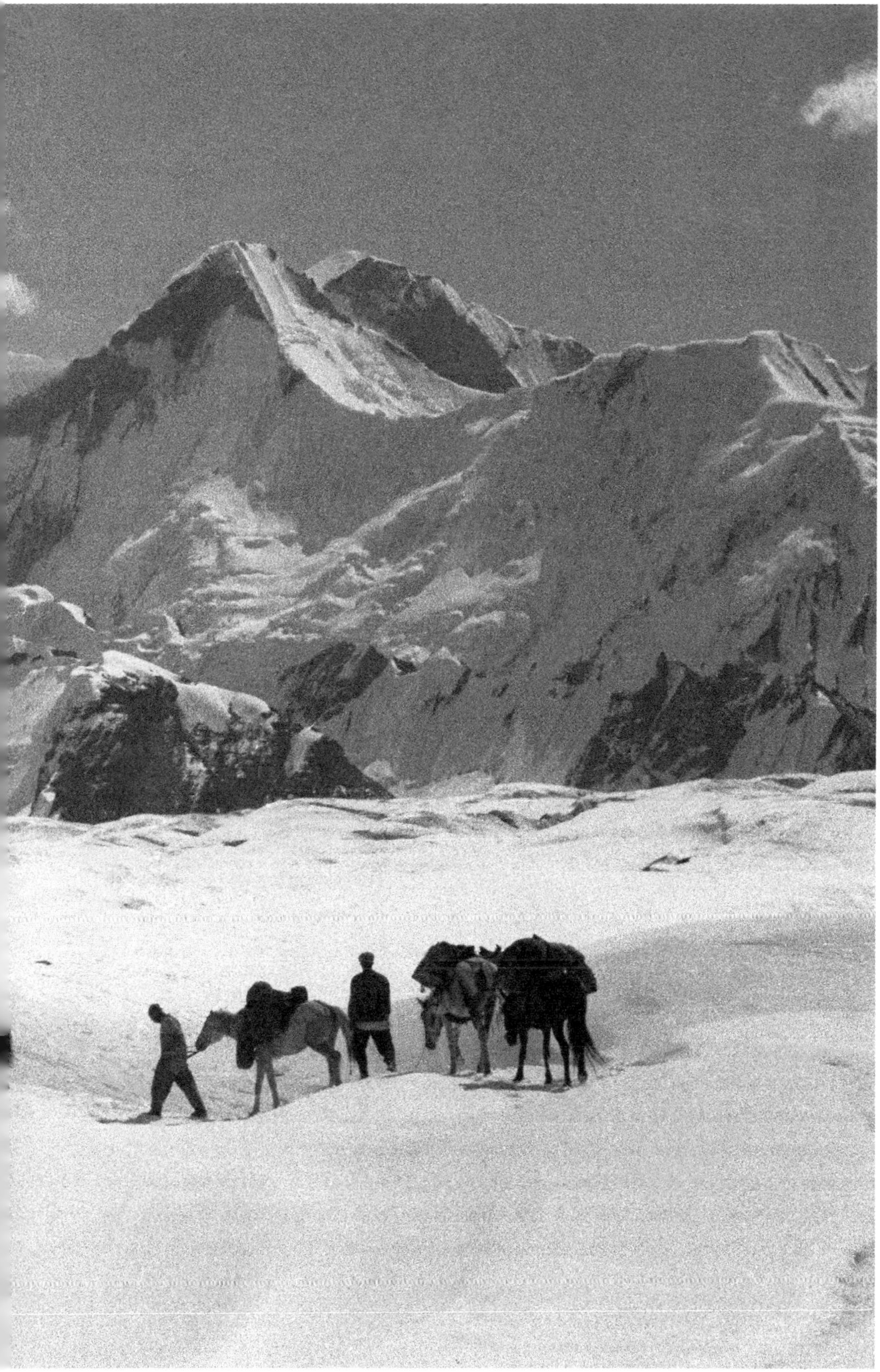

sich ihren Weg im Kampf mit der Natur. Die Pferde müssen jeden Morgen bei Tagesanbruch gesucht werden, schlagen aus und ihre Packsättel werden bei jeder Überquerung der Furten durchnässt.

Über einen letzten Pass erreichen sie schließlich den Engiltschek, dieses Ungeheuer von Gletscher mit seinen unzähligen Zungen. Seit 1936 ist er etwas zurückgegangen, und das ist zweifellos die sichtbarste Veränderung in jenem Kirgisistan, in dem sich die Menschen scheinbar nicht verändert haben. Jewgeni fertigt ein Aquarell des Pik Nansen[26] an und dann begeben sie sich auf die schwarze Gletscherzunge. Ein wahres Labyrinth aus Séracs, das mit einem endlosen Geröllpanzer überzogen ist. Heute würde niemand mehr auf die Idee kommen, Einhufer in dieses höllische Gelände mitzunehmen. Sie aber führen ihre Karawane, die hoch über den Moränen nur noch wenige lichte Stellen zum Weiden findet, dorthin. Margeriten, Vergissmeinnicht, Enzian, letztes Grün vor einer Hochgebirgskette, die jetzt Stalin heißt.

Mit zunehmender Höhe wird der von seiner Geröllkruste befreite Gletscher immer weißer. Felsbrocken hinterlassen tiefe Rinnen, die entlang der Oberfläche verlaufen. Das Labyrinth ist so verzweigt, dass die Expedition der Abalakows gezwungen ist, den möglichen Weiterweg auszukundschaften, manchmal so weit, dass die Kundschafter die Gruppe aus den Augen verlieren. Dann schlafen sie an einem Felsen unter den Sternen, tauchen am Folgetag wieder auf und beginnen von Neuem, unermüdlich Tritte für das Vieh in den Untergrund zu schlagen. Der Gletscher ist nun komplett nackt. Die kirgisischen Karawanenbegleiter drohen bei jedem abrutschenden Huf damit, umzukehren. Bald rutscht ein Pferd trotz der mit Steigeisen beschlagenen Hinterhufe in eine Gletscherspalte. Sie müssen ein Seil unter seinen Bauch legen und eine gute Stunde lang mit dem Eispickel arbeiten, um es herauszuziehen.

Am 29. August treffen sie auf eine kasachische Expedition. Drei erschöpfte Alpinisten sagen, sie hätten den Gipfel erreicht und dass ein kleines Flugzeug das Gebiet abfliege und nach ihnen suche … Die Brüder Abalakow und ihre Kameraden erfahren also von diesem Versuch. Ebenso ist ihnen klar, dass der Khan Tengri schon bestiegen worden ist. Es sind dieses Mal nicht die Deutschen, wie am Pik Lenin, die ihnen den Ruhm gestohlen haben, sondern anständige sowjetische Bürger. Bereits 1931 ist es einer ukrainischen Expedition gelungen, den Gipfel zu erreichen, und nun haben die waghalsigen Kasachen dieses Kunststück wiederholt, nicht ohne Qualen. Einer leidet unter schweren Erfrierungen und ein anderer gesteht: „Wenn es nicht ein Befehl gewesen wäre, hätten wir es nicht auf den Gipfel geschafft." Jewgeni, Witali, Saladin, Gutman und Dadiomow sind gewarnt. Dort oben herrscht eine Kälte wie im Himmel.

Am nächsten Tag, dem 30. August 1936, nach dem Zusammenfluss des „Gletschers der proletarischen Touristen", zeigt sich endlich die unverkennbare scharfe Pyramide des Khan Tengri. Seit Urzeiten zieht sie die Blicke auf sich. Die Nomaden sehen sie bei gutem Wetter sogar von ihren fernen Sommerweiden aus. Sie gaben dem Khan Tengri seinen Namen, der aus den Turksprachen übersetzt „Himmelsherrscher" bedeutet. Die Kirgisen nennen ihn auch Khan-Too, den „Blutberg", wegen seiner rötlichen Färbung bei Sonnenuntergang. Wo man hinsieht, nur Piks: Pik der Kirgisischen Sowjetrepublik, Pik Gorki, Pik Tschapajew und weitere Inkarnationen der UdSSR. Der Khan Tengri ist ein heiliger Gipfel inmitten eines irdischen Pantheons.

Ich stelle mir vor, wie die gesamte Gruppe bei seinem Anblick eine lange Pause macht; sie diskutieren über die Struktur und Schwachstellen der Wand und versuchen zu verbergen, dass dieser Gipfel mit seinen klaren Linien sie schwer beeindruckt. Am gleichen Tag, an der Schwelle zum Herbst, dreht die Karawane um und überlässt den Bergsteigern das Aufstellen des Standlagers: ein einzelnes Zelt, das von zwei geraden Stangen getragen wird. Ein Lager, das nie ein Basislager wird, weil sie einen sofortigen und nächtlichen Gipfelsturm beschließen. Die Zeit drängt. Es wird keine Akklimatisierung geben, kein Gepäck, keine zweite Chance.

Um exakt 21 Uhr 10 – laut Jewgenis Tagebuch sobald der Frost die Schneedecke verharscht – brechen die fünf Männer auf. Sie folgen zunächst den Spuren der Kasachen durch eine Engstelle, „die Flasche" genannt, die zu einer Scharte führt. Hier droht der nahe Pik Tschapajew mit seinen zahlreichen Lawinen. Die beiden Seilschaften verlaufen sich in einem Labyrinth aus Séracs und Gletscherspalten. Da sie, nachdem der Vollmond untergegangen ist, den Ausgang nicht finden, beschließen sie, die Morgendämmerung abzuwarten, und suchen auf etwa 5600 Metern Schutz unter einer Zeltplane. Die Sonne schafft es kaum durch die dicken Wolken und sie müssen schließlich eine Schneehöhle graben, um sich vor einem ersten Sturm zu schützen, der den ganzen Tag über tobt.

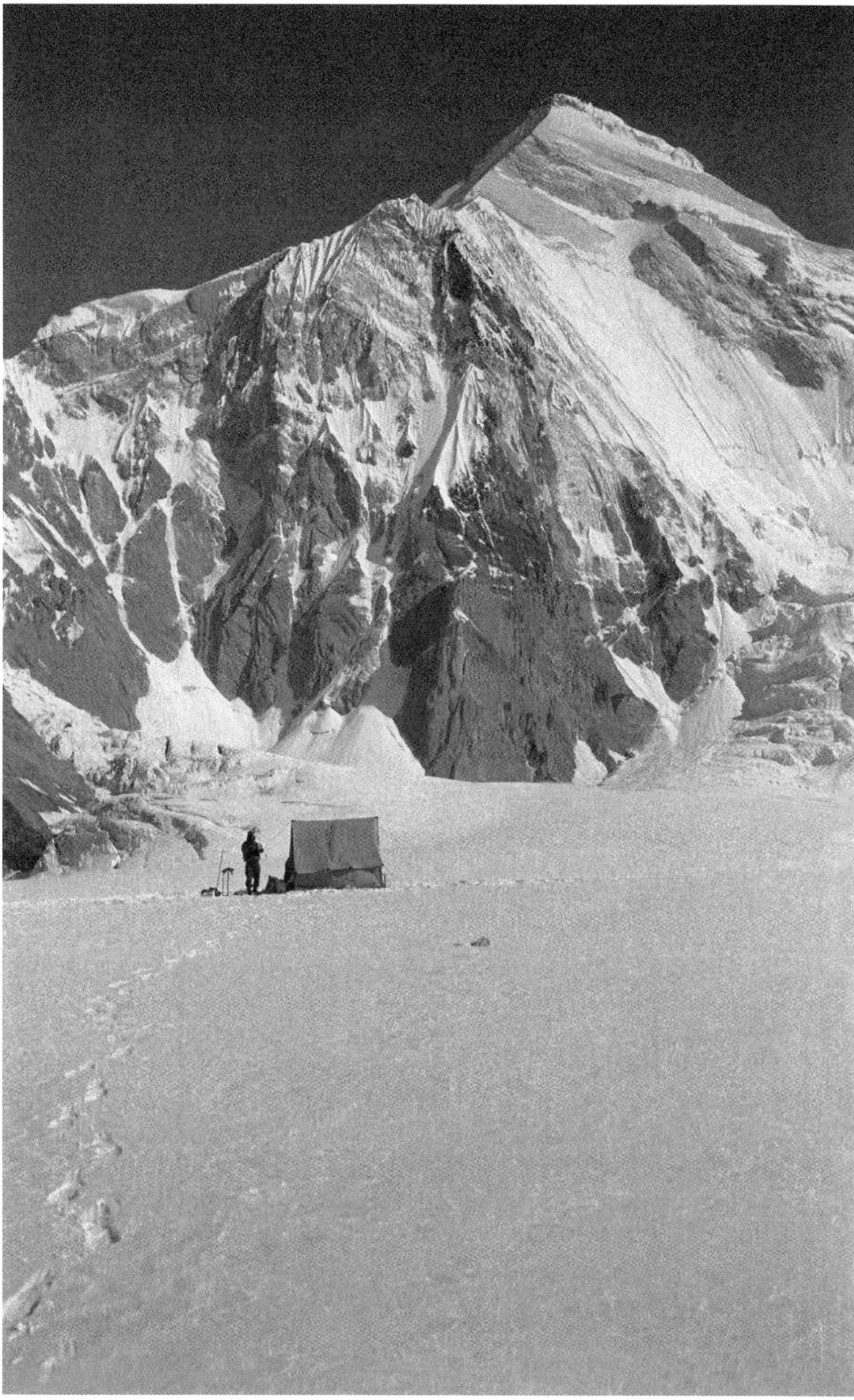

Der nächste Morgen ist glasklar. Der sehr tiefe Schnee reicht stellenweise bis zur Hüfte, aber gegen Abend haben die Männer trotz allem den Grat erreicht. Sie zwängen sich in ihr enges Zelt und genießen die Menüs des offiziellen Instituts für Ernährung, die die Polarforscher zusammengesetzt haben: Kondensmilch, Johannisbeerextrakt, Hering, Trockenfrüchte, Kaviar … Am 3. September steigt die Gruppe den langen Südwestgrat aus Fels und Eis auf. Auf 6600 Metern[27] errichten sie ein neues Lager vor der grandiosen unberührten Bergkulisse. In ihrer Wollunterwäsche beginnen sie alle, unter den scheußlichen Temperaturen schwer zu leiden. Dadiomow kann bereits seine Füße nicht mehr spüren. Jewgeni reibt sie energisch, die Stimmung, die in seinen Aufzeichnungen zu spüren ist, ist immer noch siegessicher.

Mit einem heißen Tee im Bauch brechen sie am 4. September auf und lassen auf Witalis Vorschlag die Rucksäcke zurück, damit sie leichter vorankommen. Der Gipfel scheint zum Greifen nah. Jedoch kommen sie in dem kombinierten und schwierigen Gelände deutlich langsamer voran. Dadiomow ist erschöpft, Witali mangelhaft ausgerüstet. Alles, was er bei seiner überstürzten Abreise aus dem Kaukasus mitnehmen konnte, waren gebrauchte Armeestiefel. Jewgeni trägt seine besser gefütterten Stiefel vom Pik Stalin.

An diesem Tag erreichen sie den Gipfel nicht und sind gezwungen, eilig eine Schneehöhle zu graben, mangels ihres Biwakmaterials, das sie nicht mitgenommen haben. Jewgeni legt sich an den Eingang und zittert vor Kälte die ganze Nacht, bevor sich ein strahlend klarer 5. September über einem Wolkenmeer erhebt, aus dem nur der Khan Tengri herausragt. Wenige Stunden später stehen alle fünf auf der weißen Gipfelkuppe. Der Aufstieg erfolgte in einer für damals unglaublichen Rekordzeit; es war vielleicht das erste Mal, dass sich sowjetische Alpinisten die mühsamen Akklimatisierungs- und Versorgungswege zwischen den verschiedenen Lagern ersparten. Das erste Mal kletterten sie in einem Stil, den man später „Alpinstil" nennen wird.

Der Höhenmesser zeigt 7220 Meter. Sie wissen nicht mehr, wie spät es ist, die Uhren sind stehengeblieben, aber alle Berichte stimmen überein, dass sie sich ungefähr vierzig Minuten Aufenthalt gönnen. Es gibt ein Gipfelfoto, auf dem sie die Seile um die Hüfte geknotet haben, in fast städtisch aussehende Jacken eingepackt, große Wollfäustlinge an den Händen. Sie sehen erschöpft und steifgefroren aus. Nur Jewgeni kann die Finger noch bewegen, um Lorenz Saladins Leica zu bedienen. Er sucht den Gipfel nach einem Steinmann ab, ohne einen zu finden und schreibt auf einen Zettel: „Überhaupt keine menschliche Spur auf dem Gipfel“, bevor er die Nachricht in eine Konservendose steckt und diese zwischen zwei Steine klemmt. Die Kasachen haben doch behauptet, dass sie es bis hierher geschafft haben. Witali wird sogar die Ukrainer verdächtigen, 1931 den Gipfel des Khan Tengri nicht erreicht zu haben. Tatsächlich war der einzige Beweis einer Besteigung, der jemals gefunden wurde, die Notiz, die Jewgeni der Nachwelt hinterlassen hat.

Weder Flagge noch Büste, noch sozialistischer Pomp oder marxistisch-leninistischer Ramsch. Das ist so selten, dass man es betonen muss. Die Khan-Tengri-Expedition von 1936 war ein Ausbüxen unter Kameraden in schwindelnde Höhen. Ein Ausbüxen, das in einen Albtraum umschlägt. Denn die Stunde ist nicht so ruhmreich, wie es scheint. Lorenz Saladin eilt schon nach unten, denn „er spürt, wie seine Kräfte schwinden“, wird sich Witali erinnern. Trotz ihres Erfolgs gerät die schwache Expedition in Not. Nacheinander treten sie den Rückweg an, der Fels ist mit einem feinen Schneefilm bedeckt, denn es hat zu schneien begonnen. Bald verlieren sie ein Seil, es klemmt sich weiter unten fest. Um es wiederzubekommen, müssen die Brüder Abalakow ihr Leben aufs Spiel setzen. Dadiomow ist erschöpft. Es ist der Anfang unendlicher Strapazen, und der Abend überrascht sie schneller als erwartet. Ihr Zelt ist unauffindbar, und als Witali es endlich entdeckt, hält er es für ein von den Kasachen verlassenes Biwak. Jewgeni beteuert in seinen Tagebüchern, dass sie alle genau in diesem Moment den Verstand verloren haben, aber auch seine eigenen Texte sind wirr. Jeden Tag dieses grausamen Abstiegs wird er sich um seine notleidenden Kameraden kümmern, die im Gelände Schutz suchend komplett durchnässt und durchgefroren im Sterben liegen, und ihnen Flüssigkeit zuführen. Die Temperaturen fallen auf minus dreißig Grad Celsius, von den Sturmböen ganz zu schweigen.

Am 6. September, Uhrzeit unbekannt, weckt Jewgeni seine völlig erschöpften Begleiter. Sie teilen sich in zwei Gruppen auf: Gutman, Jewgeni und Saladin nehmen den Weg über die heiklen Felsblöcke. Letzterer setzt sich oft vor Erschöpfung hin und sucht nach der Sonne, die die Wolken durchbrechen möge. Der Durst lässt sie im Wind das Rauschen imaginärer

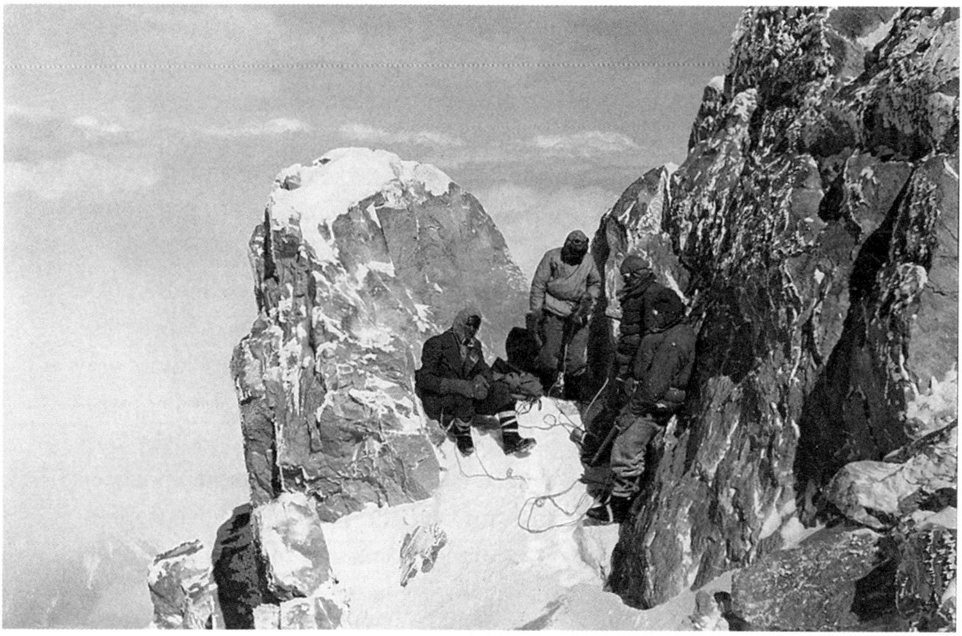

Am 5. September 1936 erreichen Saladin (links, sitzend), Dadiomow, Gutman und die Abalakow-Brüder den Gipfel.

Bäche hören. Witali und Dadiomow hingegen sind etwas zurückgeblieben, bevor sie im Direktabstieg durch die Steilwände alles aufs Ganze setzen. Witalis linker Stiefel löst sich auf. Sein Fuß ist erfroren. Dadiomow ist in noch schlechterer Verfassung und besteht darauf, zurückgelassen zu werden. Witali wird berichten, dass sie keine andere Wahl hatten, als sich Richtung Abgrund abgleiten zu lassen und dabei verzweifelt mit dem Pickel zu bremsen. Doch es passiert in der anderen Gruppe. Gutman stürzt, als er versucht, seinen von einer Windböe fortgerissenen Rucksack einzufangen. Jewgeni sieht seinen verdrehten Körper in den Schnee stürzen, den er mit dunkelrotem Blut befleckt. Ein verhängnisvoller Tag, an dem es Witali mit letzter Kraft gelingt, den Eingang der ersten Schneehöhle freizuräumen, in der sich die Gruppe wieder trifft. Daneben liegt Dadiomow in den letzten Zügen. Der Sturm übertönt sein Stöhnen.

Gutman lebt noch. Seine Augen sind blutunterlaufen. Seine Begleiter können ihm dank des Kochers Schmelzwasser zu trinken geben, sie träumen laut von Kumys[28] oder Kwas[29]. Witalis Hände haben sich schwarz verfärbt. Bei Dadiomow und Saladin sind es die Zehen, trotz der hervorragenden Schweizer Ausrüstung des Letzteren. Auch Jewgeni gesteht, dass er sich geschwächt fühlt. Ein seltenes vertrauliches Geständnis in seinen Tagebüchern. Sie verbringen eine fürchterliche Nacht unter der tropfenden Schneedecke, begleitet von Dadiomows und Gutmans Stöhnen. Der nächtliche Schneefall mauert ihre Schutzhöhle so zu, dass sie in der Früh ganz benommen sind. Nur Jewgeni besitzt die Geistesgegenwart, den Eingang freizuschaufeln, um sie vor dem Ersticken zu retten. Sie sind draußen, es ist bereits Mittag. Aber im tiefen Schnee steigen sie kaum hundert Höhenmeter ab. Gutman ist eine zu schwere Last. Sie beschließen, ihn in die Zeltplane eingepackt zurückzulassen und steigen selbst wieder zur Höhle auf. Mehrmals steigt Jewgeni ab, um den Verwundeten zu füttern, dessen Schicksal besiegelt scheint.

Am 8. September fühlt sich Gutman wie durch ein Wunder und trotz der Nacht unter freiem Himmel besser. Er lässt sich von Witali und Saladin helfen. Das Trio kommt stolpernd vorwärts, wobei Dadiomow oft zusammenbricht und Jewgeni im Labyrinth der Gletscherspalten den Kundschafter spielt. In den steilen Passagen müssen sie Gutman wie einen Sack den Hang hinunterrutschen lassen. Was für eine elende Rückkehr dieser fünf Kerle! Die Elite des sowjetischen Alpinismus ist nur noch ein Schatten ihrer selbst. Sie brauchen vier Tage für diesen albtraumhaften Rückzug, so lang wie für den Aufstieg. In den letzten Stunden entkommt Saladin nur knapp einer Lawine. Endlich taucht, halb eingeschneit, das heruntergekommene Standlager auf. Sie erreichen es gerade, bevor ein weiterer Schneesturm losbricht.

Der Proviant, den sie vorfinden, tut ihnen vorerst gut. Nach dem Essen ziehen sie Bilanz. Die Körper sind bis auf die Knochen abgemagert, Leonid Gutman befindet sich in einem dramatischen Zustand. Lorenz Saladin, Witali Abalakow und Michail Dadiomow zeigen von Erfrierungen geschwollene Füße und Hände. Der Wundbrand droht. „5 schwarze Füße und 6 Hände", fasst Jewgeni lakonisch in seinem Tagebuch zusammen. Nur er ist in einer unverschämt guten Verfassung. Eine Feststellung, die in seinen eigenen Berichten öfter vorkommt. Abwechselnd wird er zum Koch oder Arzt, füttert seine Kameraden mit dem Löffel, zieht sie aus für die Nacht. „Ein Lazarett in der weißen Wüste", folgert er. Um sie herum das unberührte Panorama des Tian Shan, in dem sie völlig allein und verlassen sind. Sie können es nicht wissen, aber in Almaty, der Hauptstadt Kasachstans, liest man in den Zeitungen die Schlagzeile „Hilfe für die Abalakow-Gruppe!"

Am 11. September ist das Wetter endlich mild auf dem Gletscher, der die Sonnenstrahlen reflektiert. Drei Tage versuchen sie, wieder ins Leben zu finden, aber mehrere Wochen Fußmarsch trennen sie noch von einem Arzt. Es wird beschlossen, dass Witali, der nach Jewgeni der Gesündeste ist, am nächsten Tag aufbrechen soll, um die Karawane zu informieren, die eigentlich auf einem Weideflecken zwischen Felsen und Séracs auf sie warten sollte. Die anderen werden das gesamte Gepäck auf eine Art Schlitten laden, um eine der großen Moränen zu erreichen, die den Engiltschek durchziehen. Also macht sich Witali frühmorgens, auf seinem schwarzen und geschwollenen linken Fuß hinkend, allein auf den Weg. Er kann nur mit der Ferse auftreten, und vor ihm liegen zwanzig Kilometer Gletschergewirr, die er – koste es, was es wolle – überwinden muss. Er bewegt sich wie ein Roboter. „Der Schatten eines Raubvogels folgte mir", wird er schreiben. Sein absterbendes Fleisch verströmt einen Geruch von Tod. Auch diese Bemerkung ist von ihm. Der Herbstschnee verdeckt bereits die Gletscherspalten, und er hat Angst, in den bläulichen Eingeweiden des Gletscherbauches zu verschwinden, ohne Zeugen, ohne Grabrede. Doch genau das passiert. Fast bewusstlos schafft er es mit allerletzter Kraft, sich aus der Spalte zu befreien, da entdeckt er frische Hufspuren. Die Karawane ist auf der Suche nach ihnen!

Jedes gute Abenteuer würde hier enden, aber der Leidensweg der Abalakow-Expedition hört nicht auf, auch nicht zu Pferd. Gutman fällt sehr oft aus dem Sattel. Witali kann sich weder auf die Steigbügel stützen noch die Zügel halten. Die Erfrierungen an allen Gliedmaßen verschlimmern sich. Dadiomow kämpft ebenfalls mit dem Gleichgewicht. Nur Jewgeni geht, meist neben dem Reittier von Saladin. Dieser, der bisher am wenigsten angeschlagen schien, wird zusehends schwächer, sodass sie Pausen einlegen müssen. Sein Gesicht ist ausgemergelt, eingefallen, sein Blick fiebrig. Am 15. September müssen sie ihn sogar mit Jewgeni zurücklassen. Die beiden biwakieren allein am rechten Gletscherufer, während die anderen weiter in Richtung der nötigen Weiden ziehen. Jewgeni nimmt sich mit einem Messer noch am selben Abend der schwarzen Ferse des Schweizers an, stellt aber fest, dass sie noch nicht abgestorben ist. Die ganze Nacht wacht er bei ihm. Saladin fantasiert im Delirium, man versteht nicht so recht in welcher Sprache. Normalerweise ist Dadiomow sein Dolmetscher, doch der ist mit der Karawane vorausgegangen. Aus Jewgenis Aufzeichnungen dringt die Sorge.

Am nächsten Morgen wird Lorenz Saladin auf einen mit Stangen konstruierten Sattel gesetzt, die jemand herbeigeschafft hat, damit er nicht herunterfällt. Er und Jewgeni verlassen endlich diese eisige Hölle und schließen zur Karawane auf. Aber ausgerechnet als die Expedition das erste spärliche, kurze Gras und eine lebensertrágliche Höhe erreicht, als alles überstanden, gewonnen scheint, gleitet Saladin plötzlich vom Pferd. Jewgeni stürzt zu seinem Freund, der regungslos und bleich daliegt. Vielleicht ist er mit dem Kopf auf einem Stein aufgeschlagen. Sie versuchen erfolglos ihn wiederzubeleben. Witali vermutet, dass er vom Benzin, mit dem er seine Erfrierungen im Standlager eingerieben hatte, eine Blutvergiftung bekommen hat. Wie dem auch sei, der Schweizer Kommunist haucht hier sein Leben aus, im Herzen des Tian Shan, weit weg von seinen heimatlichen Alpen, und Witali fragt sich schmerzerfüllt, ob nicht er oder Dadiomow ihm bald ins Grab folgen werden. Mit ihren Fingern und Zehen, die nach faulem Fleisch stinken …

Lorenz Saladin erlebt das Eintreffen der Rettungsbrigade nicht mehr, die zur großen Erleichterung der Schiffbrüchigen noch am selben Tag erscheint. Alle sind von Trauer und Mitleid erfüllt. Die kleine Truppe, die ihnen entgegenreitet, besteht aus Grenzsoldaten und wird von Michail Pogrebetzki kommandiert, der 1931 als Erster den Khan Tengri bestiegen hat. Die Welt der sowjetischen Bergsteiger ist so winzig, wie ihr Gebiet riesig ist.

Lorenz Saladins Leiche wird auf ein Reittier geladen und er wird wie in einem Leichenwagen bis zur Dämmerung eskortiert. Jewgeni hinterlässt nur den Hinweis auf einen großen Stein „unter einem Marmorfelsen, wo zwei Bäche zusammenfließen", an dessen Fuß er ein kleines Grab aushebt. Die improvisierte Stele ist zu hart für eine Grabinschrift, also schreibt er mit einem Bleistift: „Saladin Lorenz, 17/09/1936". Er kann sich kaum die Zeit nehmen, seinen Freund zu beweinen. Mit ihm hatte er von immer luftigeren Gipfeln geträumt, davon, eines Tages den K2 zu besteigen, die rote Fahne des Kommunismus auf die Gipfel des Himalaya zu setzen. Er hat keine Zeit, er muss weitergehen, die retten, die noch da sind, sich um die Lebenden kümmern: Gutman, Dadiomow, Witali. Die beiden letzten haben vierzig Grad Fieber und auf ihren Knöcheln sind Rötungen aufgetreten.

Zwei Tage später, in einem leuchtend grünen Tal, gelingt es einem kleinen Flugzeug zu landen. Witali lässt sich ins satte Gras fallen, trinkt sich mit Kumys satt und schließt über seinem Albtraum die Augen. Im allgemeinen Trubel nimmt er nur Gesprächsfetzen wahr: „Beide auf einmal … Krankenhaus … Notfall …" Die alte Klapperkiste ist ein Sanitäts-Doppeldecker der Roten Armee. Sie hat nur zwei Sitze. Witali wird von den Grenzsoldaten im Heck untergebracht. Dadiomow wird auf einer Trage unter dem Flugzeugrumpf festgemacht, wo er mehr gefroren hat als auf dem Gipfel des Khan Tengri, wie er später sagen wird. Der Propeller beginnt zu brummen und das Flugzeug nimmt auf der holprigen Wiese Fahrt auf. Das Ende der Qualen … Dann ist ein Krachen zu hören, und plötzlich legt sich das Flugzeug auf einen Flügel, genau am Rande einer Schlucht. Ein Teil ist kaputtgegangen. Abflug abgebrochen. Witali steigt erschlagen und todmüde wieder aufs Pferd, Richtung Karakol. Dadiomow wird schließlich am nächsten Tag ausgeflogen, dank einem Wunder der sowjetischen Mechanik.

Dann die Evakuierung nach Moskau, Valentina am Bett des Vaters ihres Kindes und die Operation. Sein Leben lang hat Witali diese verfluchte Besteigung bereut. Ihm werden fünf Fingerglieder der rechten Hand, drei an der linken und ein Drittel des linken Fußes amputiert. Dadiomow verliert zwanzig Glieder. Für beide hat sich das Bergsteigen erledigt. Witali ist gerade 31 Jahre alt, als ihm eine Invalidenkarte ersten Grades – das ist der höchste – ausgehändigt wird. Immer wieder wird er über diese Expedition sagen, dass sie völlig improvisiert war, dass sie von einem draufgängerischen Leichtsinn berauscht waren. Er wird seinem Bruder immer Erfolgssucht vorwerfen. Zumal Jewgeni ihn nicht an seinem Krankenbett in Karakol besucht hat. Er habe lieber das übriggebliebene Geld des Expeditionsbudgets irgendwo in Kirgisistan ausgegeben, in Begleitung eines wieder gesunden Gutmans. Ich zitiere hier eines der wenigen Zeugnisse Witalis, das er fast fünfzig Jahre später verfasst hat.

Die Eintracht der beiden Brüder endet in diesem Jahr, während dem der eine verbittert seine Stümpfe betrachtet und der andere fröhlich den ersten Preis der Jubiläumsausstellung der Leninschen Jugend[30] für seine Skulptur *Der Alpinist* entgegennimmt. Jewgeni wird 1936 in die angesehene Vereinigung Sowjetischer Künstler aufgenommen, während der Alltag seines Bruders zunehmend ein Ringen ums Dasein wird.

Anmerkungen

1 (Leibeigener) Bauer oder Kerl (Anm. d. Ü.)
2 Sakuski sind heiße und kalte Vorspeisen in der russischen Küche. (Anm. d. Ü.)
3 Alexander Wassiljewitsch Koltschak (1874–1920), Admiral der russischen Marine, der die Konterrevolution an der Spitze der zarentreuen Truppen anführte.
4 Ich bleibe hier beim Ausdruck, den Ella Maillart in ihren Werken benutzt. Der ganze Name lautet eigentlich „Gesellschaft für proletarischen Tourismus und Exkursionen". Das Wort *turist* bedeutet auf Russisch Wanderung, sobald es sich um Berge handelt. Innerhalb dieser Gesellschaft gab es eine Alpinismussektion.
5 Auch: *Ausser Kurs – Eine junge Schweizerin in der revolutionären Sowjetunion* (Anm. d. Ü.)
6 Das Internationale Polarjahr ist ein vom Internationalen Wissenschaftsrat koordiniertes internationales Programm zur Erforschung der Polarregionen. Auf sowjetischer Seite durchquerte im Zweiten Internationalen Polarjahr der Eisbrecher *Sibirjakow* zum ersten Mal die Nordostpassage. Auf französischer Seite errichtete Jean-Baptiste Charcot eine erste Polarstation am Scoresbysund (Grönland).
7 Aufständische muslimische Turkvölker in Zentralasien, die gegen die Inbesitznahme erst durch den Zaren und später die Sowjetunion rebellierten.
8 Buchweizengrütze oder -brei (Anm. d. Ü.)
9 Russisch für Fernglas (Anm. d. Ü.)
10 Geheimpolizei der Sowjetunion (Anm. d. Ü.)
11 Anton Zak (1903–1975) emigrierte 1931 in die Sowjetunion und engagierte sich für den sowjetischen Alpinismus. Er nahm an mehreren Pamir-Expeditionen teil. 1935 wurde ihm der Titel eines „Meisters des Alpinismus" verliehen. 1937 wurde er im Alpinlager Adyl-Su verhaftet und aus der Sowjetunion ausgewiesen. (Anm. d. Ü.)
12 Mit dabei war auch der berühmte russische Wissenschaftler, Polarforscher und Pionier der Nordostpassage Otto Schmidt. Auf deutscher Seite stand die Expedition unter der organisatorischen Leitung des erfahrenen Forschungsreisenden und Expeditionsleiters Willi Rickmer Rickmers. (Anm. d. Ü.)
13 Am 25. September 1928 gelang dem Österreicher Erwin Schneider gemeinsam mit den Deutschen Karl Wien und Eugen Allwein die Erstbegehung. (Anm. d. Ü.)
14 Höchster Punkt des Altai-Gebirges (4506 Meter) im Dreiländereck Russland, China und Kasachstan.
15 Der Autor spielt hier auf Ella Maillarts *Turkestan Solo* an, das im Original *Des monts célestes aux sables rouges* (Übersetzt: *Von den himmlischen Bergen zum roten Sand*) heißt. (Anm. d. Ü.)
16 Nach L. Terray: *Les Conquérants de l'inutile* (*Die Eroberung des Unnützen*) (Anm. d. Ü.)
17 Bekannter russischer Lyriker, der nach einem bewegten Leben 1925 in Leningrad Suizid beging (oder auch nicht).
18 Seit Anfang der 1930er-Jahre ein sehr bekannter Revolutionär. Seine Ermor-

dung führt zur Verhaftung mehrerer Bolschewiki der ersten Stunde, die sich Stalin entgegenstellten.

19 Ein traditioneller zentralasiatischer Schleier für Frauen, der den gesamten Körper und das Gesicht bedeckt. (Anm. d. Ü.)

20 Teehäuser, die sich entlang der Seidenstraße entwickelten (Anm. d. Ü.)

21 Kommunistische Internationale. Internationaler Zusammenschluss kommunistischer Parteien, der die UdSSR unterstützte und unter Stalin in seinem Interesse von Moskau aus geleitet wurde.

22 Russisches Dampfbad oder traditionelles russisches Badehaus (Anm. d. Ü.)

23 Auch *Pilaw*; ursprünglich orientalisches Reisgericht (Anm. d. Ü.)

24 Russ. „Befehl, Auftrag", in der UdSSR zunächst ein Befehl der obersten Führung an die Rote Armee, später auch ein allgemeiner Verwaltungsakt (Anm. d. Ü.)

25 Professor August Andrejewitsch Letawet, Arzt von Beruf, verbrachte viele Monate damit, die zentralasiatischen Gebirgszüge zu erforschen. Westliche Leser haben vielleicht seinen Namen in Ella Maillarts *Turkestan Solo* gelesen, ohne dem Beachtung zu schenken. Die Schweizer Abenteurerin kam 1932 mit einer von ihm geleiteten Expedition in die abgelegenen Berge Kirgisistans. Er stand den Brüdern Abalakow immer sehr nahe.

26 Berühmter norwegischer Polarforscher. Fridtjof Nansen war in der UdSSR sehr angesehen und hat ihr das Buch *Sibirien – ein Zukunftsland* gewidmet.

27 Laut Jewgenis Tagebuch; es ist jedoch anzunehmen, dass das Lager tiefer lag.

28 Vergorene Stutenmilch (Anm. d. Ü.)

29 Getränk, das durch Gärung aus Brot hergestellt wird (Anm. d. Ü.)

30 Gesamtsowjetischer Leninscher Kommunistischer Jugendverband (Komsomol), Jugendorganisation der KPdSU (Anm. d. Ü.)

ZWEITER TEIL

DIE ORGANISATION DER KONTERREVOLUTIONÄREN ALPINISTEN

FROHES JAHR 1937!

Das neue Jahr 1937 begrüßt bei einem gewissen Wassiljew in Paranomowo, einem Dorf in der nördlichen Oblast Moskau, eine fröhliche Schar. Der Schnee knirscht unter den Schritten der Gäste. Ihre Ausrufe erschallen in der trockenen und kalten Luft. Beide Paare Abalakow sind da. Klar spricht man über die Berge. Jewgeni redet mit dem Gastgeber, der ebenfalls Künstler und Alpinist ist, über ein Projekt zur Überschreitung des Uschba. Das Leben geht weiter. Das Leben ist schön. Die Brüder Abalakow werden von allen geschätzt und respektiert. Sie wurden vor Kurzem von der UdSSR, die sich wie eine Lokomotive in voller Fahrt befindet, mit dem Titel „Verdiente Meister des Sports" ausgezeichnet. Niemand kann sich für die Zukunft etwas anderes vorstellen als das, was der zweite Fünfjahresplan verspricht. Die Brutalität und tastenden Versuche sind nur ein notwendiges Übel, eine Vorstufe vor der von Marx prophezeiten nächsten Phase des Kommunismus. Man muss nur weiter daran glauben.

Witali feiert mit Dadiomow seine Entlassung aus dem Krankenhaus. Anwesend ist auch eine gewisse Irina Korsun, die die beiden in den Herbstmonaten in der Botkin-Klinik besucht hat. Wie Valentina gehört sie zu jenen unerschrockenen Frauen, die die Gleichberechtigung in einer Gesellschaft anstreben, die sich aus den alten Herrschaftsverhältnissen befreit. Sie möchte den 7105 Meter hohen Pik Korschenewskaja, der dem Pik Stalin gegenüberliegt, zum anstehenden zwanzigsten Jahrestag der Revolution besteigen. Seit bereits zwanzig Jahren treibt die Oktoberrevolution ganz Eurasien strahlenden Horizonten entgegen. Ich möchte noch ihren Bruder erwähnen, Oleg Korsun, der ungewollt eine entscheidende Rolle in der kommenden Affäre spielen wird. Es könnte sein, dass er gerade eine Flasche entkorkt, die sie sich organisiert haben. Es könnte sein, dass er von seinen zukünftigen Erfolgen spricht. Oder dass er beim Pinkeln den Blick schon nach den Sternen richtet.

Es geht auf Mitternacht zu. Der 31. Dezember wurde von den Bolschewiken zu einem wichtigen Feiertag gemacht, der das orthodoxe Weihnachtsfest ersetzen sollte, so wie man die Gipfelkreuze gegen Lenins Statuen austauschte. Die Zeiger der Turmuhr am Kreml legen sich übereinander, während das Glockenspiel die *Internationale* spielt. Man stößt mit Krimchampagner an. Man wünscht sich ein gutes Neues Jahr.

Heute, mitten im 21. Jahrhundert, versteht jeder die Ironie, wenn man sich in der Sowjetunion zum Neujahrsbeginn 1937 ein „frohes Neues Jahr" wünscht. Sie wissen jedoch noch nichts. Es gab zwar einige Vorzeichen, einige Verhaftungen in den Machtkreisen, Prozesse gegen Trotzkisten und subversive Schriftsteller. Aber wie hätte man sich vorstellen können, dass die Repressionen und Massaker auch ihre kleine Gemeinschaft von Bergsteigern und Wanderern erreichen werden? Also füllt Oleg Korsun ein Glas nach dem anderen und trinkt auf ihre Jugend, auf ihren Rausch, auf ihre Eroberungen, auf Stalin vielleicht. Sie rufen „Hurra! Hurra!" in die eisige Nacht. Sie ahnen nicht, dass sie unter Folter der NKWD-Agenten Punkt für Punkt über jene Silvesternacht berichten werden müssen. Ein schrecklicher Kater.

Bevor die Hölle der Säuberungen beginnt, gibt es noch einen Frühling, wie eine Galgenfrist. In Moskau kommen der Schweizer Petrus Saladin, Bruder des verstorbenen Lorenz Saladin, und eine seither berühmt gewordene Landesgenossin an. Es handelt sich um Annemarie Schwarzenbach, Ella Maillarts Reisegefährtin und Partnerin vieler Frauen; eine junge Frau mit kurzen Haaren, der die Welt, die sie bereist, zu schaffen macht. Was hat Annemarie Schwarzenbach 1937 in der UdSSR mit einem Mitglied der Saladin-Familie zu tun? Sie wollen den Film, die Notizen und 1200 Negative der Khan-Tengri-Expedition bekommen. Und so sind diese wertvollen Zeugnisse, die Witali Abalakow und Georgi Charlampiew ihnen eigenhändig überreichen, bis zu uns gelangt. Charlampiew, der Lorenz Saladin in den Kreis der sowjetischen Alpinisten eingeführt hat, erhält übrigens zum Dank einen Schweizer Benzinkocher. Dann brechen Annemarie Schwarzenbach und Petrus Saladin wieder ins faschistische Europa auf, wo Erstere das Buch *Ein Leben für die Berge* schreiben wird. In dieser Biografie beschreibt sie Lorenz Saladin als Antipoden zum arischen Helden. Als einen bescheidenen Bergler, der sich von jenen Bergsteigern abhebt, die die Nazipropaganda in den Himmel lobt.

Jewgeni und Annemarie Schwarzenbach begegnen sich nicht. Bestimmt ist er schon im Kaukasus, wo er bis Mitte Juli am Fuße des Elbrus die Ausbildung im Alpinlager von Adyl-Su leitet. Dann geht er die erste sowjetische Überschreitung des Uschba an. Genau die, die er an Silvester mit seinem Gastgeber Wassiljew geplant hat. Bei jedem Halt trinken sie sich mit Ayran satt, einer fermentierten Milch, und Jewgeni vertraut seinem Tagebuch großspurig an: „Wir haben unsere Rucksäcke wieder geschultert. Sie kamen uns schwer vor, obwohl sie nur achtzehn Kilo wogen.“ Die zwei Freunde überschreiten die beiden Gipfel des Uschba ohne Probleme. Mit der Zeit haben sich die Sowjets auf diese Art von Hochtouren spezialisiert, wo die Seilschaften tagelang über Bergschultern, Sporne und Grate unterwegs sind. Eine Reise in den Himmel, von Gipfel zu Gipfel, die das perfekte Zusammenspiel von Technik, Ausdauer und Höhentauglichkeit verlangt. Russisches Bergsteigen gewissermaßen. Jewgeni ist auf dem Höhepunkt seiner Kunst und Kraft.

Am Uschba ist er mit Wassiljew, aber auch mit Peter Saritschnjak[1], einem Österreich-Ungarn, und Hugo Sell unterwegs, einem Schweizer Mitglied der Internationalen, der „Berg heil!“ ruft, um die Kaukasuskette zu begrüßen. Jewgeni ist darüber sichtlich amüsiert, sonst würde er nicht davon berichten. Dann hören sie Stimmen. Es sind ihre Freunde Slutskin und Juchin! Und Nelli Kasakowa, eine weitere Pionierin der Vertikalen! Sie hat in ihrem Rucksack ein Kleid für das Gipfelfoto auf 4710 Metern dabei. Umarmungen, Freundschaft und überbordende Freude angesichts der scharfen Grate des Kaukasus. Jede Sommersaison ist ein Fest der Berge und der Kameradschaft. All diese Moskauer, all diese Namen, von denen ich mir erlaube, sie zu nennen, um sie anschließend besser wieder streichen zu können, tauchen in Verbindung mit den Bergfahrten auf. Sie lieben ihr Leben irrsinnig. Welche Routen haben sie nicht eröffnet! So viele Entdeckungen im Dienst des Volks!

Zur selben Zeit, als sie in die grenzenlose Weite des Himmels hineinlachen, wird Marschall Tuchatschewski, eine unangefochtene Ikone des Bürgerkriegs, in Moskau erschossen. Die Mehrheit seiner Mitstreiter in der Roten Armee erleidet das gleiche Schicksal. Die Leute, die die Revolution angeführt haben, deren zwanzigjähriges Jubiläum bald gefeiert werden soll, müssen verschwinden. An ihrer Stelle möchte Stalin junge Menschen ohne eigenen Willen, ohne eigene Ideale, völlig ergeben. Wenn es nicht eher darum geht, Schuldige für die Hungersnöte auf dem Land und das Unvermögen der Industrie zu finden. Der Alltag der breiten Massen sieht nicht so berauschend aus wie der der Abalakows. Sie roden nicht den Boden für eine neue Welt, nein, sie arbeiten auf den Feldern, sie schuften

Uschba von Südosten in einer Aufnahme von Willi Rickmer Rickmers, erstmals veröffentlicht 1903

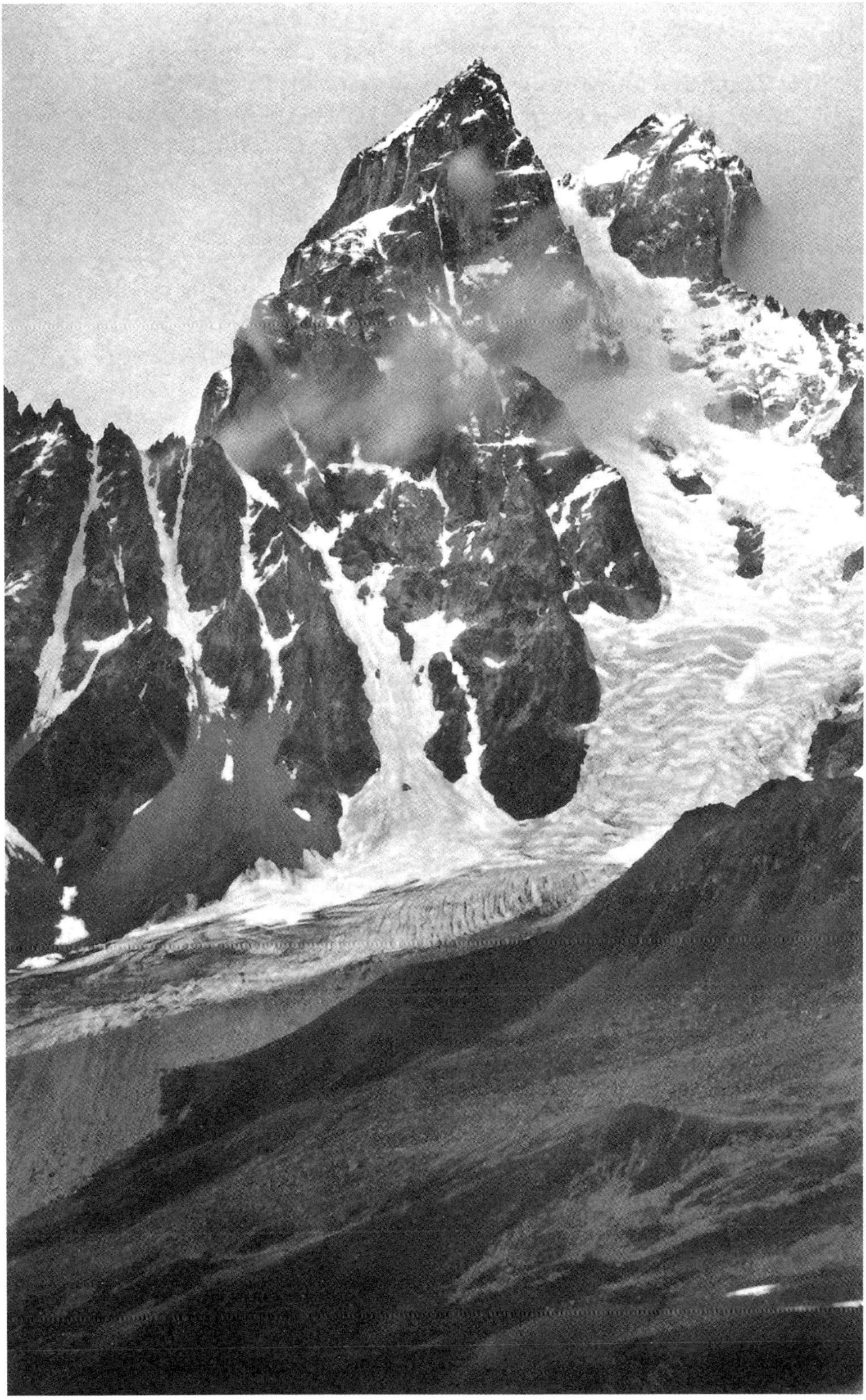

in Fabriken, es fehlt an allem. Für viele bedeutete das Jahr 1918 nur einen Austausch von Herren und Joch. Man braucht also Verräter, und das in allen Bereichen der Gesellschaft. Die Konterrevolutionäre müssen in jedem Dorf, jeder Kolchose, jeder Fabrik, jedem Büro entlarvt werden. Sie sind der Grund, warum die Maschine zur Errichtung des Paradieses auf Erden ins Stocken geraten ist. Sie sind die Volksfeinde, die die strahlende Zukunft hinausschieben. Die Misserfolge der Kollektivierung werden ihnen in öffentlichen Prozessen angelastet. In den Hinterzimmern der Macht legt Nikolai Jeschow, Volkskommissar für Inneres, in jenem Sommer 1937 Verhaftungsquoten für die kommenden Monate fest. Das ist der Beginn des sogenannten Großen Terrors. Allein für Moskau sieht das Dokument vor, vorerst 5000 Bürger zu erschießen und weitere 30.000 in den Gulag zu deportieren.

Jewgeni schwebt auf 4710 Metern über diesem Blutbad. Als er wieder auf der Erde landet, treffen er und seine Kameraden auf *turisty*, aufgeregte Wanderer. Es heißt, der berühmte Jewgeni Abalakow soll irgendwo im Tal unterwegs sein! Ob ihm jemand von ihnen begegnet ist? Dabei steht er gerade vor ihnen, mit seinen slawischen Gesichtszügen, seiner gewöhnlichen Statur und seiner sonnengebräunten Haut. So viele herausragende Bergsteiger sehen unauffällig aus. Doch seine Bewunderer stellen sich, ganz nach dem Bild der Propaganda, eine Ikone vor, einen kantigen muskulösen Kerl, einen wie diese Statuen, von denen es auf den Plätzen der Städte, die mit *-grad* enden, nur so wimmelt. Eine seltsame Zeit, in der die Naivität der Leninschen Jugend mit der Grausamkeit der Säuberungen zusammenfällt.

Als sie zurück ins Lager kommen, werden sie für diese erste sowjetische Überschreitung des Uschba im Triumphzug auf Schultern getragen. So heißt man Sieger willkommen. Jewgeni beteiligt sich anschließend an Rettungsaktionen, bevor er wieder zu weiteren akrobatischen Kunststücken aufbricht. Insbesondere führt er eine Seilschaft auf den 4310 Meter hohen Hauptgipfel des Shkhelda, wo er einen alten deutschen Haken findet. Diese Zeit ist vorbei. Von nun an sind die russischen Alpinisten die Herren im eigenen Haus. Sie haben patriotisch „die Gipfel gesäubert", alle Zeugnisse ausländischer Besteigungen durch Beweise ihrer sowjetischen Anwesenheit ersetzt. Geliebte Freiheit auf diesen aufreibenden Bergfahrten, die manchmal bis zu zwanzig Stunden am Stück dauern. Jewgeni flüchtet vor der Welt in die Vertikale. Und vor was für einer Welt! Ich weiß nicht, ob es ihm auf dem Höhepunkt der Diktatur darum ging, Stalin bis auf die Gipfel zu dienen oder sich hundertfach von ihm zu befreien.

Witali kommt in diesem Sommer ebenfalls in den Kaukasus. Er übernimmt die Leitung der Ausbildung in Adyl-Su von seinem Bruder. Aufgrund seines Handicaps kehrte er nie wieder in sein Ingenieurbüro zurück. Er widmet sich nunmehr der Entwicklung von Alpinausrüstung und Prothesen. Dabei denkt er nur daran, selbst wieder Bergsteigen gehen zu können. Offiziell heißt es, dass er bereits im Krankenbett in der Botkin-Klinik Gymnastikübungen machte. Aber die sowjetischen Chronisten schreiben dies *a posteriori* und kennen sein späteres Schicksal schon. Ich glaube eher, dass er 1937 vor Zweifel schlaflose Nächte verbrachte. Er selbst wird über diese lange Rehabilitationszeit, die aus Schwimmen, Skifahren und Rudern bestand, schreiben, dass ihm die unbezwungenen Gipfel des Kaukasus, Pamir, Tian Shan und sogar die Achttausender des Himalaya wie eine Fata Morgana vorkamen.

Seit der Khan-Tengri-Expedition ist Sicherheit am Berg sein Credo und gute Ausbildung sein Grundsatz. Während der Ausbildung im Alpinlager kann er in aller Ruhe seine strenge Herangehensweise ans Bergsteigen vermitteln. Er kann dabei auf die Unterstützung seines Freundes Michail Dadiomow zählen, der – wie er – ebenfalls wegen seiner Verletzungen im Lager festsitzt, aber sich wie neu geboren fühlt, wieder in diesem vertrauten Gebirge zu sein. Vor allem, weil sie in jenem Jahr kein „politisches Hilfspersonal" ertragen müssen, wie im Prozess, der später gegen sie geführt werden wird, erwähnt wird. Moskau hat keinen Kommissar oder dergleichen geschickt. Witali schreibt selbst die Berichte, die die „ideologische Arbeit" betreffen. Gewissermaßen der Traum jedes Sowjets.

Witali beaufsichtigt die Alpiniaden der Soldaten, die zu Dutzenden, manchmal zu Hunderten benachbarte leichtere Gipfel besteigen. Die Alpiniaden bilden das genaue Gegenteil zum westlichen Alpinismus, der die Einsamkeit hochhält. Die Alpiniaden schicken bis zu 2000 Menschen gleichzeitig auf die Gipfel des Kaukasus. Sie betreffen auch Zivilisten: Es gibt die Alpiniade der Gewerkschaften, die Alpiniade der Traktorfahrer, der Mähdrescherfahrer. Die Alpiniade der Kolchosmitglieder, der Eisenbahnfahrer oder der kasachischen Division. Die Alpiniade der Minenarbeiter in Spitzbergen oder der arktischen Völker! Die Alpiniade ist eine Metapher. Die Massen sollen sich im wörtlichen wie im übertragenen Sinne erheben.

Vorbehaltlich dessen, dass die UdSSR auf einer Lüge basiert. Am 28. Juli erscheinen NKWD-Agenten aus Kabardino-Balkarien im Lager von Adyl-Su. Ich kann mir vorstellen, dass sie sich bei Witali in ihrer Funktion vorstellen. Sie zeigen ihm auch einen Haftbefehl. Nicht sein Name steht darauf, aber eine Auflistung von dreizehn Bergführern, die an seiner Seite arbeiten. Vor allem ausländische Kommunisten, denn politische Flüchtlinge stellen glaubwürdigere Spione dar.

Unter denen, die an jenem Tag verhaftet werden, sind Österreicher vom Schutzbund. Beispielsweise Franz Sauberer[2], ein politischer Emigrant aus Wien, der 1931 bei der Erstbesteigung des Khan Tengri dabei gewesen ist. Ebenso Hugo Sell und Peter Saritschjak, die gerade mit Jewgeni den Uschba überschritten haben. Ist er zwischen zwei Bergfahrten anwesend, um zu sehen, wie seine Kameraden auf Nimmerwiedersehen verschwinden? Ich nenne ihre Namen, um ihrer zu gedenken. Sie werden auf den kommenden Seiten nicht mehr vorkommen. Witali sieht hilflos zu, wie diese von ihm geschätzten Männer nach Naltschik ins Gefängnis gebracht werden. Die Brüder Abalakow wissen gut, wie viel das junge sowjetische Ausbildungslager diesen Kameraden der Internationalen zu verdanken hat.

Ich kann mir nicht vorstellen, dass sich im Tal keine Bestürzung niederschlägt, dass der Himmel sich nicht mit dunklen Wolken verschleiert, dass beim Abendbrot gelacht wird. Die Höhe ist nur eine Flucht. Unten wartet unausweichlich die stalinistische Realität. Zur selben Zeit erleben in Moskau Jewgenis Frau und seine Schwägerin einen Albtraum. Die russischen Dichter sind in Ungnade gefallen. In der Nacht des 31. Juli wird Sergei Klytschkow, Annas Schwager, auf ihrer Datscha vom NKWD verhaftet. Wie tausend andere Bürger vegetiert er hinter Gittern dahin, bis er im Oktober erschossen wird.

Die Zeitungen, die vorher über die Erfolge der Bergsteiger berichteten, publizieren jetzt verleumderische Artikel. Wie sollte man glauben, dass die Verwandtschaft, die Kameraden schuldig wären? Wie sollte man jene verdächtigen, mit denen man auf Gedeih und Verderb an einem Seil hing? Aber man muss so tun, als ob nichts gewesen wäre. Im Herbst treffen sich die Alpinisten weiterhin in Jewgenis Atelier in einem umfunktionierten

Kloster. Oder in Michail Dadiomows Haus in der Neglinnaja-Straße, die heute so vornehm aussieht. Aber man kann darauf wetten, dass man dort zu jener Zeit an jeder Ecke dem Elend begegnete. Witali und Jewgeni erfahren bald, dass ihr Onkel, der sie aufgenommen und großgezogen hat, gerade zum zweiten Mal verhaftet wurde. Er war einfacher Buchhalter in der Krasnojarsker Glas- und Porzellanfabrik geworden. Diesmal gibt es keine Gnade: Auch er wird im Oktober erschossen. Zumindest wissen wir das heute. Denn die Angehörigen werden damals nicht über diese Bluttaten informiert. Sie bleiben ohne Nachricht, aufgerieben zwischen Befürchtungen und Hoffnungen. Die Brüder Abalakow erhalten die Bestätigung seiner Hinrichtung wahrscheinlich erst viel später.

Was flüstert sich das Paar Jewgeni und Anna in der Vertraulichkeit der Nacht in ihrer Wohnung an der Metrostation Petrowski Park zu? Wähnt sich Jewgeni, die Ikone des Pik Stalin, aufgrund seiner Berühmtheit in Sicherheit? Und welche Beschwörungen tauschen Witali und Valentina aus, nur ein paar Kilometer weiter, während ihr dreijähriger Sohn Oleg mit geschlossenen Fäustchen tief schläft. Murmeln sie sich, wie so viele andere, zu: „Wir haben nichts zu befürchten, wir haben uns nichts vorzuwerfen“? Das NKWD wittert überall Komplott, bei den Matrosen, den Bergarbeitern, den Akademikern, den Meteorologen, den Athleten und so weiter. Ist das überhaupt möglich? Verraten die Bürger den Kommunismus? Oder ist es andersherum? Die Brüder Abalakow spielen nicht die Rebellen. Sie passen sich diesem System an, in welchem sie zu Ehren gekommen sind und das sie auf eine Stufe stellt mit einem im arktischen Eis treibenden Iwan Papanin oder dem von der Partei in den Himmel gehobenen Flieger Waleri Tschkalow. Doch in den 1930er-Jahren führen alle Wege in den Gulag, auch die der Berge.

Stalin erklärte auf einem Kongress: „Der Mensch ist das wertvollste Kapital.“ Aber jetzt lässt er jeden Abend Menschen töten. Der Große Terror findet Saboteure in den Waffenfabriken wie in den Kindergärten. Sobald die Dunkelheit anbricht, schöpfen als Bäcker-Lieferwagen getarnte Fahrzeuge ganz Moskau ab. Sie bringen lastwagenweise neue Beschuldigte in die Lubjanka. Wenn man gut darüber nachdenkt – auch wenn diese Logik nur schwer nachvollziehbar ist –, gab es keinen Grund, warum ausgerechnet die Alpinisten dieser systematischen Verfolgung entkommen sollten, dieser Selbstzerstörung einer UdSSR, die ihre besten Elemente mit dem Vorwurf auslöscht, ihr schaden zu wollen. Was hätte aus ihr werden können, hätte man die Menschen wirklich den Sozialismus aufbauen lassen?

Nach der Sommerrazzia im Kaukasus sind nun die Bolschewiki an der Reihe, die im Gefolge von Lenin aus der Schweiz zurückgekehrt sind. Zum Beispiel ein gewisser Wassili Semenowski[3], der im Exil in den Alpen sein Geld als Bergführer verdiente. Er machte danach Karriere in der Revolutionsregierung und legte das Fundament für den sowjetischen Alpinismus, indem er sich manchmal deutschen Seilschaften anschloss, die er in den 1920er-Jahren in den Kaukasus einlud. Vor allem an die von Willi Merkl[4], der später für den nationalsozialistischen Ruhm und die Propaganda des Dritten Reichs am Nanga Parbat starb.

Die Anklagepunkte sind folglich für das NKWD offensichtlich: Kontakt mit dem Ausland. Semenowski wird in der Nacht vom 6. auf den 7. November 1937 verhaftet. In seinem Haus werden als scheinbarer Beweis eines untragbaren Verrats Schreibmaschinen mit lateinischem Alphabet konfisziert. Die Staatssicherheit hat eine haarsträubende Akte zusammengetragen und ist bereit, alle Register zu ziehen. Ihr Titel: „Die konterrevolutionäre und faschistische Terrororganisation der Alpinisten“. Eine Organisation, die laut NKWD von Hitlerdeutschland gegründet wurde, um „die Intervention der faschistischen Länder in der UdSSR zu erleichtern“.

Wassili Semenoswki ist der angebliche Kopf der Organisation. Er wollte Regierungsmitglieder ermorden, die einen Aufenthalt im Kaukasus vorhatten. In diesem Jahr sind siebzehn Menschen in den Bergen verschwunden oder tödlich verunglückt, und auch dafür wird er verantwortlich gemacht. Das alles stimmt natürlich nicht.

Im Dunkel seiner Gefängniszelle im Taganka-Gefängnis kann er nun in aller Ruhe über den vor Kurzem vergangenen Sommer 1937 nachdenken, sich an die zentralasiatische Hitze erinnern, an die Biwaks hoch über den Wolkenmeeren. Er war gerade erst vom Pik Lenin zurückgekehrt, es war die erst zweite sowjetische Besteigung nach der von Witali Abalakow im Jahr 1934. Er selbst konnte den Gipfel nicht erreichen, im Gegensatz zu Rosenzweig, einem Arzt, der ebenfalls inhaftiert wurde, doch vorher die Zeit hatte, in der Vereinszeitschrift *Zu Lande und zu Wasser* Folgendes zu erzählen: „Auf dem Gipfel, auf 7127 Metern, entdecken wir um 18 Uhr die in ein rotes Tuch eingewickelte Büste Wladimir Iljitsch Lenins. Wir legen einen Band der Stalin-Verfassung dazu. Die Mannschaft singt die

Internationale. Unisono rufen wir ‚Hurra!', zu Ehren unseres glorreichen Heimatlands, der Parteichefs und der Regierung, zu Ehren des großen Stalin." Umsonst!

Als nächster ist der Volkskommissar für Justiz Nikolai Krylenko an der Reihe. Er wird aus der Partei ausgeschlossen, dann im Januar 1938 verhaftet, auf persönlichen Befehl von Nikolai Jeschow, wie es heißt. Während einer Sitzung des Obersten Sowjets wurde er öffentlich als „zu sehr mit Schachtournieren beschäftigt" denunziert. Tatsächlich war dies neben dem Bergsteigen seine zweite Leidenschaft. Die UdSSR verdankt ihm sogar einen Fünfjahresplan, den er den Läufern, Türmen und kleinen Bauern widmet. In der Lubjanka, im Hauptquartier des NKWD, muss er den gleichen Vorwurf auch für die Pamir-Expedition hinnehmen. „Während andere arbeiteten", habe er seine gesamte Zeit dem Alpinismus geopfert, ganz zu schweigen von einem angeblichen Einverständnis mit Bucharin und anderen rechten Abtrünnigen.

Und dann wütet das NKWD auch in der Gemeinschaft der gewöhnlichen Bergsteiger. Viele ehemalige Mitglieder der Gesellschaft für proletarischen Tourismus werden verhaftet, vom Moskauer Präsidium bis hin zum kleinsten Verantwortlichen in der Provinz. Allen wird vorgeworfen, im Auftrag der angeblichen Drahtzieher der „konterrevolutionären faschistischen Spionage- und Terrororganisation der Alpinisten" spioniert zu haben. Falls der Angeklagte dann auch noch ursprünglich aus Lettland oder der Ukraine stammt, wird er zusätzlich des Nationalismus bezichtigt. Darauf folgen Deportation oder Tod. Nichts kann die Alpinisten davor bewahren, nicht einmal ihre Heldentaten.

Der altehrwürdige 84-jährige Kosake Anton Nabokow, der sämtlichen Forschungsreisenden im Tian Shan – sowohl unter den Zaren als auch unter den Sowjets – als Bergführer gedient hat, wird mit vier seiner Söhne verhaftet und in Kirgisistan hingerichtet. Wir können auch Alexandre Guettier, Expeditionsmitglied am Pik Stalin, erwähnen, einer von vielen, die in diesem Buch bereits aufgetaucht sind. Mit einem französischen Familiennamen erlaubte seine Biografie als reuiger zarentreuer Partisan kein Pardon: Er wurde im Januar 1938 erschossen. Es folgt eine endlose Litanei mehr oder weniger bekannter Namen. Die sowjetischen Chroniken klammern diesen Horror brav aus. Ihre Autoren berichten lieber ausgiebig von den Heldentaten am Berg, vom Ausbau der Trainingslager, vom exponentiellen Zuwachs der praktizierenden Alpinisten … Wenn ich mich damit zufriedengegeben hätte, hätte ich niemals zu schreiben begonnen. Ich habe mich auf das Abalakow-Epos nur eingelassen, weil es weit mehr als ihre bloßen Heldentaten erzählt. Weil ich die Namen der größten Alpinisten dieser Zeit dort entdeckte, wo ich es nie vermutet hätte. Denn was die größten Verluste in ihren Reihen verursachte, waren nicht die tödlichen Ödeme in der Höhe, nicht die herabstürzenden Séracs oder die Blitze auf ausgesetzten Graten. Nein, es war ein Unheil, das, wie man glaubte, nichts mit den Bergen zu tun hatte: die Stalinschen Säuberungen. Sie wären besser von einer leichentuchreinen Wand abgestürzt, als in den vom Terrorblut beschmutzten Kellern zu krepieren.

EIN BRUDER UNTER ARREST

Man schreibt den Abend des 4. Februar 1938, Witali Abalakow befindet sich zuhause in der Pogranitschnaja-Straße 6 in Perlowka. Dort, am nördlichen Rand der Hauptstadt, lebt die Familie in einer Dreizimmerwohnung. Bei ihm sind Valentina und sein kleiner Sohn Oleg. All das wird im Bericht der Agenten, die ihn holen, ordnungsgemäß erwähnt. Der vom Moskauer NKWD ausgestellte Haftbefehl trägt die Nummer 2306. Er ist den ersten Seiten der Akte II-81-55 beigefügt. Ich sitze im Nationalarchiv an einem kleinen Tisch. Mehrere Wochen habe ich auf die Genehmigung zur Einsichtnahme gewartet. Um was eigentlich herauszufinden? Wie diese Verhaftung ausgegangen ist, ist mir doch bekannt, auch das Schicksal von Witalis Kameraden. Doch bei solchen Geschichten wird man von einer Wahrheitssuche ergriffen, obwohl die Wahrheit niemanden interessierte. Wer hat wen verraten? Warum gerade er? Wie lauteten die Vorwürfe? Was war das für eine zusammengereimte Verschwörung?

Um mich herum Wände voller Akten mit der Aufschrift „Für immer aufbewahren". Ich blättere in den leicht vergilbten Dokumenten. Zuerst springt mir ein sich wiederholender Fehler ins Auge. Auf den ersten Seiten wird Witalis Name überall „Abolakow" geschrieben. Vermutlich waren durch die Fahrlässigkeit der Behörden die Ausführenden keine Musterschüler. Ich lese hier eine in der Gulag-Literatur tausendfach beschriebene Szene. Die Schergen des NKWD hämmern zu fortgeschrittener Stunde an die Tür. Witali Michailowitsch Abalakow? Haben Sie Waffen? Eine einfache Protokollfrage, gefolgt von einer ordnungsgemäßen Durchsuchung, deren Ergebnisse auf einem Formular festgehalten werden. Die Beamten beschlagnahmen neun Notizbücher, eine Liste mit Radiofrequenzen, topografische Karten und zwanzig Schachteln mit Negativen, die, „sobald sie auf der Straße sind, unbrauchbar gemacht werden", wie sich Witali bei seinem Prozess beklagen wird. Wahrscheinlich Fotos von seinen Expeditionen, dachte ich mit Bedauern.

Der getarnte Kastenwagen verschwindet in der Dunkelheit. Valentina bleibt allein zurück, am Boden zerstört, beinahe Witwe. Auch sie hat nichts Schriftliches über diesen Vorfall hinterlassen. Es ist albern, aber ich stelle mir vor,

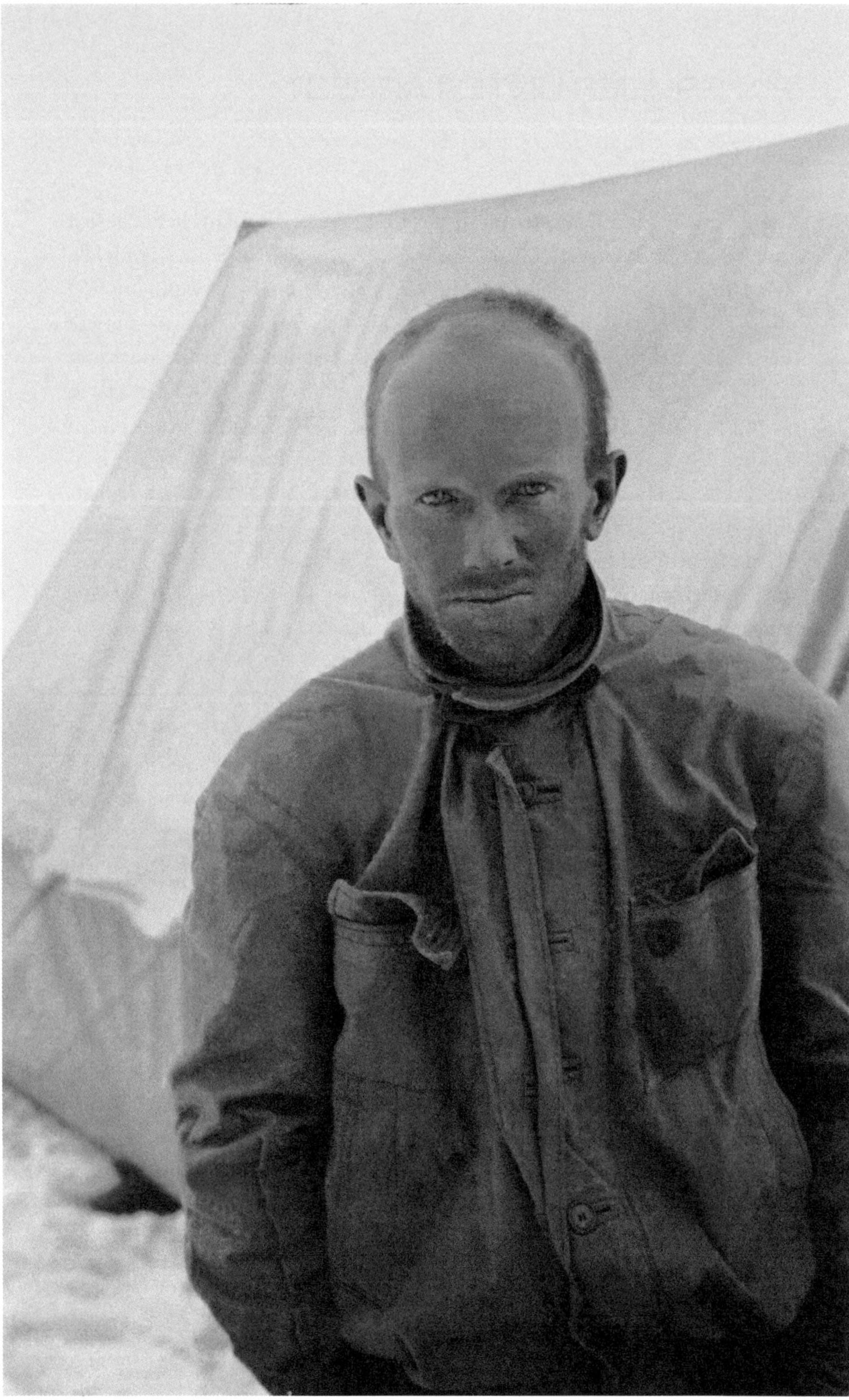

dass ihr Kind in der Nacht schreit. Die Nachbarn verkriechen sich tief in ihre Betten. Valentina soll eine überzeugte Kommunistin gewesen sein. Sie glaubte an das gute Väterchen Stalin, an das Klassenbewusstsein, an die bolschewistische Wachsamkeit. Für sie waren die Gerüchte über den Staatsterror bis dahin nur dummes Zeug, das infiltrierte Konterrevolutionäre auf allen Ebenen verbreitet haben. Ich denke, dass in jener Nacht vom 3. auf den 4. Februar 1938 alles infrage gestellt wird, wovon sie bisher überzeugt war.

Sie kann nicht wissen – wird sie es jemals? –, dass zwei Tage vorher der inhaftierte Oleg Korsun den Kommissaren den Namen ihres Mannes zugesteckt hat. Jener Korsun, der am ersten Morgen des Jahres 1937 mit ihnen fröhlich eine Champagnerflasche köpfte. Er wurde im November verhaftet und ist angesichts der Drohungen des NKWD vollkommen eingeknickt. Man ließ ihn belastende Geständnisse unterzeichnen. Darin wirft er Witali Abalakow vor, den Alpinismus für die Massen behindert zu haben, ihn nur für einige Auserwählte beanspruchen zu wollen. Aber noch konkreter hat das NKWD sich ein geplantes Attentat ausgedacht, das auf dem Roten Platz während der Parade zum zwanzigsten Jahrestag der Revolution stattfinden sollte. Das rechtfertigt die Beseitigung der Mitglieder dieser konterrevolutionären Terrororganisation der Alpinisten noch besser. In seinen unter Qualen gemachten Aussagen „gestand" Oleg Korsun alles; er gestand, dass er die Tribüne der Parteioffiziellen niederschießen wollte, gestand, die Tat unter Witali Abalakows Befehl geplant zu haben. Das NKWD ist nicht wenig stolz darauf, diesen niederträchtigen Angriff vereitelt zu haben, und Oleg Korsun unterzeichnet eigenhändig: „Nach meinen eigenen Worten, gelesen und bestätigt". Mit ihm ist es aus. Alles, was bleibt, ist das Foto seines Profils in Schwarz-Weiß, worauf er, wie so viele Gefangene auf Bildern, erschrocken aussieht, sowie die Liste derer, die er zu verraten bereit war: Witali Abalakow, aber auch Georgi Charlampiew, Michail Dadiomow, Wassiljew, ein gewisser Roschdestwenski und sogar Jewgeni Abalakow.

Valentina kann außerdem nicht ahnen, dass im Gefängnis auch ein Mann namens Russanowitsch in seiner Verzweiflung Witali beschuldigt, ihn für die Organisation angeworben zu haben. Dies soll letzten Sommer im Lager Adyl-Su geschehen sein, und auch beim Attentat auf dem Roten Platz hätte er Handlanger sein sollen. Wahrscheinlich wird ihm für ein derartiges Geständnis gnädigerweise die Deportation versprochen. Er verkauft seine Seele, um für den Augenblick seinen Körper zu retten. Valentina kann

Witali Abalakow 1936 nach der Rückkehr vom Khan Tengri

das alles nicht wissen; ich erzähle diese Ereignisse aus der Perspektive des Allwissenden. Ich bin mir sicher, dass sie gleich am nächsten Morgen das Familienbüro gegenüber der Lubjanka aufsucht, wo in einer Menschentraube Mütter, Ehefrauen, manchmal auch Ehemänner, verzweifelt um Auskünfte bitten. Ihre Männer, ihre Söhne, ihre Töchter siechen genau dort, auf der anderen Seite des Platzes, dahin: in dieser stalinistischen Festung, deren Fenster mit Blechplatten verrammelt sind und auf der eine riesige rote Fahne thront, die nachts von Scheinwerfern beleuchtet wird.

Ich weiß aufgrund der Datierung seiner Aussagen, dass Witali in der Lubjanka sofort durch die Hölle pausenloser Vernehmungen geht. „Ab dem 5. Februar 1938 wurde ich zehn Tage lang ununterbrochen verhört“, wird er in seinem Prozess zitiert. Man kennt dieses Szenario nur zu gut. Darüber gibt es von Gulag-Überlebenden wahrheitsgetreue und vielsagende Berichte. Ein Stalinporträt hängt an der Wand. Vielleicht auch das von Nikolai Jeschow, Volkskommissar für Inneres. Die Agenten, die mit der Untersuchung beauftragt sind, rauchen mit betonter Ruhe eine Zigarette. Laut Witalis Akte heißen sie Bereskin oder Rabkin. Sie blättern in den Seiten eines schon umfangreichen Papierstapels und einer von ihnen beginnt höflich: „Im Rahmen der Ermittlung wurden Sie als aktives Mitglied der Organisation identifiziert. Werden Sie ein wahrheitsgetreues Geständnis über Ihre Aktionen und die der Organisation ablegen?“

Alle Gefangenen spüren zu Beginn diese aus tiefstem Herzen kommende Verweigerung, dieses Verlangen nach Gerechtigkeit, das jeden überkommt. Witali Abalakow ist da keine Ausnahme. Er kneift die Lippen zusammen. Er runzelt die Stirn. Er protestiert heftig, er schwört der Partei und dem Aufbau des Kommunismus seine Treue, dann wird es wieder still. Und es bleibt still. Er muss die Augen schließen, um das grelle Licht einer elektrischen Lampe abzudämpfen. Der Untersuchungskommissar zieht den Schmollmund eines betrogenen Mannes, er drückt seine Zigarette aus und starrt auf die geschlossenen Augen des Angeklagten: „Warum verleugnen Sie es? Wir wissen, dass sie spioniert und Leute rekrutiert haben mit der Absicht, der Revolution zu schaden!“

Das Gespräch ist nicht sehr gut geschrieben, das stimmt. Ich übersetzte nur sehr genau einige Protokollauszüge, die so platt formuliert sind, dass es dem besten Schauspieler schwerfallen würde, sie zu lesen. Sie sind Wort für Wort erfunden. In Wirklichkeit geht die Untersuchung seit jenem 5. Februar in Misshandlungen über. Witali wird in Isolationshaft gebracht. Es folgen Drohungen, Demütigungen; das alles wird er bei seinem Prozess anprangern. Glaubt man anderen Opfern der Säuberungen, wurde man mit Schlagstöcken verprügelt, mit voller Wucht zusammengeschlagen. Die Agenten fanden ein boshaftes Vergnügen darin, auf die sich bildenden Blutergüsse zu zielen. Witali selbst soll sadistisch auf die Stümpfe seiner Hände und Füße geschlagen worden sein, an denen er nach der Rückkehr vom Khan Tengri amputiert worden war.

Ihm wird eine falsche Aussage nach der anderen vorgelegt. Zweitklassige Bergsteiger – Iwanow, Schianow, Nefedow, Kastewitsch, Radel, Roschdestwenski, Lewinson … mögen sie in Frieden ruhen – werfen ihm Karrierismus vor, dass er die Erfolge des bürgerlichen Alpinismus lautstark bewundert habe, dass er im Lager von Adyl-Su keine „politische Bildungsarbeit" betrieben habe, dass er sich mit österreichischen Kollaborateuren umgeben und dass er ausländische Ausrüstung gelobt habe. Der Unfalltod einer schwangeren Frau im letzten Sommer wird als Sabotage an der Arbeiterjugend umgedeutet. Und er leugnet weiterhin stur angesichts solcher Beweise? Man schlägt ihm die Zähne aus. Man schlägt ihn, bis er ohnmächtig wird.

Innerhalb weniger Stunden ist Witali Abalakow, der Sibiriake, der von den höchsten Gipfeln und schlimmsten Temperaturen zurückgekehrt ist, dieser Witali Abalakow ist nur noch ein Schatten seiner selbst. Er kann nur noch den Stift annehmen, der ihm gereicht wird, und diese handschriftliche Erklärung verfassen, die ich vor Augen habe. Einige Dutzend Seiten voller gelogener und durchgestrichener Geständnisse, als wären sie einem Schuljungen diktiert worden. Es hat mich viel Zeit und Mühe gekostet, diese hastigen Kritzeleien und unverständlichen Notizen zu entziffern, die über die Rückseiten der Blätter verstreut sind.

Auf Seite 23 kommt Witali auf die Militärexpedition am Pik Trapez im Spätsommer 1935 zurück. „Ich habe den Feind ins Grenzgebiet geführt", wirft er sich selbst vor und meint Lorenz Saladin, der ihn begleitete. Dieser konnte dort taktische Manöver beobachten und die Rote Armee im Einsatz fotografieren, ebenso die verbotenen Städte Zentralasiens. Im Übrigen war es dieser Schweizer Spion und angebliche Kommunist, der ihn in die Organisation rekrutierte. „Ich habe ihm Informationen über Zinnvorkommen weitergegeben", schließt er.

Dann ruft ein Kommissar den Gefängniswärter. Witali Abalakow steht mit Mühe auf. Es sei denn, man hat ihn stundenlang stehen lassen. In einem Dämmerzustand betritt er die Gänge eines Labyrinths, hinter deren Gucklöchern zu Hunderten verhaftete Bürger liegen. In der Lubjanka begegnet man sich niemals, sie ist Endstation so vieler Schicksale, die nichts voneinander wissen. Schlösser gehen auf. Witali wird wo hineingestoßen. Der Raum ist mit Dutzenden verlumpten Gestalten gefüllt, sie sind unter einer fahlen Lampe zusammengepfercht. Es fehlt die Luft zum Atmen. Witali kriecht auf allen vieren zu einem Platz, den man ihm auf einem Brett freimacht. Welch schreckliche Ironie des Schicksals für einen Mann, der gewohnt ist, in der weiten Natur zu sein.

Er selbst hat nie davon erzählt, aber alle Überlebenden haben die gleiche Hölle beschrieben. Unterbrochener Schlaf und dann, wenn ihr Name aufgerufen wird, das gleiche Gängelabyrinth, manchmal gekachelt, manchmal mit roten Teppichen bedeckt; der Wärter scheucht die Insassen mit einem „Dawai!" vorwärts, die Treppenhäuser sind mit Drahtgitter bespannt, um Selbstmorde zu verhindern. Niemand darf sich Stalins Unrecht entziehen. Denkt Witali auch darüber nach? Da ist er wieder in diesem Raum, den er nun allzu gut kennt. „Ich kann die Beleuchtung in meinem Zimmer Ihretwegen nicht ändern", sagt der Untersuchungskommissar in *Sonnenfinsternis*[5] ironisch. Witali Abalakow schweigt erschöpft. Ihm gegenüber ein glattrasierter, gut genährter und in eine tadellose Uniform geschnürter Offizier: „Ich hoffe, Sie konnten sich erholen, Witali Abalakow. Fangen wir nochmal an."

So geht es am elften Februar, und dann noch einmal am vierzehnten und fünfzehnten, soweit ich das der Akte entnehmen kann. Jedes Mal muss Witali die falschen Vorwürfe gegen sich bestätigen, aber auch neue vorbringen. Das ist das Prinzip des Terrors, eine Denunziation nach der anderen. Wie beim „Cadavre Exquis"[6] entsteht aus mehreren Menschen, die sich nicht kennen, eine Straftat, die weder Hand noch Fuß hat. Kein Zweifel, das ist wahrer Surrealismus. Auf Seite 25 seiner handschriftlichen Aussagen gibt Witali zu, dass er von Wassili Semenowski und Lew Barchasch im Frühling 1936 rekrutiert wurde. Ersterer ist, wie wir wissen, bereits hinter Schloss und Riegel. Der andere ist einer jener Bolschewiki, die gerne bergsteigen. Da er Krylenko nahesteht, ist er noch auf freiem Fuß. Witali bezichtigt ihn, von ihm an das Ausbildungslager berufen worden zu sein, um

Gelder zu veruntreuen, die Disziplin zu vernachlässigen oder Mitglieder für die Organisation zu rekrutieren.

Im Kaukasus hätte Witali mit anderen darüber diskutiert, was passieren würde, wenn Stalin verschwände. Auf Seite 28 räumt er ein, zu einem Ort namens Ussowo gefahren zu sein, um zu sehen, ob man dort einen Terroranschlag durchführen könnte. Leider fehlten der Organisation Waffen, fügt er zusammenhangslos hinzu. Auf Seite 30 gibt er zu, Informationen über den Pamir weitergegeben zu haben: dem Ukrainer Saritschjak, einem gewissen Alfred Regel, den er im Sommer 1936 ausgebildet hat, einem Mann namens Wolf und Lorenz Saladin. All diese Namen sind deutscher, österreichischer, schweizerischer oder galizischer Herkunft. Die mutmaßlichen Gespräche, erklärt Witali genauer, fanden in seinem Zelt auf den Almwiesen statt.

Auf Seite 31, ergänzend zu den Geständnissen vom 5. Februar, äußert er sich über seine Beweggründe. Sein Freund Lorenz Saladin habe ihm von der Demokratie in der Schweiz und in Amerika erzählt, vom materiellen Komfort dort. Er sagt aus, aufgrund der Einschränkung der individuellen Freiheit und der Meinungsfreiheit, oder auch weil „inkompetente Leute hohe Positionen besetzen", gegen die sowjetische Regierung gehandelt zu haben. Nach der Veröffentlichung der Stalin-Verfassung habe er jedoch sein Verhalten bereut, betont er. Dann, übergangslos: „Ich habe in Leningrad und Moskau terroristische Zellen aufgebaut." Auf Seite 37 nennt er unter seinen Rekrutierungen einen gewissen Solomon Slutskin, der ihm topografische Auskünfte übermittelte, jenen Russanowitsch, der ihn belastete, und sogar seinen Freund Dadiomow … Rekrutierungen, die er während der besagten Silvesternacht 1937 gemacht habe. Roschdestwenski (der ihm Informationen über Jagd- und Bomberflugzeuge weitergab, wie er auf Seite 41 aussagt) und die Alpinisten Döberl[7], Gorbatschew und Sacharow wurden hingegen „ohne ihr Wissen" eingesetzt, schwächt er ab.

Am Ende habe ich mich in diesen endlosen Gefangenenlisten und verworrenen Intrigen verloren. Wie kann Witali nur solche Märchen schreiben? Die Angst ist eine ungeahnte Muse. Man liefert ihr das Skript, sie sorgt für die Details. Niemand kann sich den bewährten Methoden des NKWD widersetzen. Witali gibt alles zu, alles, was er sich nicht einmal hätte ausdenken können – Oleg Korsun angeworben zu haben, mit ihm das Attentat auf dem Roten Platz geplant zu haben. Auf Befehl der Gestapo wollten sie, mit dem Seil über der Schulter und dem Eispickel in der Faust vorbeimarschierend, auf die Tribüne der Parteioffiziellen schießen. Denn, so schreibt er Schwarz auf Weiß, er sehe sich „im Dienst der Deutschen" und arbeite für sie daran, „die besten Alpinisten des Landes zu neutralisieren". Als er mit „W. Aba" unterzeichnet, ist ihm wahrscheinlich klar, dass der Gulag die einzige Vergebung ist, deren seine Beichtväter fähig sind.

Was sein Gewissen betrifft, so erfährt es in seinem Unglück doch etwas Erleichterung. Er gehört zur letzten Verhaftungswelle und nennt meistens Männer, von denen er weiß, dass sie bereits verhaftet oder sogar verurteilt wurden. Er ist wegen ihrer Verleumdungen hier, und nicht umgekehrt. Eine Frage der Chronologie. Man kann jedoch davon ausgehen, dass seine Aussagen zur Inhaftierung der Letzten, die ihre Freiheit noch genießen konnten, beigetragen haben, insbesondere seiner Kameraden Michail Dadiomow und Georgi Charlampiew. Außerdem haben sie wohl die Verhaftung jenes Lew Barchasch beschleunigen können, dem übrigens zusammen mit ihm der Prozess gemacht werden wird.

Nach solchen Dingen hatte ich in der Akte gesucht. Details über die Reihenfolge der Verhaftungen, über dieses riesige Dominospiel, bei dem jeder gefallene Muschik zwei weitere mit sich reißen musste. In dieser bürokratischen Farce und diesem unverständlichen Anliegen, frei erfundene Geschichten zu dokumentieren, liegt etwas Schwindelerregendes und Abgründiges. Obwohl alles – von der Verhaftung bis hin zur Hinrichtung oder Deportation – völlig willkürlich war, wollten die Machthabenden, Gott weiß warum, den Anschein eines geregelten Verfahrens aufrechterhalten. Alle Angeklagten bekamen jedoch ausnahmslos ein und denselben Artikel des Strafgesetzbuches aufgebrummt. Nummer 58: Terrorismus, Spionage und Sabotage.

DER GROSSE ZUSAMMENBRUCH

Gleich nach dem Zerfall der UdSSR und mit der Öffnung der Archive, konnten sich die Familien auf diese tragischen Akten stürzen. Die groß gewordenen Kinder entdeckten die unglaubwürdigen juristischen Fiktionen, die sich übereifrige Untersuchungskommissare zusammengereimt hatten. Sie betrachteten die vom NKWD mit Stempel versehenen schwarz-weißen Profilbilder ihrer verurteilten Eltern. Es verschlug ihnen den Atem, als sie die Identität der Denunzianten und die erzwungenen Geständnisse lasen.

Zu keinem Moment des Verfahrens erwähnt Witali den Namen seines Bruders. Man muss annehmen, dass das NKWD, das eigentlich gerne ganze Familien auslöscht, es auch nicht von ihm verlangt. Jewgeni besuchte dieselben Trainingslager, kletterte in denselben Seilschaften, mit Österreichern, mit Saladin. Da ist nichts zu machen, er ist einer von denen, die der Regen nicht nass macht. Und seinerseits weigert er sich, seinen großen Bruder im Stich zu lassen. Er steht vor den Toren des Taganka-Gefängnisses, in das Witali verlegt wurde, in der wartenden Schlange. Die Tragödie am Khan Tengri hat zwar ihre Eintracht zerstört, aber Blut ist dicker als Wasser. Jewgeni bemüht sich bei eisiger Kälte, Pakete und Briefe durch die dichte, verzweifelte Menge zu schleusen, die von den Soldaten zurückgedrängt wird. Er, der Eroberer des Pik Stalin, der scheinbar Unberührbare.

Nach den ersten Verhören lässt man Witali mit seinen Schmerzen, vielleicht auch mit Schuldgefühlen, wochenlang im Gefängnis schmoren. Ich glaube, er ist in der Strafvollzugsanstalt Taganka, aber er kann auch durch andere Anstalten gegangen sein. An ihnen fehlte es nicht: Sokolniki, Butyrka, Lefortowo … Überfüllte Zellen, in denen man nur abwechselnd schlafen kann und wo die Strafgefangenen das Sagen haben. Man kann nichts anderes tun, als geduldig sein Unglück zu ertragen. Unaufhörlich kreisen die Gedanken und Vermutungen in ihren Köpfen. Befürchtet Witali in das Sibirien seiner Kindheit deportiert zu werden? Weiß er, dass der arme Oleg Korsun, der ihn als Erster denunziert hat, Ende Februar mit mehr als 500 anderen Verurteilten in einen Ort 25 Kilometer südlich von Moskau abtransportiert wird? Darunter auch die Alpinisten Semenowski und Rosenzweig. Sie werden in einem Ort namens Butowo wie Straßenköter erschossen. Das Massengrab wurde erst nach der Öffnung der Archive 1991 entdeckt, und auch nur auf Druck der russischen Zivilgesellschaft.

Jede Nacht fanden reihenweise Hinrichtungen statt. Die Verurteilten gehen ein letztes Mal durch die Gänge, das Trommeln schwerer Fäuste gegen die Zelltüren begleitet sie. Auch Witali hämmert zum letzten Abschied gegen die Tür, da gibt es kaum Zweifel. Er weiß, dass eines Nachts auch er an der Reihe sein wird. Er gehört nicht zu denen, die an einen Irrtum glauben. Er gehört nicht zu denen, die ihre Nachbarn für echte Verräter halten, während sie selbst überzeugt sind, Opfer eines Missverständnisses zu sein. Stalin wird schon alles aufklären und man wird ihnen sagen: „Wir wollten nur eure Treue zur Partei auf die Probe stellen!" Nein, als kleiner Junge hat Witali gesehen, wie sein Onkel während des Bürgerkriegs von der Roten Garde verschleppt wurde, und so viele Alpinisten sind schon vor ihm verschwunden. Männer, die er dort oben kennenlernte, im Hochgebirge, das zeigt, wie jemand wirklich ist. Männer, deren wahren Wert er kannte.

Ich glaube nicht, dass Witali jemals übermäßiges Vertrauen in die Revolution gesetzt hat. Ganz anders als Valentina, von der erzählt wird, dass sie sich bald von ihm abgewendet habe. Die „politisch zweifelhaften Elemente" bringen Schande über ihre Lieben und Nachkommen, die Verantwortung der Familie wird auf die Probe gestellt. Die Frau eines politischen Gefangenen wird sofort geächtet, sie wird von Freunden und Bekannten nicht mehr gegrüßt, aus der Arbeit entlassen. Aus ideologischer Überzeugung oder aus Überlebensinstinkt ziehen viele Frauen es vor, ihre Ehemänner offiziell zu verleugnen. Sie schreiben flammende Erklärungen, in denen sie sich von deren vermeintlichen terroristischen Absichten distanzieren. Sie geloben erneut Treue zur Partei, versprechen von nun an eine „bolschewistische Wachsamkeit" in Bezug auf ihre Liebesbeziehungen an den Tag zu legen. Das garantiert weder, dem NKWD zu entkommen, noch eine neue Anstellung zu finden. Aber einen Versuch ist es wert.

Am 22. März bestätigt der vor Kurzem verhaftete Georgi Charlampiew die von Witali Abalakow gegen ihn erhobenen Vorwürfe. Es bleibt ihm nichts anderes übrig, als das Kompliment gleich wieder an den Absender zurückzugeben. Die treuesten Kameraden sind zu grausamen Denunzianten geworden. Die Seilschaft löst sich unter der Folter auf. Witali und Charlampiew unternahmen glanzvolle Bergtouren zusammen. Charlampiew war es, der Witali am Bahnhof in Moskau empfing, als er verletzt vom Khan

Tengri zurückkam. Zusammen haben sie Lorenz Saladins Filme an dessen Bruder übergeben, der in Begleitung von Annemarie Schwarzenbach aus der Schweiz herbeigeeilt war. Charlampiew liebte die Fotografie, er versorgte die russischen Bergzeitschriften mit Aufnahmen verschneiter Gipfel und waghalsiger Alpinisten. Als Dank für seine Freundschaft hatte ihm Saladins Bruder dessen Leica überlassen. Das verfluchte Gerät wird nun zu einem der Hauptanklagepunkte des NKWD. Charlampiew pflegte viel zu viele Beziehungen zu Schweizer oder Münchener Seilschaften. Einige Bilder dieser internationalen Mannschaften gelten als unwiderlegbare Beweise. Obwohl die Westler ausnahmslos von den Behörden ordnungsgemäß gestempelte Visen besaßen, wird Charlampiew einen Monat später erschossen: „Ausländischer Agent".

Am 31. März wird ein vorgefertigter Vernehmungsbericht Witali zur Unterschrift vorgelegt. Dieses Dokument enthält alle realitätsfernen Geständnisse, die ihm in den ersten Nächten entrissen wurden. Kern der Anklageschrift ist Witalis Rekrutierung durch Lorenz Saladin. „Wir sprachen oft über Politik, ich sprach über meine Abneigung gegen die Sowjetführung. Saladin lobte die kapitalistischen Länder. Er überzeugte mich, aktiv zu werden und Informationen über die sowjetische Verteidigung zu sammeln." So der Wortlaut des Kommissars, dem Witali zustimmen soll. Das ist natürlich nicht alles. Ich kann hier nur auszugsweise Passagen zitieren:

„Ich wurde Ende 1936 von dem Deutschen Alfred Regel angeworben", behauptet Witali.

„Und wen haben Sie rekrutiert?", fragt der Kommissar.

„Oleg Korsun in Wassiljews Wohnung Neujahr 1937, Russanowitsch in Adyl-Su. Im Frühjahr 1937 war ich in Semenowskis Wohnung, der von der Organisation, von Guettier, Garf, Saritschjak usw. sprach."

„Erzählen Sie uns von der Vorbereitung des Terroranschlags gegen die Führung der kommunistischen allunionistischen bolschewistischen Partei!"

„Anfang April 1937 gab mir Regel im Auftrag der deutschen Spionage die Order, am 1. Mai auf dem Roten Platz einen Terroranschlag durchzuführen. Ich konnte nur Korsun dafür rekrutieren und das Attentat wurde abgebrochen. Es musste auf die Parade vom 7. November verschoben werden. Ich habe Russanowitsch rekrutiert, aber dann wurde Korsun verhaftet."

Verstehe, wer kann, dieses Konstrukt aus manchmal widersprüchlichen Namen und Daten. Wegen mangelnder Wahrheit habe ich den Versuch schließlich aufgegeben, das alles aufzuklären. Wer in die Archive des Terrors eintaucht, traut so lange seinen Augen nicht, bis er anfängt, an seinen eigenen Sprachfähigkeiten zu zweifeln. Oft hat man den Eindruck, dass die Übersetzung, die man macht, so absurd ist, dass man logischerweise irgendwo einen Interpretationsfehler gemacht haben muss. Aber nein. Nach einer Prüfung ist alles korrekt. Alles, die plumpen Lügenkonstrukte, die lächerlichen Anklagepunkte, die vernichtenden Urteilssprüche.

Auf besagtem Bericht ist Witalis Einwilligung nicht zu finden. Man kann mit ziemlicher Sicherheit davon ausgehen, dass er mit seinem Namenszug auch sein Todesurteil unterzeichnet hätte. Getragen von einer inneren Ruhe bietet er dieses Mal dem Untersuchungskommissar die Stirn. Witali Abalakow hat beschlossen zu kämpfen. So schreibt er statt der Einwilligung eine Beschwerde, in der er die Ermittlungsmethoden anklagt. Die Behörden geben den Inhaftierten die sadistische Möglichkeit, Einspruch zu erheben, sie lassen ihnen die Illusion eines Auswegs, die Folter der Hoffnung. Dieses Mal zerreißt der Vertreter des NKWD wütend Witalis Bericht, bevor er ihn wegwirft.

Nicht alle haben diese Kraft. Michail Dadiomow, Witalis Arbeitskollege in der Fabrik, sein Schicksalsgefährte am Khan Tengri, sein an zwanzig Finger- und Zehengliedern amputierter Leidensgenosse, dieser Dadiomow bestätigte schließlich eine Falschaussage. Er wurde gezwungen, Witalis antisowjetische Haltung zu schildern, und behauptete, dass dieser es schrecklich bedauere, dass die Partei – im Gegensatz zu den faschistischen Ländern – den Alpinismus nicht genügend fördere. Dadiomow „bestätigt" auch, strategische Informationen über die Grenzgarnisonen in der Engiltschek-Region an Saladin weitergegeben zu haben. Garnisonen, die es jedoch nie gab. „Was sogar ein Problem bei der Versorgung unserer Erfrierungen war", wird Witali bei seinem Prozess hervorheben. Und warum hätte Saladin Informationen über eine Expedition brauchen sollen, an der er selbst beteiligt war?

Das NKWD gibt sich entschieden nicht mit logischen Überlegungen ab, sondern organisiert im April eine Konfrontation von Witali und Dadiomow. 1933 gelang ihnen eine großartige Überschreitung des Altaigebirges; 1935 erkundeten sie gemeinsam die Turkestankette. Ganz zu schweigen von ihren zahlreichen Bergfahrten im Kaukasus, vom geteilten Leid, von der Euphorie am Gipfel. Schauen sie sich dort in der Gefängniszelle in die Augen, als sie sich zum ersten Mal wiedersehen? Oder senken sie voreinander beschämt den Blick?

Laut Witalis Prozess stellt der Kommissar keine einzige Frage. In der bedrückenden Stille schreibt er einen selbsterfundenen Dialog. So war es wahrscheinlich besser. Dann verlangt er von jedem die Unterschrift. Abalakow weigert sich. Dadiomow unterzeichnet und wird unmittelbar danach ins 9000 Kilometer entfernte Durchgangslager in Wladiwostok gebracht. Dort wird er dem Dichter Ossip Mandelstam begegnen, bevor er mit einem Haufen anderer zur Insel Sachalin eingeschifft wird, dem ehemaligen Straflager der Zaren. Er erinnert sich, dass nur 300 nach Ende ihrer Strafe heimkehrten. Dadiomow wird danach nach Kasachstan abgeschoben, wo er wieder bergsteigen wird. Er wird immer behaupten, dass es ihm nur dank seiner Bergerfahrung gelungen ist, den Gulag zu überleben.

An einem kleinen Tisch im Staatsarchiv sitzend, schweife ich mit meinen Gedanken ab. Von dieser Akte II-81-55 gehen so viele Fährten ab, denen ich gern folgen würde, so viele Schicksale, die rekonstruiert werden müssten. So viele Kommunisten, die von Kommunisten beseitigt wurden. Am 7. April ist Solomon Slutskin an der Reihe, er wird zu Frühlingsbeginn erschossen. Er war der Parteifunktionär in der Gesellschaft für proletarischen Tourismus. In dieser Funktion initiierte er am Fuß der Berge politische Debatten, organisierte öffentliche Lesungen von Propagandablättern und inszenierte an hochgelegenen Plätzen die Aufnahme neuer Mitglieder. Bereits 1925 wegen Zugehörigkeit zu einer zionistischen Organisation verhaftet, wurde er diesmal beschuldigt, geheime Informationen an die Organisation der konterrevolutionären Alpinisten weitergegeben zu haben.

Im Juni wird der junge Ganezki standrechtlich erschossen. Er, dem Jewgeni Abalakow am Pik Lenin zu Hilfe kommen musste, ist gerade einmal 25 Jahre alt. Am 29. Juli krepiert auch sein Beschützer Nikolai Krylenko wie ein Hund, nach einem zwanzigminütigen Eilverfahren vom Präsidenten des Militärkollegiums des Obersten Gerichtshofes der UdSSR persönlich erschossen. Krylenko war kein Unschuldiger, in der Vergangenheit hatte er selbst Repressionen geleitet und gerechtfertigt. Er machte sich keinerlei Illusionen. Seinen Namen tragen immer noch ein Pass am Pik Lenin und zwei Sechstausender im Pamir. In den abgelegenen Bergregionen haben die Ortsnamen nie mit den Exekutionen und den im Kreml in Ungnade Gefallenen Schritt halten können. Dafür wurde der Name Krylenko aber sofort aus den Expeditionsberichten gestrichen; hätten sie keine Coautoren gehabt, wären sie völlig anonym geblieben. Die verurteilten Autoren verschwanden aus ihren eigenen Werken und diese wurden manchmal sogar aus den Bibliotheksregalen entfernt. Die Zeitungen ihrerseits litten an plötzlichem Gedächtnisverlust.

Diese Massaker finden nachts bei kontinentaler Hitze statt. Der Sommer ist zurückgekehrt. Ein Jahr nach dem Beginn des Terrors machen sich die dezimierten Alpinismussektionen wieder auf den Weg in den Kaukasus. Das Leben geht weiter, auch wenn man nie über die Verschwundenen spricht. „Sie machen eine Frischluftkur in Sibirien", sagt man hinter vorgehaltener Hand. Angst ist die beste Polizei. Laut sowjetischen Chroniken stürmen 1938 30.000 Bergsteiger in die Gebirge der Sowjetunion. Es sind vor allem Anfänger, Anwärter für das Abzeichen „Alpinist UdSSR", auf dem der Elbrus abgebildet ist. Man bekommt es nach zwanzig Tagen Grundschulung, einer Passüberschreitung und einer einfachen Besteigung.

In diesem Jahr leitet Witali kein Alpinlager. Er vegetiert in seiner Zelle dahin, jetzt offenbar im Butyrka-Gefängnis. Dieses historische Gefängnis erfüllt noch heute seinen Zweck und hat viele Gefangene kommen und gehen gesehen: Schalamow, Ginsburg, Mandelstam, Solschenizyn … In *Archipel Gulag* beschreibt Letzterer, dass in einem Raum für 25 bis zu 140 Häftlinge untergebracht wurden. Die Nächte vergehen unter grellen Lampen, es ist verboten, sich die Augen abzudecken, die verschwitzten Körper liegen auf nackten, unebenen Brettern, die Hüften sind wund, weil man sich nicht auf dem Rücken liegend ausstrecken kann. Und im Morgengrauen erfolgen die Leibesvisitationen, der Abortkübel stinkt, überall wimmeln Läuse, durchs Guckloch wird man vom Gang aus ständig von einem Auge überwacht. Im Napf gibt es Buchweizenbrei und einen Kanten Schwarzbrot; die, die von draußen Geld bekommen, können sich manchmal Zucker oder Seife besorgen. Der Hofgang führt die Gefangenen, Hände hinterm Rücken, für ein paar Minuten am Tag unter den Himmel, zu dem aufzublicken verboten ist.

Wie hält Witali Abalakow, der Himmelsstürmer, diese Mauern aus? Alles oder fast alles ist verboten, und er landet mindestens einmal in Isolationshaft, weil er in einer Zelle Gymnastikübungen gemacht hat. Der Lebenswille hat ihn noch nicht verlassen. Wie einst im Krankenhaus behält er den Ehrgeiz, seinen Körper zu trainieren. Die Hoffnung, eines Tages die Berge wieder zu sehen, ist nicht gestorben.

In jenem Sommer gelingt seinem Bruder Jewgeni die erste Traverse des Koschtantau zum Dychtau, eine extrem heikle und exponierte Bergtour entlang eines etwa zwölf Kilometer langen Grates in mehr als 5000 Metern Höhe. Diese Bergfahrt ist dem zwanzigjährigen Jubiläum der Komsomol gewidmet, obwohl er selbst nie Mitglied dieses leninistischen Jugendverbands, des jugendlichen Arms der Partei, gewesen ist. Wie kann er eigentlich die Feiertage eines Regimes begehen, das über den Verbleib seines Bruders und zahlreicher Seilkameraden schweigt? Wo sind sie alle? In den Gulags in der Region Kolyma, im Ural oder in Kasachstan?

In den Wochen, in denen Jewgeni die notwenigen Lebensmitteldepots am Berg einrichtet oder sich wie ein Akrobat in den Himmel hinaufarbeitet, kann er nicht anders, als an die Abwesenden zu denken, ohne die ihm der Kaukasus leer vorkommt. Sogar die Erinnerung an sie wurde aus den Annalen gestrichen. Ihre Glanzleistungen werden nirgendwo mehr erwähnt. So grotesk es auch klingt, manche Gipfel wurden auf dem Papier wieder jungfräulich. Offiziell waren sie nie bestiegen worden. Somit wird Jewgeni die erste Überschreitung des Uschba zugeschrieben, obwohl sie bereits von drei Deutschen[8] durchgeführt worden ist. Ganz zu schweigen von den drei Bergsteigern, die ihn begleiteten und die „gesäubert" wurden. Daraus folgt, dass er offiziell diese waghalsige Besteigung allein gemacht hat. Die anderen Namen werden der Nachwelt vorenthalten.

Trotzdem glaube ich, dass Jewgeni in jenem Jahr die eisbedeckten Gipfel und die unzugänglichen Wände mit größter Erleichterung durchstreift hat. „Wir haben das Maß für die Freiheit verloren", schrieb Solschenizyn. „Nichts ist da, uns erkennen zu lassen, wo sie anfängt und wo sie zu Ende geht."[9] Das Hochgebirge stellte für Jewgeni vielleicht eine feste Gewissheit dar. Die nämlich, für eine gewisse Zeit außer Reichweite zu sein. Die Rückkehr zum Basislager erfolgte in Angst vor einer Razzia oder düsteren Nachrichten. Aber nie ist jemand da, der am Fuße des Berges wartet, um Jewgeni zu verhaften. Es bringt ihn fast in Verlegenheit, dass alle anderen verschwinden, als hätten sie nie existiert, während er noch immer in Freiheit atmen kann.

ARTIKEL 58

Im September 1938 wird Nikolai Gorbunow, der Organisator der Pik-Stalin-Expedition und derjenige, der Jewgeni zu Ruhm verholfen hat, auf dem Artillerieschießplatz im Moskauer Stadtteil Kommunarka erschossen. Er ist Sekretär der renommierten Akademie der Wissenschaften geworden, bevor er eines Abends im Februar, kurz nach Witalis Festnahme, verhaftet wurde. Seine Frau, die ebenfalls inhaftiert wurde und wie durch ein Wunder freikam, schickt nach ihrer Haftentlassung dem Genossen Stalin einen verblüffend naiven Brief. Darin beklagt sie sich über die Konfiszierung ihrer Wohnung, über ihre absolute Mittellosigkeit und über das Schicksal ihres Mannes, den sie arglos in einem jener Gulags vermutet, die er selbst mitbegründet hat.[10] Wie alle Ehefrauen von Verurteilten gehört ihr nichts mehr. Sie ist ein Nichts. Sollte sich herausstellen, dass Valentina sich von Witali abgewendet hat, hat sie das Richtige getan. Und sei es nur, um weiterhin Turnen und Gymnastik unterrichten und ihren Sohn ernähren zu können, um nicht wie die unzähligen von der sowjetischen Gesellschaft Ausgestoßenen auf der Straße zu landen.

Seit Beginn der Großen Säuberungen (es gab auch „kleine“) wurden mehrere hunderttausend politische Gefangene hingerichtet oder deportiert. Sie starben unterwegs oder dort. In den Großstädten wie Moskau explodiert die Zahl der Waisenkinder und der Bürgerinnen und Bürger, die wegen der Verbannungen ihre elementarsten Rechte verlieren. Und trotzdem wird Stalin weiterhin blind bewundert. Eine schreckliche Sonne, eine kollektive Hypnose. Im November 1938 ernennt er Lawrenti Beria zum Leiter des NKWD. Dieser lässt seinen Vorgänger Nikolai Jeschow hinrichten, der schon seinen eigenen Vorgänger Genrich Jagoda erschießen ließ. Dieser wiederum hatte die Inhaftierung Wjatscheslaw Menschinskis angeordnet … Eine kannibalische Partei, die sich selbst und die sowjetische Gesellschaft verschlingt. Doch Berias Mission ist es, diesem Gemetzel vorübergehend ein Ende zu setzen. Die Massenverhaftungen hören endlich auf.

Tief in seinem Kerkerloch hat Witali diesen Reigen der sich ablösenden Volkskommissare überlebt. Geduldig ertrug er die Kreuzverhöre, und vielleicht wurden die Folterknechte seiner schließlich überdrüssig. Zwischen

Frühjahr und Spätherbst 1938 füttert kein einziges Dokument mehr seine Akte, dann taucht eines auf, das ihn teilweise entlastet: Der deutschstämmige, wegen Spionage erschossene Akademiker Alfred Regel erwähnte in seinen „Geständnissen" kein einziges Mal den Namen Abalakow. Doch auf ihm beruhte ein Großteil der Anschuldigungen! Über diesen Alfred Regel sollten Witalis angebliche Informationen über die Ausbildungslager des Militärs, deren Programme und „politische Gesinnung" an Hitlers Dienststellen weitergegeben werden! Und dieser arme Regel war es auch, der Witali befohlen haben soll, auf dem Roten Platz einen Anschlag auf die sowjetischen Führer zu verüben!

Nach nicht enden wollenden Monaten in Gefangenschaft, nach diesen Monaten des Schweigens, des scheinbaren Vergessens, kommen die Ermittlungen wieder in Gang. Im Januar 1939 folgt eine Konfrontation der anderen. Am 4. Januar wird Witali dem Gastgeber der Silvesterfeier 1937 und Freund seines Bruders, Wassiljew gegenübergestellt. Wassiljew behauptet, dass Witali sich antisowjetisch geäußert habe. Er verweist auf dessen österreichische Freundschaften. Witali streitet das kategorisch ab. Der tatsachengerechte Bericht trägt die Unterschriften beider Männer. Zum ersten Mal seit den Nächten, die seiner Verhaftung folgten, unterzeichnet Witali etwas, zum ersten Mal kann er seiner Wahrheit Gehör verschaffen. Am selben Abend wird er noch weiteren Alpinisten gegenübergestellt: Baikow und Radel. Sie sind Randpersonen, aber wie könnte es auch anders sein? Die Schlüsselfiguren wurden schon vor einer Ewigkeit beseitigt. Witali streitet weiterhin alle Vorwürfe ab und unterzeichnet mit sicherer Handschrift. Auf dem Dokument hat der Name des zuständigen Kommissars gewechselt. Nun heißt er Winogradow. Sind seine Vorgänger auch vor das Exekutionskommando geraten?

Im Frühjahr – aber was sieht man in den Gefängnissen schon von den Jahreszeiten? – wird das Ermittlungsverfahren N5434 im Fall „Liquidierung der konterrevolutionären Terrororganisation der Alpinisten" geschlossen. Ein Jahr nach seiner Inhaftierung wird Witali Abalakow endgültig der Spionage für die Schweiz und Deutschland angeklagt. Er bekommt die unumgänglichen Artikel 58-6 (Spionage), 58-7 (Sabotage), 58-8 (Terrorismus) und 58-11 (konterrevolutionäre Aktivitäten) aufgebrummt. Am 22. März 1939 schickt sich das Moskauer Militärgericht gerade an, sich des Falles anzunehmen, als der Staatsanwalt folgende Aufdeckung vom NKWD in Krasnojarsk erhält: Witali Abalakow kommt aus einer Goldhändlerfamilie, die Goldminen besaß. Die Notiz präzisiert, dass sein Vater Michail Abalakow Minen in der Region Jenissei ausbeutete. Witali hat verschwiegen, der Sohn eines Volksfeindes zu sein.

Dass die bürgerliche Herkunft der Abalakows überraschend aufgedeckt wurde, ist umso beunruhigender, da sich die Aufmerksamkeit der Behörden nun auch auf Jewgeni richten könnte. Er seinerseits schwebt auf einer Wolke. Er glänzt auf der allunionistischen Komsomol-Ausstellung, wo er seine Bronzeskulpturen (*Puschkin, Der Skifahrer*) ausstellt, die während seines Studiums and der Kunsthochschule entstanden sind. Für seine Skulptur des Drehers Iwanow, eines Stachanowisten[11] der Moskauer Automobilfabrik, bekommt er den zweiten Preis. Seine Modelle werden heroisch dargestellt, jede andere Positur wäre entartete Kunst. Jewgeni Abalakow ist ein Künstler seiner Zeit. Er fertigt auch eine Statue des Langstreckenläufers Alexander Pugatschewski, des Schriftstellers Nikolai Tichonow und von Professor August Letawet an, mit dem er im Sommer 1939 den nördlichen Tian Shan auskundschaftet. An dieser Expedition nimmt nicht zuletzt Leonid Gutman teil, der sich von seinem Trauma am Khan Tengri erholt hat und wie Jewgeni einer der wenigen Alpinisten ist, der noch in Freiheit verblieben ist und nicht in irgendwelchen Akten genannt wird.

So war die UdSSR – und sie lebte, trotz allem. Trotz des allgegenwärtigen Misstrauens, trotz der Scherze, die niemand mehr wagte. Zwei Welten existierten nebeneinander, und sie begegneten einander niemals: die der Bürger, die noch eine Gnadenfrist hatten, und die der Arbeitslager, Gefängnisse und Massengräber. Witali befindet sich in der zweiten, einer Welt, aus der man nur in ganz seltenen Ausnahmefällen zurückkehrt. Er vegetiert noch monatelang vor sich hin. Monate drückender Einsamkeit, ohne Nachrichten zu bekommen oder zu schicken, ohne großen Grund, zu hoffen. Sein Wissen über die Außenwelt ist auf dem Stand der Nacht stehengeblieben, in der er festgenommen wurde. Man kann darauf wetten, dass seine Gedanken um die Vergangenheit kreisen, dass er tief bewegt auf die unberührte Taiga seiner Kindheit, diese endlosen sibirischen Ebenen, zurückblickt. Hätte es die Stolby nicht gegeben …

Er erinnert sich. Über einen Felsen lief in großen, weißen Buchstaben der Schriftzug „Freiheit", den die revolutionären Anarchisten immer wieder treu gegen Wind und Wetter nachzeichneten. Damals ging es um den

Kampf gegen das Zarenjoch. Vielleicht denkt sich Witali, dass das Wort „Freiheit" nie an Aktualität einbüßt. Es ändern sich lediglich seine Gegner. Es durchzieht die Jahrhunderte mit einer immer neuen Relevanz. Die Oktoberrevolution führte nur zu einer weiteren Diktatur, nämlich der kommunistischen, und alles begann wieder von vorne. So ist es auch mit dem Wort „Freiheit", das zeitlos Regime und Tyrannenherrschaften erduldet, ohne alt zu werden. Wie eine Standarte, die keinen Rost ansetzt. Noch heute kann man die Buchstaben auf den Felsen der Stolby sehen, sie werden von manchen Leuten als Zeichen der Opposition zu Putin gepflegt.

Doch das alles sind nur Vermutungen, um die Geschichte zu fassen. Ihre Richtigkeit interessiert mich umso mehr, da sie in vielerlei Hinsicht unplausibel erscheint. Die im Archiv verwahrte Abalakow-Akte besteht nur aus einem Papierwust unpersönlicher und unzusammenhängender Polizeidokumente. Kein einziges davon gibt Auskunft über seinen Alltag, über das, was zwischen den Verhören passiert. Erst in einer alten Ausgabe des *Arbeiters von Krasnojarsk* konnte ich ein paar Bruchstücke aus jenen Gefängnisjahren auflesen.

Es handelt sich dabei um das indirekte Zeugnis einer betagten Dame, das verloren wie eine Flaschenpost auf dem Meer treibt. Darin sind die Äußerungen eines gewissen Boris Garf überliefert. Die Häftlinge mussten häufig das Gefängnis wechseln, und eines Nachts wurde der Amateurbergsteiger Boris Garf in eine neue Zelle gestoßen. Auf dem Boden liegen ausgemergelte Körper. Nackte Füße ragen unter abgewetzten Decken hervor. Garf bemerkt, dass einem mehrere Zehen fehlen und er erkennt schlagartig Witali Abalakow. Für einen Moment belebt ein kurzes Lächeln die Gesichter. Bei ihren Verhören wurden sie gezwungen, sich gegenseitig zu denunzieren, aber das beeinträchtigt die Freude ihres Wiedersehens nicht. Sie wissen nur zu gut, was da läuft. Der Ingenieur Garf wurde wegen angeblicher Spionage für den „Faschisten" Umberto Nobile – ein italienischer Luftschiffbauer, der als Erster den Nordpol überflog – verhaftet. Aber das ist eine andere Geschichte. Noch eine.

Wie lange teilen sich Boris Garf und Witali die gleiche Zelle? Es vergeht ein weiterer Sommer, dann der Herbst, und der Winter ist schon weit fortgeschritten, als Witali am 16. Februar 1940 das Butyrka-Gefängnis unter Begleitung verlässt. Weiß er, wohin er geht? Ich glaube ja. Man hat ihn sicherlich über seine Überstellung ans Militärgericht informiert, die das

Ende seiner Gefängnisjahre in Stalins Kerkern bedeutet. Sein Prozess wird mit dem zweier anderer Angeklagter zusammengelegt, warum auch immer. Der erste ist ein gewisser Iwanow, ehemaliger Angehöriger der kaiserlichen Armee und daher gewohntes Opfer der sowjetischen Justiz. Er arbeitete in der Kantine eines Hafens am Wolgakanal. Obwohl er nur eine entfernte Verbindung zum Bergsteigen hat, wird er angeklagt, der Organisation anzugehören. Was ihn nicht davon abgehalten hat, Witali in seiner Falschaussage grausam zu beschuldigen. Der zweite ist kein Geringerer als der schon erwähnte Lew Barchasch. Witali konnte nicht anders, als ihn in die Sache hineinzuziehen. Als rechte Hand von Nikolai Krylenko, dem Initiator des Massenalpinismus, wurde er bereits in den Zwanzigerjahren verhaftet, weil er angeblich mit den Basmatschi-Banditen unter einer Decke steckte oder sich an der britisch-indischen Grenze mit den Engländern kompromittierte.

Ihr Prozess – zumindest die Sitzung, die man wie einen Prozess aussehen ließ – findet unter Ausschluss der Öffentlichkeit statt. Witali scheint der Einzige zu sein, dem ein Anwalt zusteht, und dieser tritt von Anfang an ins Fettnäpfchen. Er beantragt die Anwesenheit der Hauptzeugen in diesem Fall: Semenowski, Rosenzweig, Dadiomow … Der Antrag wird abgelehnt. Letztere seien „bereits beurteilt", erklärt das Gericht mit perfektem Sinn für Euphemismen. Man verstand: Sie wurden also erschossen oder nach Sibirien geschickt. Die Angeklagten erklären sich einverstanden, dass die Verhandlung in Abwesenheit der Verschwundenen eröffnet wird. Sie sind alle entschuldigt. Stattdessen schlägt der Staatsanwalt vor, Professor Letawet oder Irina Korsun anzuhören, die bei einer Vorladung des NKWD im Gegensatz zu ihrem Bruder eine lobende Aussage über Witali unterzeichnet hat.

Witali zeigt sich zunächst besorgt über die Notiz des Krasnojarsker NKWD, die seine bürgerliche Herkunft aufdeckt. Er weiß, dass das Thema Abstammung eine Obsession für den Klassenkampf ist. Zum ersten Mal wendet er sich an Jewgeni, damit dieser eine Urkunde beschaffe, die das Gegenteil beweist. Doch das Gericht weist salopp seinen Antrag ab, weil „dieser Faktor nicht so wichtig ist", argumentiert der Richter. Ich gestehe, dass ich meine Augen aufgerissen habe, als ich das gelesen habe. Tausende von Menschen wurden nur aufgrund ihrer Herkunft von der Polizei belästigt, aber plötzlich war es „nicht so wichtig"! Aus nicht nachvollziehbarem Grund wird Witali während seines gesamten Prozesses als von einer

Bauernfamilie abstammend bezeichnet. Er bekennt sich zu nichts schuldig, ebenso wenig die beiden anderen Gefangenen. Er streitet alles ab und bleibt dabei, immer einer ehrlichen Arbeit nachgegangen zu sein. Oleg Korsun, der ihn denunziert hat, nennt er einen „Angeber, der als Alpinist nicht viel taugt, was jeder bestätigen kann, angefangen bei seiner Schwester", die sich in diesem Moment entweder im Saal oder draußen auf dem Gang befindet.

Daraufhin beschwert sich Witali über die Misshandlungen, die der NKWD ihm zwei Jahre zuvor zugefügt hat. Er sagt, er habe in der Nacht vom 4. Februar 1938 nur „geredet", weil die Agenten ihn geschlagen haben. „Ich habe nur falsche Geständnisse abgelegt, die leicht zu widerlegen waren", erklärt er. „Die meisten wurden vom Kommissar selbst diktiert ... Dass ich Korsun, Dadiomow und Russanowitsch rekrutiert haben soll, war durch und durch erfunden." Er bestreitet auch, während einer Bergfahrt im Kaukasus einen balkarischen Jungen geschlagen zu haben, weil er mehr Geld für seine Esel verlangte als abgemacht. Eine Belanglosigkeit, die sonst nirgends in seiner Akte erwähnt wird. Er würdigt die Verdienste Lorenz Saladins, den er als einen wertvollen Mann beschreibt, der mit der Zustimmung der Behörden in die UdSSR kam und dessen Fotos und Filme jedes Mal vom NKWD angesehen wurden. Eigentlich „hatte er es nicht nötig, mich zu rekrutieren, er war ja selbst vor Ort", ruft Witali aus und zeigt die Absurdität dieser Anklage auf.

Es ist ein befremdlicher Prozess, bei dem ein Großteil der Denunzianten plötzlich anfängt, Witali zu beweihräuchern. Die wenigen zu seiner Verhandlung vorgeladenen Zeugen – Wassiljew, Iwanow – widerrufen ihre Aussagen während ihrer Vernehmungen. Er war „sehr zurückhaltend", „hat sich sehr für die Ausbildung eingesetzt", er war ein „zuverlässiger" Mann, „an ihm gibt es nichts Antisowjetisches". Witali wird nun als Autorität geschildert. Mehr noch, seine Kritik an der Mangelhaftigkeit der sowjetischen Ausrüstung wird gerechtfertigt, „weil sie stimmte"! Der objektive Blick auf das Material sei notwendig gewesen, um es zu verbessern. Und Professor Letawet betont die Effizienz des vom Ingenieur Abalakow entwickelten Seilstoßdämpfers.

Stattdessen kritisieren nun alle lieber Nikolai Krylenkos Fehler. Möge sein Tod doch helfen, ihre Leben zu retten! Witali ist nicht der Letzte, der verbissen auf den ehemaligen Leiter der Pik-Lenin-Besteigung losgeht. „Er hat sehr viele Werke zur Eigenwerbung geschrieben, ist selbst aber wenig geklettert." Etwas später sagt er unverblümt: „Seine Bücher über alpine Techniken sind schlecht." Und setzt nach: „Krylenko bestand darauf, Expeditionen im Pamir zu leiten, wohingegen ich mich für die Ausbildung von Bergführern in den Trainingslagern aussprach." Und er behauptet weiter, dass zu Silvester 1937 alle zusammen angeheitert eine Satire auf den Volkskommissar für Justiz verfasst und gegrölt hätten. Ein offensichtlicher Beweis ihrer Unschuld!

Die Vorladungen dauern mehrere Tage und ziehen sich mit lächerlichen und absurden Anekdoten in die Länge. Es geht nicht nur um Abalakow. Iwanows und Barchaschs Fälle nehmen ebenso viel Zeit in Anspruch. Aber Witali könnte einen Funken Hoffnung gehabt haben. Er wird in dem Prozess nicht belastet. Alles scheint arrangiert worden zu sein, um ein angemessenes Urteil zu rechtfertigen. An der geheimnisvollen Haltung des NKWD hat sich etwas verändert. Am 19. Februar wird von 16 bis 18 Uhr eine Pause angeordnet, dann geht die Verhandlung weiter. „Wie ist es möglich, den Alpinismus zu sabotieren, wenn man sich gleichzeitig für seine Entwicklung einsetzt?", plädiert Witalis Anwalt, der ihn als Paradebeispiel des Sowjetmenschen schildert. Um 23 Uhr 35 wird die Sitzung laut offiziellem Bericht, der für mich einige Ungereimtheiten aufzuweisen scheint, geschlossen.

Sie wird am 20. Februar um 10 Uhr 30 wieder aufgenommen, um 12 Uhr 40 zieht sich das Gericht zur Beratung zurück. Um 13 Uhr 55 erscheint es wieder, um im Fall Lew Barchaschs ein Urteil zu fällen. Die Zeugen haben ihn schwer belastet. Als ehemaliger Vertrauter Krylenkos ist er ein gefundenes Fressen. Er wird sofort von den Wachen abgeführt, um in den Gulag von Uchta im polaren Ural deportiert zu werden.

Darauf beteuern Witali Abalakow und Iwanow erneut ihre Unschuld.

14 Uhr 10, erneute Beratung.

Um 17 Uhr 35 wird das Urteil gefällt: Witali Abalakow wird wegen „unbelegter Anschuldigungen" freigelassen. Das Militärgericht „hat die Widersprüche und Widerrufungen berücksichtigt". Auch Iwanow ist frei, wird aber wegen Falschaussage angeklagt werden, weil er die von den Kommissaren erzwungenen Geständnisse nicht widerrufen hat. Der Gipfel!

So findet sich Witali Abalakow an jenem 20. Februar 1940 auf der Straße wieder. Zuerst vermutete ich, dass dort niemand auf ihn wartet. Wie sollte jemand von seiner Freilassung wissen können? Wer hofft noch auf die Rückkehr dieses Alpinisten, dessen Namen man nicht erwähnen darf? Er wird fast auf den Tag genau seit zwei Jahren als fehlend geführt. Dann habe ich erfahren, dass Jewgeni und Valentina Bescheid wussten. Sie waren es nämlich, die auf klugen Rat hin für Witali einen Anwalt beantragten und zu Irina Korsun gingen, damit sie als Entlastungszeugin aussagt. Der Richter nahm die wahrscheinlichen Widerrufe von 24 weiteren Angeklagten vorweg, er wusste, dass sich der Prozess zu Witalis Gunsten wenden würde. Jewgeni und Valentina befanden sich entweder mit im Gerichtssaal oder gingen im Gang auf und ab. So gehen sie also zu dritt die Treppe hinunter, hinab in die Freiheit und auf die gleichgültige Straße.

Auch ich befand mich etwas benebelt plötzlich wieder auf dem Gehweg. Die Archive schlossen. 17 Uhr. Ich musste die Akte zurückgeben. Seit dem frühen Morgen nahm ich unzählige Seiten unter die Lupe, ohne zu essen und zu trinken. Ich machte draußen ein paar Schritte und setzte mich in ein Café voller lachender Städter. Das heutige Moskau lebt in Unbekümmertheit und im Vergessen. Genau wie auch Paris, New York oder Italien. Diesem Moskau sind die Männer völlig gleichgültig, die damals auf denselben Straßen mit schweren Rucksäcken aufbrachen, um inmitten von Kamelkarawanen und auf zerklüfteten Gletschern ganz Eurasien zu kartieren. Moskau will sich nicht mehr daran erinnern, wie ihr Leben vom Terror zerstört wurde. Lieber wiegt es sich ebenfalls im beruhigenden Komfort des 21. Jahrhunderts. Zwischen zwei Schluck Wein und etwas Gebäck wird die Beschwörung der Vergangenheit immer von jemandem mit einem entschiedenen „Das waren andere Zeiten“ unterbrochen. Um dann weiterzutrinken.

DIE KAUKASISCHE FRONT

Das Leben der Brüder Abalakow steht unter einem guten Stern. Sie sind Überlebende eines wahren Massakers. Wer von ihren Expeditionsbegleitern ist übriggeblieben? Gorbunow wurde erschossen, Guettier wurde erschossen, Charlampiew wurde erschossen, Krylenko wurde erschossen, Dadiomow ist im Gulag und Romm, Chronist der Besteigung des Pik Stalin, wird bald in ein Arbeitslager in Kasachstan deportiert werden. Von den anderen ganz zu schweigen. Mir liegen dazu keine Zahlen vor, aber man kann vermutlich davon ausgehen, dass gut die Hälfte der alpinen Elite den Säuberungen zum Opfer gefallen ist. So ist Witali wie durch ein Wunder noch am Leben, allerdings nur mehr ein Invalide, zudem durch seine Inhaftierung schwer angeschlagen. Es war äußerst selten, dass man den Kerkern des NKWD entkam.

Übrigens macht ihn das verdächtig. Wie hat er zwei Jahre durchgehalten, während alle anderen „konterrevolutionären" Alpinisten bereits wenige Monate nach ihrer Inhaftierung liquidiert oder deportiert wurden? Es ging das Gerücht um, dass er bereit war, mit dem NKWD zusammenzuarbeiten. Man darf nicht glauben, dass man mit den *seka*, wie die Gefangenen genannt wurden, zwangsläufig Mitleid hatte. Witali ist einer der wenigen „Heimkehrer", einer unter Tausenden, einer derjenigen, die Solschenizyn mit „für einen kassierten Rubel kam eine Kopeke Wechselgeld zurück" beschreibt. Nur sehr wenige kamen durch die Gefängnistore wieder heraus, und kam es vor, dann um ins Ausland zurückgeschickt zu werden. In diesem Jahr 1940 wurden die österreichischen Bergsteiger der Internationalen zusammen mit tausend anderen Kommunisten an Nazideutschland ausgeliefert. Die Kommunistin Margarete Buber-Neumann[12], die zu diesem Konvoi gehörte, erinnert sich: „Ehemalige Mitglieder des Schutzbunds, drei oder vier, sangen: ‚Hejo Bergkameraden! … nichts kann uns bezwingen' […] Sie erhitzten sich mit Geschichten über Ski-Exkursionen." Um sich vor der Übergabe an die Gestapo Mut zu machen. Im Pamir wurden Pik Komintern und Pik Schutzbund umbenannt.

Wir wissen nichts über das Wiedersehen von Witali und Valentina. Wahrscheinlich kümmert sie sich um den verstümmelten und gebrochenen Ehemann, der wie ein Gespenst wieder in ihrem Haus in Perlowka auftaucht, dort, wo ihn die Agenten des NKWD zwei Jahre zuvor abgeholt hatten. Zwischen den beiden Menschen, die genauso plötzlich wieder zusammenfinden, wie sie getrennt worden sind, kann es nur Tränen und Kopfschütteln geben. Witali hat keinen Text hinterlassen, kein Tagebuch, nichts, von dem ich wüsste. Nichts, was von diesen Momenten berichtet, in denen jeder Gesichtsmuskel zu zittern beginnt, in denen der Verstand nicht mehr stark genug ist, Worte über die blassen Lippen zu bringen. Valentina wird in einer kurzen Passage ihrem Tagebuch anvertrauen, dass das Paar zum Zeitpunkt der Verhaftung wieder einmal kurz vor der Scheidung stand. Sie hat ihr Schicksal jedoch nicht verleugnet. Sie tat alles, um den Vater ihres Kindes aus dem Gefängnis zu holen. Oleg ist mittlerweile sechs Jahre alt. Was wurde ihm über Witalis Verbleib gesagt? Offensichtlich nicht, dass er ein konterrevolutionärer Halunke war. Dass er auf einer Expedition im fernen Land des ewigen Eises war?

Wenn Witali Abalakow etwas schreibt, dann sind es Fachhandbücher. *Grundlagen des Alpinismus* beispielsweise, ein pädagogisches Handbuch, in dem er über den Stand der damaligen Technik schreibt. Da er selbst nicht bergsteigen kann, wird er zum Theoretiker und diskutiert Methoden. Von medizinischer Seite wird ihm einstimmig nahegelegt, auf die Gipfel zu verzichten; nur er allein hat insgeheim noch Hoffnung. Nach und nach fängt er wieder mit dem Training an. Alles an ihm war, ist und wird immer Selbstzucht bleiben. Das ist ein Grundzug dieses Mannes, von dem man im Nachhinein oft sagt, dass er unnachgiebig und in mancher Hinsicht verabscheuenswürdig war.

Wie jedes Jahr bricht sein Bruder in den ersten schönen Tagen zum Klettern in den Kaukasus auf. Die Kluft zwischen den beiden Jungs aus Krasnojarsk wird immer tiefer. Die Ungerechtigkeit des Lebens reißt sie auseinander. Die Zeit der heldenhaften Expeditionen in Zentralasien ist vorbei. Die Politiker, die sie organisierten, wurden erschossen und die Teilnehmer sind im Gulag. Die Behörden betrachten das Bergsteigen ab jetzt als Mittel zur „Vorbereitung“ der Massen. In Europa ist der Krieg ausgebrochen und Frankreich hat bereits kapituliert. Die fernen Bergfahrten haben keine nationale Priorität mehr und wenn in der internationalen Presse von Eispickeln die Rede ist, dann nur noch von dem, mit dem Trotzki in Mexiko ermordet wurde.

Jewgeni wird einberufen, in den Ballungszentren des Kaukasus Kunst zu unterrichten. Er reißt nur aus, um ein paar Gipfelüberschreitungen zu machen, die ich wegen der Schönheit ihrer Namen zitiere: Tsurungal, Ailama und Nuam-Kuam – während in Moskau dieses Mal Anna schwanger ist. Das Kind heißt Alexej, Alexej Jewgenjewitsch Abalakow, und es kommt im Jahr 1941 am gleichen Tag wie sein Vater zur Welt: am 17. Februar. Der deutsch-sowjetische Nichtangriffspakt gewährt noch eine Gnadenfrist. Die Generation, die zu Beginn dieses noch nie dagewesenen Konflikts geboren wird, ist dazu verdammt, in Abwesenheit der Väter aufzuwachsen. Während er auf den Ruf zu den Waffen wartet, arbeitet Jewgeni unermüdlich in seinem Atelier an seinen Skulpturen. Er hat einen Wettbewerb für ein Tschkalow-Monument gewonnen, der berühmte Pilot, der mit einem Nonstopflug Moskau und Kamtschatka verbunden und den ersten Transpolarflug absolviert hat. Waleri Tschkalow ist ein wahrer sowjetischer Held, ein Pionier und Eroberer. Tschkalow von Abalakow! Man weiß nicht, wer von den Massen mehr bewundert wird, der Künstler oder das Model.

Jewgeni wird dieses Werk niemals vollenden. Am 22. Juni 1941 leitet Hitler das Unternehmen Barbarossa ein. Dieses Datum bleibt allen Staatsangehörigen der ehemaligen UdSSR ins Gedächtnis eingebrannt. Es bedeutet die Mobilisierung aller Männer in Richtung Hölle. Die Brüder Abalakow verfolgen die Katastrophe in den Zeitungen und im Radio. Die Flugzeuge am Himmel sind immer die des Feindes, die Verluste immer auf sowjetischer Seite. Der Blitzkrieg verläuft vom Schwarzen Meer bis zur Arktis, und die Ukraine wird niedergemäht wie ihre Weizenfelder. Mit den Panzern ist es genauso wie mit den Steigeisen: das Material der Nazis ist in allem überlegen. Die Rote Armee, durch die stalinschen Prozesse führerlos geworden, ist verstört.

Es ist Zeit, die Eispickel gegen Maschinengewehre auszutauschen. Die Brüder Abalakow sind dem Militärdienst, glaube ich, im Durcheinander der Revolution entkommen. Alles, was sie bisher von der Armee kennen – die Alpiniaden mit ganzen Regimentern, Bergtouren in Uniform und mit der Pistole in der Hand, die Salven und das „Hurra" auf dem Gipfel – um all das geht es jetzt nicht mehr. Hitler verabscheut die slawische Rasse. Die gerade eröffnete Ostfront ist ein totaler Krieg, ein Völkermord, der die Zivilbevölkerung verachtet und in dem Mitleid als Schwäche gilt. Es ist nicht irgendein Krieg, es ist *der* Krieg, ohne Kapitulation, ohne Waffenstillstand. In der UdSSR wird er der „Große Vaterländische Krieg" genannt und die Widerstandshymne wird in ihrem Refrain den „Heiligen Krieg" ausrufen.

Über die nun folgenden vier Jahre habe ich nur wenig in Erfahrung bringen können. Ein Schwarzes Loch in ihren Biografien. Ich weiß nur, dass Witali um eine Versetzung an die Front bittet, aber wegen Invalidität freigestellt wird. Er bleibt zurück. Jewgeni seinerseits meldet sich Ende Juni 1941 im Moskauer Dynamo-Stadion, in der Nähe seines Hauses. Dort wird eine etwas spezielle Brigade unter der Führung des NKWD zusammengestellt, desselben NKWD, das seinen Bruder gefoltert hat. Die Einberufung findet in einer Sportarena statt, weil die Einheit neben Verwaltungsangestellten und einigen Kämpfern der sozialistischen Internationalen – Österreicher, die die Säuberungen überlebt haben, Veteranen des Spanischen Bürgerkriegs, Polen – hauptsächlich Mitglieder des Zentralinstituts für Körperkultur rekrutiert.

So werden mehrere Meister des ZSKA (Zentraler Sportklub der Armee Moskau) und des Sportvereins Dynamo in diese Einheit des NKWD eingezogen: Boxer, Stabhochspringer, Fußballer … und Alpinisten. Heute erinnert eine Gedenktafel an der Nordtribüne des Stadions an sie: „Hier wurden am 27. Juni 1941 die ersten Brigaden des OMSBON gebildet, der sich heldenhaft schlug" etc. OMSBON ist das unaussprechbare Akronym, das „Selbstständige motorisierte Schützenbrigade zur besonderen Verwendung" bedeutet. Sie ist direkt Lawrenti Beria, dem neuen Volkskommissar des Inneren, unterstellt.

Ab jetzt weiß ich über Jewgeni nur das, was ich über seine Einheit nachlesen konnte. Zunächst ist sie in Puschkino stationiert, im Norden Moskaus unweit von Witalis Wohnsitz. Die Hauptstadt wird mit drei Ringen verteidigt. Alle werden mobilisiert. Truppen aus Sibirien und dem Fernen Osten, wo das Japanische Kaiserreich sich auf den Status Quo festgelegt hat, wurden zurückgerufen. Aber es brennt an allen Ecken, die Verteidigungslinien werden zurückgedrängt, die Truppen werden umzingelt, die deutsche Luftwaffe beherrscht den Himmel. Die deutschen Truppen rücken vor, vernichten dabei Juden und Kommunisten. Ich erfahre nicht, an welchen Operationen Jewgeni beteiligt ist. Es ist die offizielle Mission der OMSBON, die Spione auszuspielen, abzulenken und die Stellungen der feindlichen Artillerie herauszufinden. Ich stelle mir vor, wie Jewgeni irgendwo inmitten der weiten, verschneiten Wälder herumirrt, wo die Panzer manchmal für die Zeit einer Kampfpause im Schlamm steckenbleiben.

Die Brüder Abalakow verschwinden jetzt in der großen Geschichte. Stalin zieht Marschall Georgi Schukow aus dem ebenfalls belagerten Leningrad zur Verteidigung Moskaus ab. Kletterer sollen die goldenen Turmspitzen der Leningrader Peter-und-Paul-Kathedrale eingepackt haben, damit sie nicht die Blicke aus der Luft auf sich ziehen. Wie alle anderen verteidigen auch die Alpinisten ihr Vaterland. Sie sind eine Handvoll unter den Millionen, die jubeln und untergehen. Die Hauptstadt der Sowjets verschanzt sich. Das Hauptquartier der Kommunistischen Partei wird evakuiert. Vielleicht ist Anna Kasakowa bei der Errichtung der Barrikaden dabei. Von Valentina ist bekannt, dass sie in einer Minenfabrik arbeitet und außerdem Wehrpflichtigen das Skifahren beibringt. Witali macht wahrscheinlich das Gleiche, außer er arbeitet gerade als Ingenieur in einer Süßwarenfabrik, die für die Fließbandproduktion von Munition umfunktioniert wurde. Vorausgesetzt, die Deutschen wohnen nicht bereits bei ihm zuhause und haben ihn und seine Familie zur Flucht gezwungen.

Am 7. November 1941, dem Jahrestag der Revolution, findet auf dem Roten Platz die legendäre Militärparade der Vaterlandsverteidiger statt. Die strammstehenden Kolonnen salutieren, bevor sie mit Begeisterung direkt an die Front marschieren. Die Truppenschau ist das Vorzimmer des Todes, der Abschied von jenen, die sich opfern. Mit dem Frost sind die Straßen wieder für die Panzer befahrbar geworden. Die Kämpfe wüten wie nie zuvor. Bereits Hunderttausende Muschiks sind bewegungsunfähig oder in Gefangenschaft. Anfang Dezember erreichen deutsche Einheiten Moskaus Vororte an den Endstationen der Tram.

In diesen Wochen bezieht das motorisierte Infanteriekorps, dem Jewgeni angehört, Quartier in den Etagen des GUM, des großen staatlichen Warenhauses am Roten Platz. Inmitten der Regale und Schaufenster bildet das Bataillon einen letzten Schutzwall vor dem Kreml, in dem Stalin sich verschanzt hat. Diese Eliteeinheit wurde anscheinend nicht unnötig den feindlichen Geschützen ausgesetzt. Die Athleten und NKWD-Agenten werden nicht an die vorderste Front geschickt. Ich frage mich sogar, ob es Jewgeni nicht sogar möglich gewesen ist, in ruhigeren Phasen flüchtig seinen neugeborenen Sohn zu sehen und Anna zu besuchen. Mir gefällt die Vorstellung, dass er in den ohrenbetäubenden wie stillen Momenten, die der Krieg kennt, an all die aufgeschobenen Bergfahrten denkt. Hier ist es ein bisschen wie da oben in großer Höhe. Die Temperaturen fallen auf bis zu minus fünfzig Grad Celsius. General Winter lässt die Deutschen erstarren, ihre Finger färben sich von den Erfrierungen schwarz und die Mechanik klemmt.

Moskau ist gerettet. Der Gegenangriff beginnt ab Januar. Zur Verteidigung hat die UdSSR nicht nur das Klima, sondern auch unzählige Reihen an Männern und Panzern. Im Sommer 1942 öffnet sich ein weiteres Kapitel, als Hitler auf die Idee kommt, die aserbaidschanischen Erdölfelder zu beschlagnahmen. Die Wehrmacht belagert Stalingrad und versucht, über die hohen Pässe des Kaukasus abzukürzen. Das Unternehmen Edelweiß ist eine direkte Herausforderung an die sowjetischen Alpinisten. Diese aber sind von den Gebirgsmassiven im Iran bis hin zu den trostlosen Wolga-Ebenen auf alle Armeekorps und Fronten verstreut. Ein Krieg in schwindelnden Höhen wurde vom Generalstab nie vorgesehen. Bei den Militäralpiniaden wurden Berge nur zu deren Anlass bestiegen. Es gibt keine Gebirgstruppen.

Die Nazi-Offensive der Gebirgsjäger wird in der UdSSR als Dolchstoß in den Rücken erlebt. Denn der Besatzer findet sich im Kaukasus erstaunlich gut zurecht. Und das hat seine Gründe! Zu Friedenszeiten gingen einige Deutsche mit den Russen am Seil. Die Deutschen besitzen Karten, die während dieser freundschaftlichen Expeditionen erstellt wurden. „Noch vor dem Krieg hat diesen Anstieg ein deutscher Bursche erklommen mit dir" und „jetzt kann es sein, dass er schon sein Maschinengewehr zum Kampf vorbereitet", sollte Wladimir Wyssozki später singen. Und im Refrain: „Das sind schließlich unsere Berge, sie werden uns helfen!" Wenn die Sowjets in den Kampf ziehen, rufen sie nicht „Für Stalin!", sondern „*Sa rodinu!*", „Für die Heimat!", „Für das Mutterland!"

Die Gebirgsjäger kommen deshalb gut voran, weil die kaukasische Bevölkerung, in der Bolschewismus und Stalinismus nie richtig Fuß fassen konnten, sie mit offenen Armen empfängt. Das wird einige Jahre später zu grausamen Deportationen führen. Auf der anderen Seite fliehen Tausende von Zivilisten zu Fuß in den Süden der Gebirgskette. Frauen, Kinder und alte Menschen überqueren in langen Kolonnen die hohen Pässe, um nach Georgien hinüberzugelangen. Der Widerstand organisiert sich von Swanetien aus, wo die Stadt Mestia damals Beria heißt. Die Gebirgsjäger beherrschen das Gebiet und erlauben sich im August 1942 sogar eine Besteigung des Elbrus. Eine absolute Demütigung für die Generation der Brüder Abalakow. Die Naziflagge weht auf dem Dach Europas, das die Besatzer in „Adolf-Hitler-Spitze" umbenennen wollen, und in Berlin verkündet Goebbels' Propaganda die Eroberung des Kaukasus.

Von Jewgeni keine Nachricht. Ich habe seine Spur verloren. Besitzt Anna Briefe, die die Frontlinien passiert haben und die sie vielleicht mit zitternden Händen öffnet? Die in ihrem Stolz verletzten Sowjets holen im Herbst zum Gegenschlag aus. Auf 4000 Metern Höhe brechen die Kämpfe aus. Die Hänge des Elbrus werden somit zur höchstgelegenen Front des Zweiten Weltkriegs. Die Deutschen haben den Vorteil der besseren Stellung. Sie besetzen die vor Kurzem für 120 Personen gebaute Schutzhütte. Die Angreifer sind einfache Soldaten, die in der Not mobilisiert wurden, ohne Ausrüstung oder Erfahrung. Sie werden an den spaltenreichen Gletscherflanken, die bis heute Waffen, Uniformen, Knochen und rostige Granaten freigeben, niedergemäht. Ich weiß, dass Jewgeni nicht bei diesen aussichtslosen Offensiven dabei ist. Ich weiß, dass er nicht in Gefahr ist. Ich weiß das, weil in Georgien, genauer gesagt in Bakuriani, in Eile eine Alpinismusschule des Militärs eröffnet wird. Abalakow, Generalstabsoffizier dritten Ranges, wird zum Ausbildungsleiter berufen. Mit ihm werden alle noch lebenden Bergsteiger an die Kaukasusfront abkommandiert.

Aus diesen Jahren gibt es von Jewgeni nur einen Text, der 1943 in einem Armeeblatt veröffentlicht wurde und in dessen Titel ohne Umschweife steht: „Lawinen über den Köpfen der Faschisten auslösen". Das volle Programm. Ich konnte auch ein Foto betrachten, wo er in Uniform neben seinem Pferd durch ein grünes Tal geht. Ich weiß nicht, ob er selbst an den Gefechten teilnimmt, ob er „Lawinen über den Köpfen der Faschisten" auslöst und ob er manchmal zu den befestigten Pässen hinaufsteigt. Da ist schließlich eine Linie, die standhält: die Kammlinie. Der Wehrmacht gelingt es nicht, auf die Südseite zu gelangen. An der Schwelle zum Winter versuchen die Sowjets erneut, die Hütte am Elbrus zurückzuerobern. Ein Flugzeug beschießt die Deutschen in ihrem Adlerhorst. „Der Elbrus brennt", wird einer der Beteiligten schreiben. Alle Mühe umsonst und schwere Verluste. Sie werden die Gebirgsjäger niemals besiegen, die sich überraschenderweise dann von selbst zurückziehen. Die Rote Armee siegt in Stalingrad. Sie droht den Kaukasus einzukesseln. Das Elbrustal wird durch die Aufgabe der feindlichen Stellungen zurückerobert und mitten im Februar wird eine Schwadron geschickt, um die Nazi-Embleme abzureißen, die den Gipfel des himmelhohen Vulkans beschmutzen. Ich wünschte, Jewgeni Abalakow wäre dort gewesen und er würde dort zwischen den letzten verirrten Wehrmachtsoldaten herumlaufen. Die Temperatur ist auf minus vierzig Grad Celsius gesunken und an manchen Stellen ragen Leichen aus dem Eis. Aber er ist nicht hier. Er gehört nicht zu dieser militärischen Truppe, die in Filzstiefeln in einer kristallklaren Nacht Richtung Polarstern aufbricht. Keinem sowjetischen Alpinisten ist entgangen, dass dieser senkrecht über dem Hauptgipfel leuchtet. Auf 5642 Metern ist alles in kosmischer Kälte erstarrt. Man muss das Eis, das das Hakenkreuz umgibt, erst abschlagen, bevor die purpurrote Fahne der UdSSR schließlich in den starken Windböen schlägt. In dünner Luft und bei heulendem Wind feuern die Männer – und eine Frau – mit Hurrageschrei ihre Nagant-Revolver ab.

Jewgeni Abalakow ist nicht dabei. Auf einer Aufnahme posiert er mit weiteren Offizieren im satten Gras. Er wurde in den Rang eines Hauptmanns erhoben. Die Militärgefechte sind schon lange her. Die Soldaten, die er in der Kunst des Gebirgskampfes ausgebildet hat, werden in die Karpaten, in den Balkan oder in die Tatra geschickt … Die Front verschiebt sich nach Westen. Er folgt ihr nicht nach. Es sind seine Freunde, die gehen, so Ferdinand Kropf[13], ein österreichischer Alpinist, der in der UdSSR eingebürgert wurde, und den das NKWD fast erschossen hätte, weil er so schlecht Russisch sprach. Er wird über den Alpen und den jugoslawischen Gebirgsketten mit dem Fallschirm abgesetzt, mit dem Auftrag, Partisanengruppen zu organisieren.

Ich weiß nicht, ob Jewgeni erleichtert oder frustriert ist, dass er nicht nach Berlin unterwegs ist. Er gehorcht den Befehlen. Und 1943 bekommt er die Order, in Begleitung von zwei weiteren Ausbildern wieder ins Gebirge zu gehen. Um das zwanzigjährige Jubiläum des sowjetischen Alpinismus zu würdigen, besteht ihre Mission darin, das gesamte Djuguturlyuchat-Massiv zu durchqueren … Die Idee erscheint merkwürdig. „Während die Rote Armee in Osteuropa ausblutet, verwenden Offiziere acht Tage darauf, Berge für Propagandazwecke zu besteigen“, soll die englische Presse gespottet haben. Andere Quellen besagen, dass die fragliche Besteigung erst im Oktober 1944 stattgefunden haben soll. Wie dem auch sei, die Durchquerung des Djuguturlyuchat ist ebenso schwierig wie seine Aussprache und besiegelt die Rückkehr Jewgeni Abalakows zum Alltagsgeschäft. Seine Seilkameraden sind beeindruckt, wie er das Klettern beherrscht, wie er jedes Mal mit Fingerspitzengefühl unsichtbare Griffe findet.

Von diesem Krieg wird man behalten, dass Jewgeni nicht so sehr ein Kämpfer, sondern vielmehr der Kletterer einer neuen Welt ist, die aus dem Urknall einer Revolution entstand, deren Jahrestage und Jubiläen gefeiert werden. Jewgenis Rolle besteht darin, die höchsten Gipfel der UdSSR für den Ruhm des jungen Kommunismus zu erobern. Nun hat zeitgleich in Zentralasien, tief im Tian Shan, eine außergewöhnliche Expedition von Militärtopografen gerade einen majestätischen Berg ausgemacht, der in der Höhe nur vom Pik Stalin übertroffen wird. Nazideutschland ist gerade dabei zu kapitulieren. Der Gipfel, der nach Berechnungen 7439 Meter hoch ist, wird sofort Pik Pobeda getauft, was so viel wie „Gipfel des Sieges" heißt. Man wird noch ungefähr zwanzig Jahre brauchen und so viele Leichen, dass man sie nicht mehr an den Fingern abzählen kann, bis man erleben wird, wie ein gewisser Abalakow diesen von Schnee und Eis überzogenen Riesen besiegen wird.

AUF ZUM HIMALAYA!

Das Volk feiert seine Soldaten, die nach und nach vom Krieg zurückkommen. Witali ist mit den Alten, den Ehefrauen und den Versehrten zurückgeblieben. Obschon viele Frauen gegen die Nazis gekämpft haben. Was ist ein Mann in der UdSSR wert, der nicht an der Front gewesen ist? Die Millionen Toten werden unter den purpurnen Teppich eines Sieges gekehrt, der dazu beiträgt, die sozialistischen Republiken zu festigen. Moskau treibt sich in Europa herum, und dort bin ich seltsamerweise auf Witali gestoßen, und zwar im Jahr 1945. Er begibt sich nach Niederösterreich, in die von der Roten Armee besetzte Zone. Was für eine erstaunliche Mission, diese Reise eines ehemaligen *seka* in die Nähe von Wien. Mir fällt nur ein möglicher Grund ein: die Jagd nach den Technologien des Dritten Reichs. Die amerikanischen und sowjetischen Siegermächte reißen sich die verschiedensten Erfindungen unter den Nagel. Dabei geht es vor allem um die V2-Raketen und ballistische Geheimnisse, weniger um Seile und Steigeisen …

Witali arbeitet jetzt beim VNIIFK, welch barbarisches Akronym, von denen es im Russischen so viele gibt und das für das sowjetische Forschungsinstitut für Körperkultur und Sport steht. Genauer gesagt arbeitet er im Zentrallabor für das Inventar, wo er Apparate zur Rehabilitation von Bombenversehrten entwirft. Er entwickelt Prothesen, um bei Amputationen und Stümpfen Abhilfe zu schaffen. Mithilfe der Medizintechnik versucht er sein eigenes Handicap zu überwinden. Fast zehn Jahre sind seit der Tragödie am Khan Tengri vergangen. Am Ende des langen Tunnels aus Krankenhaus, Gefängnis und Krieg zeigt sich endlich ein Licht: eine Genesung in der Hölle.

Wie ein Zeichen einer Auferstehung und eines kleinen Glücks bringt Valentina Tscheredowa 1946 ein zweites Kind, eine Tochter, zur Welt. Sieht aus wie eine Babyboom-Geburt, auch wenn die Geburtenrate der UdSSR kaum in die Höhe schnellte. Das kleine Mädchen heißt Galina, Galina Witaljewna Abalakowa, und die Familie lebt immer noch dreißig Kilometer vom Roten Platz entfernt in Perlowka. Sie lebt in der Hälfte eines Hauses, das von einem Gemüsegarten und Obstbäumen umgeben ist. Valentina führt den Haushalt, während Witali gerne mit seinem Sohn jagen und angeln geht. Jewgeni besucht sie manchmal mit seiner Familie in ihrer Datscha in der Nähe von Tajninka. Sie genießen gemeinsam die wiedergefundene Ruhe und die Reize der Moskauer Region. Auch in der Familie von Jewgeni sind die Nachkriegsjahre Jahre des Glücks. Anna feiert die Rückkehr ihres Mannes und ihr Sohn Alexej lernt seinen Vater, den Helden, kennen.

Wieder einmal können sich die Abalakows glücklich schätzen. Die überwiegende Mehrheit der sowjetischen Bevölkerung hat mindestens ein Familienmitglied verloren, ob den Ehemann oder alle ihre Kinder oder die Mutter. Die unerbittliche Verteidigung des Heimatlandes hat die Kleinigkeit von zwanzig Millionen Menschenleben gekostet, eine Zahl, die schwindlig macht. Bei den Alpinisten werden alle Überlebenden zusammengetrommelt. Diejenigen, die vom Großen Terror verschont geblieben waren, hatten diesmal nicht so viel Glück. Gutman ist in einem Panzer vor Leningrad verbrannt, ein anderer kam in der Schlacht um Stalingrad um, ein dritter ist mit einem U-Boot in der Ostsee untergegangen. Das ist doch der Gipfel! Die Sowjets, die sich vor dem Krieg damit brüsteten, das größte Kontingent an Bergsteigern zu haben, die über die 7000 Meter gestiegen sind, haben jetzt nur noch eine Liste von Märtyrern.

Die Überlebenden sind wieder auf dem Weg nach oben, mit einer amputierten Hand oder einem Auge weniger. Diejenigen, die das Gemetzel an der Front nicht miterlebt haben, kehren in einem bedenklichen Zustand aus dem Gulag zurück. Sie treffen sich im Kaukasus. Sie singen Soldatenlieder, erzählen sich von ihren Kriegsjahren, wagen es wieder, von den Bergen zu träumen. Diese sind zumindest noch da. Aber der tscherkessische Hirte, den sie früher jedes Mal unter der weißen Wand des Bezengi trafen, der ist verschwunden. Vermutlich krepiert er als Deportierter in den eisigen Steppen Kasachstans. Sie werden ihn nie wieder auf seinen Schafsfellen schlafen sehen oder wie er, sein Maisbrot kauend, die Herde bewacht.

Die Infrastruktur ist zerstört. Alles muss wiederaufgebaut werden. Die sowjetischen Chroniken sprechen vom „Wiederankurbeln" des Alpinismus, als würde es sich um Stahlproduktion oder Landwirtschaftsmaschinen handeln. Sie zeigen exponentielle Statistiken über das unaufhaltsame Wachstum der bergsteigenden „Masse". Nach und nach werden die Ausbildungslager in den „Bergrepubliken" wieder geöffnet. In Ossetien oder Aserbaidschan finden wieder verstärkt Alpiniaden statt und Hunderte von Seilschaften gehen wieder auf Gipfeljagd. Das ist hauptsächlich Fassade.

Wie es die Quellen selbst eingestehen, ist die Ausrüstung nicht aufzutreiben, Bergführerausbildner sind rar, der Alpinismus ein Luxus.

Jewgeni hingegen glaubt, die Mittel zu haben, seine Ambitionen zu realisieren. Er hat die Unterstützung der Sportbehörden und der Akademie der Wissenschaften. Da er recht spät demobilisiert wurde, kehrte er mit neuen Abreiseplänen nach Hause zurück. „Er verschwand immer auf eine Expedition", erinnert sich sein Sohn, ein bisschen enttäuscht von seinem wiederholten Fernbleiben. Doch der Terror und Hitler haben die Bestrebungen dieses einzigartigen Alpinisten zu lange aufgeschoben. Sein großer Traum ist der Sieg über jenen Gipfel des Sieges, der erst in den letzten Kriegsjahren entdeckt wurde und den man für den wahren höchsten Punkt des Tian Shan hält.

Jewgeni wurde gebeten, die trigonometrischen Daten der Militärtopografen sorgfältig zu prüfen. Letztere haben den Pik Pobeda von mehreren Panoramapunkten aus vermessen und fotografiert, während ein Flugzeug das Gebiet in Planquadrate einteilte. Professor Letawet hat lange Fotografien, Maßstäbe und Berichte miteinander abgeglichen. Dann verkündete die Akademie der Wissenschaften in einer feierlichen Sitzung diese Entdeckung und versetzte das Publikum in Erstaunen. „Den Bergsteigern, die so viel Mühe hatten, den Khan Tengri als höchsten Gipfel zu erobern, fiel es schwer, ihn ohne Weiteres auf den zweiten Platz zurückzustufen", schreibt ein Autor.

Jewgeni möchte auf der Stelle die rote Fahne der Sowjets auf diesen neuen Koloss setzen. Aber das allunionistische Komitee für Körperkultur hat andere Pläne mit ihm. Die Erkundung des Pamir bleibt unvollendet. 1946 wird ihm eine Aufklärungsexpedition im Wachan-Korridor an der Grenze zu Afghanistan anvertraut, wo Moskau Absichten verfolgt. Der Gipfel des Sieges muss warten.

Jewgeni gesteht in seinen Tagebüchern, dass er Mühe hat, die notwendige Ausrüstung aufzutreiben. Er läuft das gesamte Moskau der Nachkriegszeit ab. Es fehlt an allem. Die Abfahrt wird deswegen zweimal verschoben. Seine Frau, sein Sohn und seine Angehörigen, die ihn kaum ein paar Monate gesehen haben, haben ein Abschiedsbuffet vorgesehen, doch er hat keine Zeit dafür. Am Bahnhof drängt sich seine Familie durch die Menschenmenge. Endlich im Waggon, schreibt Jewgeni, dass jetzt die „Windstille" einsetzt. Tagelang lässt er sich Richtung Aralsee dahintreiben, zu den Ufern des Syrdarja, nach Taschkent und Osch. Die Expeditionsmitglieder machen es sich im Müßiggang der langen Bahnfahrt behaglich. Zufrieden lächelnd liegen sie in ihren Kojen. „Sie" – das sind lauter neue Namen, mit Ausnahme des allgegenwärtigen Professors Letawet.

Jewgeni entdeckt die vergessenen Düfte Zentralasiens wieder. Seit zehn Jahren schon ist er nicht mehr dort gewesen. Zehn Jahre Säuberungen und Kampf. Die Nazis sind nicht bis an diese Kontinentalgrenzen vorgedrungen, aber man hat Hunderttausende Zivilisten und ganze Fabriken dorthin evakuiert. Jetzt arbeitet man für die strahlende Zukunft des Sozialismus in den Wüstensteppen am Fließband. Die Expedition benutzt dann die unvermeidbare Verbindungsstraße M41 und überquert das Pamirplateau bis Chorug, einer vorgeschobenen Stellung des Kommunismus zum feudalen Afghanistan hin. Aus Jewgenis Tagebüchern erfahren wir, dass er nach den vielen holprigen Tagen Rückenschmerzen hat. Er besänftigt seine Wirbelsäule, indem er sich mit seinen Kameraden im Fluss Pandsch entspannt, mit Sicht auf Dörfer, in denen azurblaue Burkas herumgeistern. Endlich sind sie an der Grenze des riesigen Sowjetlandes angelangt! Jenseits des wasserreichen Stroms: der Himalaya, Buddha, die hinduistischen Götter und tausendarmigen Göttinnen, die mit Allah im Wettstreit liegen.

Jewgenis Forschungsgegenstand ist das titanische Relief an diesem Rand der Zivilisation. Im Norden ersetzt jetzt der Fortschritt das Opium der überlieferten Religionen. Die Sowjets errichten Staudämme, Fabriken und Elektrizitätswerke. Die Frauen legen den Schleier ab. Im Süden herrscht noch das islamische Mittelalter und das Kolonialjoch der Briten. Jewgeni und seine Kameraden sind die Botschafter des modernen Zeitalters in einer Welt aus Stein, Staub und Oasen. Detailliert beschreiben seine Tagebücher diese Wochen, die für ihn ebenso aufregend sind, wie seine Schilderungen für den Leser langweilig. Die Expedition widmet sich einem Sammelsurium aus meteorologischen Beobachtungen, kartografischen Erhebungen und beschwerlichen Besteigungen, was jedoch ihrer Entschlossenheit keinen Abbruch tut: „Die sowjetischen Alpinisten unterstützen die Wissenschaft da, wo ihre Kollegen aus dem Westen zu erschöpft wären, sich ein Thermometer zu schnappen oder nur eine Skizze anzufertigen", lobt er sich. Ein alter Mann zeigt ihnen eines Tages auf bildhafte Weise die „weiße Jurte" eines Piks namens Patchor. Sie sind zwölf Alpinisten, die schon bald diesen unberührten Gipfel mit seinen 6080 Metern Höhe betreten. Zwölf!

Jewgeni freut sich über diese Zahl in seinem Tagebuch: „Kein kapitalistisches Land kann so etwas vorweisen!“, beteuert er. Der größte Erfolg dieser Explorationskampagne bleibt allerdings die Erstbesteigung des 6726 Meter hohen Pik Karl Marx[14]. Dieser Wächter des Pamir gegenüber dem Hindukusch ist der höchste sowjetische Gipfel an dieser Grenze zwischen den Welten. Er wacht am Rande eines von Volksstämmen geprägten und gottesfürchtigen Afghanistan. Leider ist der Himmel bedeckt und Jewgeni klagt, dass es ihm unmöglich sei, seine topografischen Skizzen durchzuführen. „Wir weigern uns, einen Alpinismus zu betreiben, der keinen Beitrag zur Wissenschaft leistet. Wir ärgern uns, dass wir keine Fotos oder Azimutmessung gemacht haben“, bedauert ein Berichterstatter, der auch von den Launen des Wetters frustriert ist.

Jewgeni Abalakow entschuldigt sich dafür, „nur“ den Pik Karl Marx bezwungen zu haben. Aber er lügt, das ist eindeutig. Es ist offensichtlich, dass er an die stolzesten Glanztaten denkt, an die Achttausender, die dort in der Ferne aus dem Gebirge aller Gebirge hervorragen, dort drüben im Südosten, irgendwo in den Wolken. Da gibt es diesen K2, von dem er gemeinsam mit Lorenz Saladin geträumt hat. Da ist auch der Everest, noch weiter weg, noch immer unbestiegen … Welche Herausforderung bleibt ihm denn in seinem Leben, wenn nicht jener berühmte neunte Höhenkilometer? Wie könnte er sich nicht nach dem Himalaya sehnen? Noch nie war er ihm so nah …

Wie immer kehrt er mit gebräuntem Gesicht nach Moskau zurück, sein Gepäck voller Aquarelle und exotischer Fotografien. Auf den letzten Bahnsteigen Zentralasiens hat er saftige Trauben und eine weiße Melone eingekauft, um sie Anna und Alexej zu schenken. Erzählt er seiner Frau von seinen Reisen oder geht sie zu den Geographietagungen der Union, um ihm zuzuhören, wie er von den Ergebnissen seiner Expedition berichtet? Am Rednerpult fühlt sich Jewgeni genauso wohl wie in den Bergwänden. Detailliert beschreibt er die im Wachan-Korridor gesammelten Beobachtungen. Direkt danach wird er zum „Verdienten Meister des Alpinismus“ ernannt. Ein angesehener Professor sagt, dass er, Jewgeni, den Maßstab für die körperliche Leistungsfähigkeit setzt, an dem man alle anderen messen kann. Von seinen moralischen Tugenden ganz zu schweigen.

Jewgeni hört nicht auf, zu beeindrucken. Und wiederholt seinerseits betont seine Absichten. In einem Artikel in der *Smena* spricht er offen vom

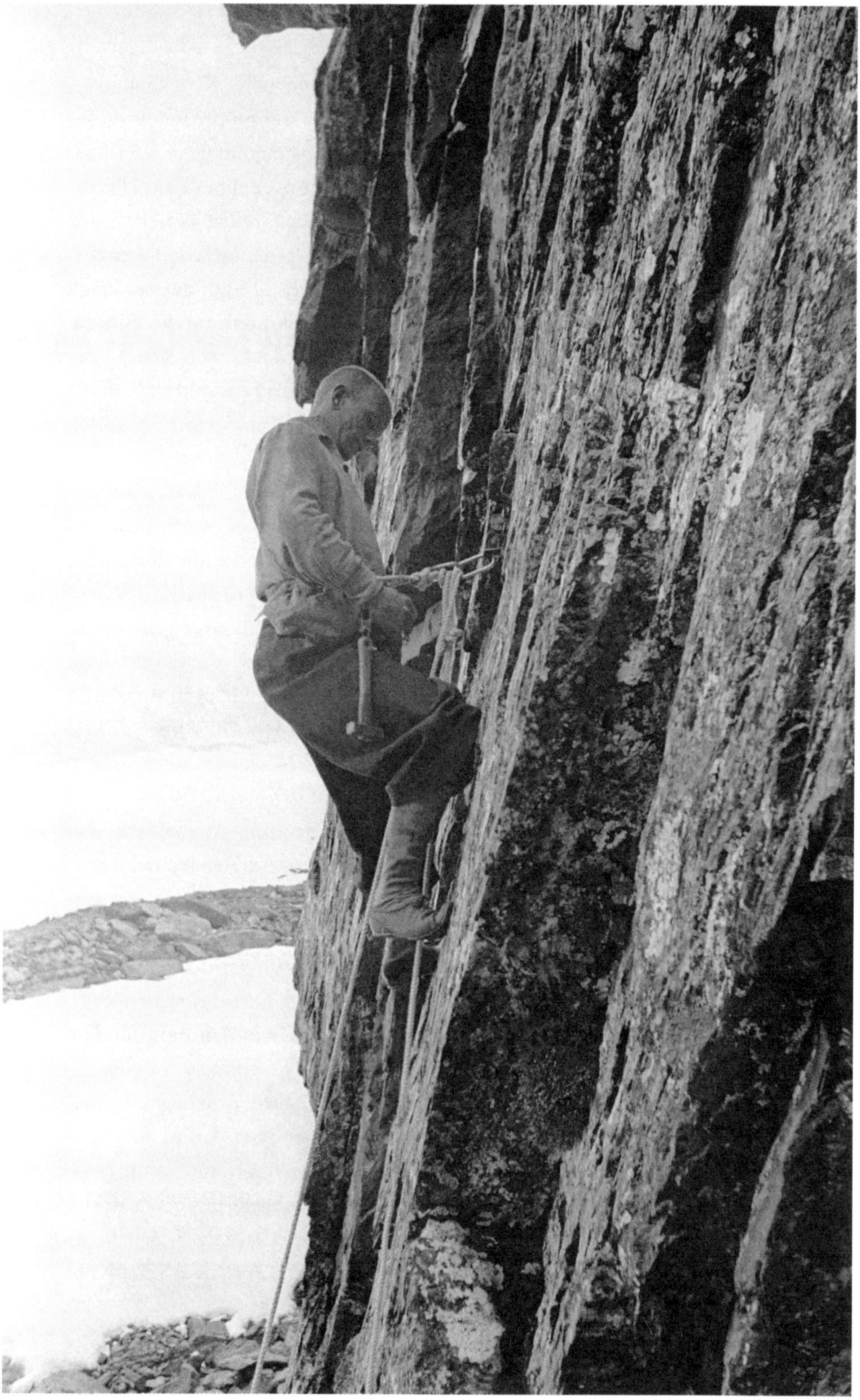

Wettlauf um die Achttausender: „Ich sehe am Fuße des K2, an den Rändern eines bedächtig fließenden Gletschers, Seilschaften. Vertreter mehrerer Länder sind gekommen, um eine alte Streitfrage zu entscheiden: Welche Nation wird als erste einen Gipfel über 8000 Metern erreichen? Eine sowjetische Expedition ist dabei. Alle Völker unseres Mutterlandes verfolgen die Besteigung Schritt für Schritt. Das ist keine Wahnvorstellung, nein! Der Augenblick ist nicht mehr weit …"

In der Zeitung *Ogoniok* aus demselben Jahr 1946 lese ich noch Folgendes: „Gerade bereitet er sich auf die Besteigung des Pik Pobeda (7434 Meter) vor, der noch nicht bestiegen ist. Sein Blick bleibt jedoch auf den Himalaya und den Everest gerichtet – den höchsten Gipfel der Welt. Die Briten haben schon mehrmals versucht, seinen Gipfel zu erreichen, ohne Erfolg. Wer weiß, vielleicht ist es Jewgeni Abalakows Bestimmung, als Erster das Dach der Welt zu erreichen!"

1947 nimmt er jedoch einmal mehr Kurs auf Tadschikistan. Die UdSSR der Nachkriegszeit verfügt nicht über die notwendigen Mittel für ein gewagtes Heldenepos im Himalaya. Moskau hat außerdem andere Prioritäten. Stalin möchte die Errungenschaften des Kommunismus nach Afghanistan bringen. Der Pamir wird zur neuen *frontier* der Internationalen.

Bis zum Schluss ist er sich nicht sicher, ob er aufbrechen kann. Er soll nämlich zum dreißigsten Jahrestag der Revolution seine Skulptur *Der Partisan* der Jury der allunionistischen Ausstellung präsentieren. Im letzten Augenblick wird sie am 27. Juli ausgewählt, und er springt mit Professor Letawet in ein Flugzeug nach Stalinabad (Duschanbe). Den gesamten Sommer über erkunden und kartieren sie die Peter-I.-Kette, eine der wenigen Ortsbezeichnungen, die den Untergang des Kaiserreichs überstanden haben. Das Massiv erhebt sich von Westen her und steigt mit einer Reihe von Gipfeln bis zum Pik Stalin auf. Juli und August bringen eine Vielzahl von Abenteuern in luftiger Höhe hervor und eigenartige Namensgebungen, wie beispielsweise den Pik der Filmchroniken oder den Pik des dreißigjährigen Jubiläums der UdSSR. Auf letzterem, auf 6640 Metern, endet die Saison. „Die Temperatur ist besonders eisig", stellt Jewgeni klar. Zwei Kameraden sind mit ihm zum Gipfel emporgestiegen, von denen einer während des Krieges ein enger Freund geworden ist. Eine weitere Premiere, ein weiterer Berg. Das Gipfelmeer des Pamir erstreckt sich bis zum Horizont. Direkt neben ihnen thront der gewaltige Pik Moskau, noch unbestiegen, den Jewgeni

Jewgeni Abalakow beim Klettern in den
Granitwänden von Kara-Suu

fälschlicherweise auf 7000 Meter schätzt. Daran sieht man, wie unvollendet die Erschließung der Vertikalen, dieser unbelebten und unbeachteten Welt, noch ist.

Die Recherche in den Fotoarchiven ist wenig ergiebig. Es gibt aber ein Bild von ihm, das zeigt, wie er auf dem Pik des dreißigjährigen Jubiläums der UdSSR mit bloßen Händen die Flagge der UdSSR schwenkt, die behelfsmäßig an den Griff eines Eispickels gebunden ist. Zu seinen Füßen liegt eine kleine Stalinbüste, die in einem Rucksack hochgeschleppt wurde. Jewgeni trägt einen Filzhut und seine Augen schauen ins Objektiv, als warte er ungeduldig auf das Ende dieser, kurz gesagt, albernen Prozedur. Es ist das unumgängliche Szenebild dieser sowjetischen Besteigungen: der Gipfelsieger, umgeben von geballter sowjetischer Symbolik. Was denkt er tief im Inneren über diesen Schnauzbart, in dessen Dienst er die Gebirgszüge der UdSSR abläuft? Man wird es nie erfahren. Er lächelt nicht, seine Lippen wirken verkniffen, wahrscheinlich ist ihm kalt.

Bei diesem Pik des dreißigjährigen Jubiläums der UdSSR verweilen die sowjetischen Autoren länger als üblich. Auch ich, obwohl dieser Gipfel nichts Besonderes hat. Die Sätze schleppen sich, reihen sich aneinander, ohne Neues zu bringen. Sie lassen sich Zeit. Es sieht so aus, als hätten die drei Männer dort oben eine Ewigkeit verbracht, sich über die unberührte Landschaft unterhalten, in der Sonne gedöst. In Wahrheit muss die drohende Entfesselung der Naturgewalten sie sofort vertrieben haben, da Jewgeni in seinem Tagebuch vermerkt, dass das Wetter seit Tagen scheußlich war. Und trotz allem wünscht man sich, dass er – und sei es auch nur für einen kurzen Moment, zwischen zwei Wolken – den hohen Gipfel des Pik Stalin noch einmal erblicken konnte. Der Berg, der ihn vor fünfzehn Jahren berühmt gemacht hat.

Ich bezweifle es, aber gut. Um der Poesie willen.

Es war seine letzte Bergtour.

VERBRECHEN ODER UNFALL?

Am 22. März 1948 berichtet Jewgeni im Haus der Wissenschaft vor einem gutbesetzten Saal über seine Entdeckungen in der Peter-I.-Kette. Er liebt die Geografie. Seine Zeit bot ihm die Möglichkeit, seine Entdeckungsfreude auszuleben, an Gletschern und in abgelegenen Gebirgsketten Grundlagenforschung zu betreiben. In seinem Vortrag beschreibt er den kargen und unbekannten Pamir. Er schließt immer noch nicht aus, dort einen neuen Siebentausender zu entdecken. Es gibt dort so viel zu erkunden. Doch nun ist es so weit für eine Expedition zum Gipfel des Sieges – endlich! Am Tag nach dem Vortrag betraut ihn der allunionistische Alpinismusverband feierlich mit dieser Aufgabe. Er hat den Befehl, die rote Flagge auf diesen Gipfel zu pflanzen. Für Jewgeni ist diese Expedition das Vorzimmer zum Himalaya. Wenn er Erfolg hat, wird Moskau ihn endlich zur Besteigung eines Achttausenders schicken.

Dazu kam es nie.
Am frühen Morgen des 24. März wird der Alpinist Jewgeni Abalakow leblos aufgefunden.

Seine Leiche liegt in einer Wohnung in der Iswosnaja-Straße (heute Studentscheskaja), in der Nähe des Kiewer Bahnhofs; eine Gemeinschaftswohnung, deren drei Zimmer von zwei Familien bewohnt werden und die sich in einem Gebäude befindet, das noch heute steht. Neben ihm ein zweiter Toter, ein Armeekamerad, der gerade aus Tiflis gelandet ist. Jewgeni hatte ihn während einer Waffenruhe an der Kaukasusfront portraitiert. Sie feierten ihr Wiedersehen.

Ich konnte die Gutachten der Polizeiuntersuchung im Russischen Staatsarchiv für sozio-politische Geschichte in Moskau einsehen. Sie legen dar, dass die beiden Freunde gegen Mitternacht, nach der Sitzung des allunionistischen Alpinismusverbandes, in Richtung Metrostation Lenin-Bibliothek gegangen sind. Anschließend gehen sie zu Dr. Belikow, einem Bekannten, der in der Iswosnaja-Straße 36b, Appartement 13 wohnt. Dort, so heißt es in dem Bericht, der den Alkoholspiegel im Blut betont, ohne den genauen Wert zu nennen, wird fröhlich getrunken: genauer gesagt, eineinhalb Liter georgischer Rotwein. Laut Dr. Belikows Aussage äußern die beiden Kameraden gegen vier Uhr morgens den Wunsch zu duschen. Er selbst geht zu Bett, und als er seine Gäste später nicht im Bett vorfindet, entdeckt er sie leblos im Bad. Er versucht Mund-zu-Mund-Beatmung, weckt seine Frau und schickt dann die „Nachbarin" – also die Mitbewohnerin – los, um Hilfe zu holen. Die besagte Nachbarin erinnert sich in ihrer Zeugenaussage nur daran, irgendwann in der Nacht auf die Toilette gegangen zu sein. Die Luft war verbraucht. Als sie einen Blick durch das zerbrochene Fenster zum Badezimmer warf, nahm sie Dampf und laufendes Wasser wahr. Um 5 Uhr 12 stellt ein Arzt den Tod der beiden fest. Die Untersuchung schließt auf Tod durch Kohlenmonoxidvergiftung. Schuld daran ist ein überlasteter Warmwasserspeicher, kombiniert mit unzureichender Belüftung. Erwähnenswert ist, dass am Ende des Dokuments auf die zahlreichen Beschwerden Anna Kasakowas bei der Staatsanwaltschaft hingewiesen wird. Denn Jewgenis Witwe hat die Unfalltheorie niemals anerkannt. Am 25. September 1948 wird der Schiedsspruch gemäß dem Diktat eines Kommissars getippt: „Kein Zweifel an einer Vergiftung. In Ermangelung weiterer Beweise schließen wir die Untersuchung." Diesem Urteil schließt sie sich nie an. Für sie und viele andere steht völlig außer Frage, dass der Held des Pik Stalin nicht an einer einfachen Gasvergiftung in der Badewanne eines Gemeinschaftsappartements gestorben sein kann.

2003 antwortet der betagte Dr. Belikow noch einmal auf die Fragen der Zeitung *Parlamentskaja Gazeta*. 2003 haben die Menschen keine Angst mehr. Die UdSSR gibt es schon lang nicht mehr. Doch der alte Doktor sorgt für keine Enthüllung. In der Nacht vom 23. auf den 24. März 1948, gegen ein Uhr morgens, wollte er gerade mit seiner Frau schlafen gehen, als es an der Tür klingelte. Jewgeni und sein Kamerad hatten Wein dabei, einen trockenen Roten aus Georgien. Sie setzten sich hin, tranken ein Gläschen und gingen danach duschen. Der Doktor behauptet, das Wasser laufen gehört zu haben, ziemlich lange … Es bedeckte bereits den Küchenboden, als er beschloss hinüberzugehen. Die Flamme im Boiler war aus. Die Nacht sei angeblich kalt und windig gewesen. Ein Luftzug durchs Rohr muss die Flamme ausgeblasen haben. Die damaligen Anlagen waren unzuverlässig und das verwendete Gas tödlicher als heute.

Ich erinnere mich, dass in der Ukraine, wo ich mehrere Jahre gelebt habe, eine Dame der städtischen Behörde regelmäßig in die Häuserblocks ging. Sie erinnerte auf jeder Etage daran, das Badezimmer richtig zu lüften, die Tür einen Spalt breit offen zu lassen. Man musste ein Dokument unterschreiben, in dem bestätigt wurde, dass man gewarnt worden war. Diese Dinge müssen in der UdSSR an der Tagesordnung gewesen sein, wenn es heute noch Angestellte gibt, die für die Prävention solcher Gefahren zuständig sind. Außerdem weiß man wohl, wohin die russischen Trinkgelage führen können, erst recht unter ehemaligen Armeekameraden. Es gab nie einen Beweis, der die Schlussfolgerungen der Moskauer Polizei ernsthaft infrage stellte.

Jewgenis Sohn Alexej, der damals sieben Jahre alt war, hat sein ganzes Leben versucht zu beweisen, dass es sich um einen Mord handelte. Er erinnert an die blauen Flecken auf den Körpern und die Spuren eines Kampfes. Er zitiert die Reaktion seines Onkels Witali, der unvermittelt ausgerufen haben soll: „Das macht keinen Sinn!" Professor Letawet soll seinerseits erstaunt gewesen sein, dass die anderen Bewohner des Appartements unversehrt geblieben sind. „Gas ist nicht wählerisch", soll er geäußert haben, bevor er sich vernünftigerweise der Version der Staatsanwaltschaft anschloss. Anna Kasakowa ihrerseits soll nur einen teilweise verstümmelten Körper zu Gesicht bekommen haben, ohne Brustkorb und Magen. Wenn auch ich einen Zweifel an der offiziellen Version dieses Todesfalls äußern dürfte, dann würde ich sagen, dass Jewgeni mehrmals der Erstickungsgefahr ausgesetzt gewesen ist, als er im Sturm in Schneehöhlen festsaß, in denen der Sauerstoff bald verbraucht war. Jedes Mal konnte er die Gefahr der knapp werdenden Luft spüren und auf der Stelle reagieren.

Die sowjetische Presse trauerte um ihren Helden Abalakow, ohne die Todesursache zu bezweifeln. Die Nachricht wurde erst am Tag des Begräbnisses bekanntgegeben, obwohl man sagt, dass die BBC noch am selben Tag vom „Tod des besten sowjetischen Bergsteigers und Entdeckers, Jewgeni Abalakow" berichtet hat. Der Mann, der den Maßstab der kommunistischen Bergwelt setzte, war gefallen. Sein Herz wurde nach Angaben seines Sohnes am Medizinischen Institut aufbewahrt und sein Körper auf dem berühmten Nowodewitschi-Friedhof beigesetzt. Es gibt Aufnahmen des Verstorbenen, wie er, in einen schwarzen Anzug gekleidet, inmitten von Blumen und von seinen Angehörigen umgeben im Sarg liegt. Die taumelnde Anna Kasakowa

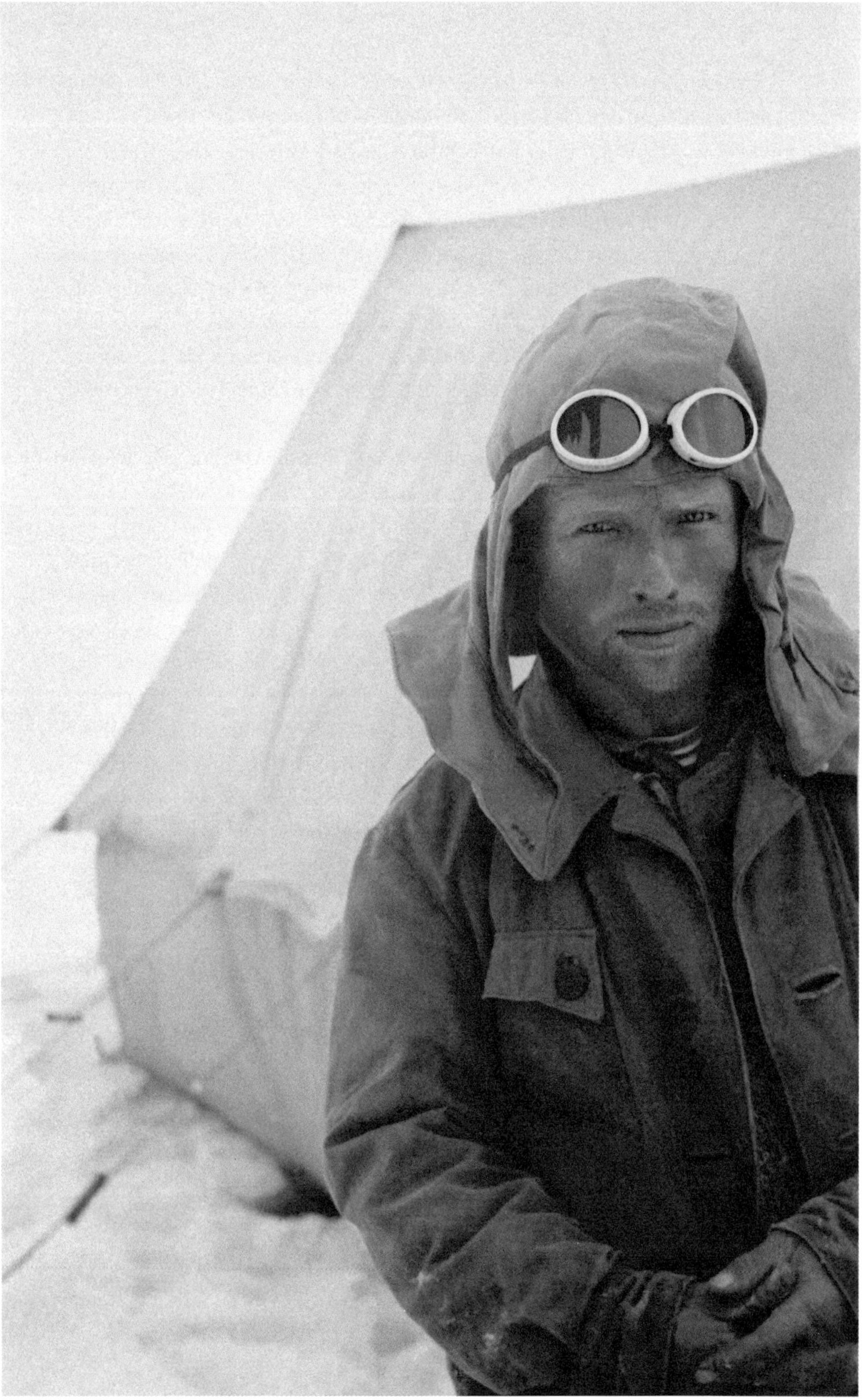

musste unter den herzzerreißenden Klagen der Weinenden und der Geigen gestützt werden. Zeugen berichten, dass Witali zum ersten und letzten Mal in seinem Leben seine Tränen nicht unterdrücken konnte. Wera Muchina, die berühmte Bildhauerin und ehemalige Lehrerin Jewgenis, sagte: „Sein Tod hallte wie Donner in einem wolkenlosen Himmel."

Es war ein schwarzer Tag. Als sich die anteilnehmende und trauernde Menge zerstreute, blieb Anna mit ihrem Sohn allein. Zeit ihres Lebens kämpfte sie für das Andenken ihres Mannes. Ich habe in den Archiven einen langen Brief an Chruschtschow gelesen, in dem sie den ersten Parteisekretär Jahre später flehentlich darum bittet, die Umstände des Todes zu klären. Es ist die ergreifende Bitte einer Frau, die nicht mehr weiß, an welchen Apparatschik sie sich noch wenden soll. In ihrer klaren und eleganten Schreibweise zeigt sie sich offen erstaunt über die glänzende Karriere, die Dr. Belikow nach diesem Vorfall gemacht hat. Sie wirft den Ermittlern vor, zu spät begonnen zu haben, und zögert nicht, von Mord zu sprechen. Von einem Verbrechen mit „tieferliegenden Motiven", bei dem ausländische Geheimdienste ihre Hand im Spiel haben sollen. „Abalakow war eine Schlüsselfigur bei der Verteidigung der Gebirgsgrenzen", behauptet sie, bevor sie in der Vergangenheitsform des Konjunktivs prophezeit, dass „er den Everest hätte bezwingen sollen …".

Wie soll man akzeptieren, dass ein solcher Mann in einem Badezimmer gestorben sein soll? Auf dem Höhepunkt seines Ruhmes, während Tausende Besucher seine Werke im Museum für Bildende Künste betrachteten? Anna Kasakowa hat es nie geschafft. Sie konnte dieses Ende, das wie eine Lokalnachricht klang und einem Alpinisten nicht würdig war, der gewöhnlich auf den Titelseiten glänzte, nicht akzeptieren.

Was mich an diesen unermüdlichen, handschriftlichen Beschwerdebriefen am meisten berührt, bleibt die Art, wie sie ausdrücklich über die Absenderin Auskunft erteilen. Oben rechts auf das Papier schrieb sie: „Verschickt von der Witwe des verstorbenen Erforschers der Substratosphäre und der höchsten Gebiete der UdSSR, von der Frau des Weltmeisters J. Abalakow". Damit ist alles gesagt: ihre Verblendung, ihre Verehrung und ihre furchtbare Verzweiflung. Die „Substratosphäre"! Ihr verstorbener Mann war nichts weniger als ein Eroberer des Himmels, ein Kosmonaut vor seiner Zeit. War Nikita Chruschtschow sich dessen überhaupt bewusst? Er, der mit einem lapidaren Vermerk befiehlt: „Die Sache aufklären und berichten."

Anna Kasakowa entpuppt sich als lästige Witwe. Das Komitee für Körperkultur möchte einen Jewgeni-Abalakow-Preis ins Leben rufen, der jährlich an verdiente Bergsteiger verliehen werden soll. Aber seit 1949 schreibt sie Protestbriefe, weil das Komitee sich weigert, eine Replik der Skulptur *Der Alpinist*, mit der Jewgeni einst auf der allunionistischen Ausstellung größte Anerkennung erfuhr, für diese neue Auszeichnung zu verwenden. *Der Alpinist* stellt allerdings einen Mann und eine Frau dar, die vorsichtig einen steilen Hang hinuntersteigen. Doch das Komitee wünschte sich eine Allegorie, die mehr Eroberungsdrang zeigt! Anna Kasakowa empört sich. Und sie macht ihrer Empörung auf einer leeren Seite Luft. Sie unterschreibt mit „Anna Abalakowa", obwohl sie immer „Kasakowa" hieß. Sie bedauert verbittert, dass „alles dafür getan wird, die Erinnerung an Abalakow und seine Heldentaten auszulöschen". Sie bekommt eine höfliche, aber trockene maschinengeschriebene Antwort. Der Genosse Witali Abalakow selbst spricht sich in einer Sitzung gegen die Witwe aus.

Das Komitee gibt bei einem ehemaligen Kollegen Jewgenis eine Statuette mit dem Titel *Abalakow auf dem Gipfel* in Auftrag. Anna Kasakowa erwidert darauf, diese sei eine „Karikatur" und eine „Diskriminierung" seines künstlerischen Erbes. Sie bittet um die Unterstützung aller Persönlichkeiten, die mit Jewgeni verkehrt haben, mit diesem sowjetischen Gott, dem die Menschen nun abzuschwören beginnen. Dennoch sind seine Skulpturen überall, an der Moskauer Universität, im Zentralmuseum der Armee, im Kaukasus … Repliken des *Alpinisten* befinden sich am Eingang des Moskauer Zoos, im Stadion oder sogar zwischen den Säulen mit Getreideornamenten und den Nymphenbrunnen des Ausstellungszentrums der UdSSR. In Letzteres ging ich selbst, um an einem schönen Herbsttag den *Alpinisten* vor einem neoklassizistischen Pavillon mit Flachreliefs zu bewundern. Die Skulptur wurde restauriert, aber ein Eispickel ist inzwischen abgebrochen und ein Knie scheint wie durch einen Sturz zerkratzt.

1957 ließ das Komitee für Körperkultur einen Bronzeguss des *Alpinisten* auf Jewgenis Grab aufstellen, und ich begab mich siebzig Jahre nach seinem Tod zum Nowodewitschi-Friedhof. Der Ort liegt neben einem Nonnenkloster, mitten im Herzen Moskaus. Dort findet man ein Durcheinander aus Stelen von Generälen der Roten Armee, von Chruschtschow, Gogol, Tschechow, vergessenen sowjetischen Schauspielerinnen oder des Ingenieurs Andrei Tupolew. Man liest die Namen mancher Henker der stalinschen Verfolgungen, während ihre Opfer anonyme Massengräber füllen. „Abalakow Jewgeni“ ist der Erste in alphabetischer Reihenfolge auf dem Lageplan der Friedhofsstätte. Trotzdem fotografieren die chinesischen Touristengruppen lieber die glatten Marmorstatuen der kommunistischen Parteigrößen, in deren Bewunderung sie aufgewachsen sind.

Dank des *Alpinisten* ist Jewgenis Stele leicht zu finden. Daneben ist eine weitere Statue, eine trauernde Witwe mit einem Jungen, der sich an ihr Kleid klammert. Beide richten ihren Blick traurig zu Jewgeni. Ich glaube, das Werk ist von Alexej, dem Sohn, der wie sein Vater Bildhauer wurde und der seine Mutter 1992 neben ihm begraben hat. Er war es sicherlich auch, der nach dem Zusammenbruch der UdSSR die Grabinschrift anfertigen ließ, die heute zwischen den Gräbern seiner beiden Eltern zu lesen ist: „Jewgeni Abalakow, am 24. März 1948 vom Regime in Moskau ermordet“ und „Anna Nikolajewna, 40 Jahre lang vom Terror verfolgt, trug ihr Kreuz und ihren Kummer“.

Dahinter befanden sich eine Gießkanne und einige Gartengeräte. Trotzdem sahen selbst die Plastikblumen welk aus. Es war schon lange niemand mehr hergekommen. War Alexej überhaupt noch am Leben? Ich hatte sein Buch über „das Rätsel um den Mord am legendären Alpinisten Jewgeni Abalakow“ gelesen, in dem es um alles Mögliche geht, nur nicht um die Berge. Darin beschuldigt Alexej seinen Onkel Witali unverhüllt der kriminellen Eifersucht. Er unterstellt dem NKWD oder den britischen Geheimdiensten die Schuld am Tod seines Vaters, die angeblich einen Sieg Jewgenis am Everest befürchtet hätten … Er zitiert auch Iwan Papanin, den zweifach ausgezeichneten Helden der UdSSR und berühmten Polarforscher: „Den höchsten Gipfel der Erde zu erreichen und zu erkunden, den Everest, den der Mensch noch nie betreten hat, ist nur möglich mit der Stärke eines Jewgeni Abalakow.“

Trotz all dieser hinkenden Theorien wollte ich ihm einen Besuch abstatten. Ich habe mir seine Telefonnummer besorgt und er hat mich gleich zu sich nach Hause eingeladen. Ich habe erwartet, einem entschlossenen und energischen Mann zu begegnen. Und bin auf einen alten Mann mit sibiriakischen Augen gestoßen, von gebrechlicher Gesundheit, gezeichnet von seinem Kampf gegen das Vergessen. Er kam mir auf einer Moskauer Straße entgegen, würdevoll gekleidet, wie es nur alte Menschen können. Er empfing mich in einer Wohnung wie tausend andere, hoch gelegen in den oberen Etagen eines chruschtschowschen Gebäudes. Die Teppiche und Möbel *made in USSR*, der übliche Gasherd, die abgewohnten Wände und die allen Standards trotzenden Stromleitungen. Seine karge Rente erlaubt es ihm nicht, die Wohnung zu renovieren. Außerdem sträuben sich die Generationen der UdSSR dagegen, das zu entfernen, was damals zu ihrem Alltag gehörte.

Als ich das Appartement betrat, wurde ich von der Einrichtung förmlich erschlagen. Das Wohnzimmer ist eine richtige Gedenkstätte. Tausende Gegenstände, Statuetten, Fotografien, Zeitungsausschnitte bedecken Wände und Boden. In der Vitrine im Gang thront sogar die Totenmaske Jewgeni Abalakows. Überall sind seine Ölbilder und Aquarelle ausgestellt: der Fedtschenko-Gletscher, der Registan in Samarkand, der Khan Tengri und Alexej selbst, von seinem Vater gemalt … Der Vater! Überall die Erinnerung an den Vater! Ich hatte ein 77-jähriges Kind vor mir, das aussah, als ob es noch immer darauf wartete, dass er von einer seiner exotischen Expeditionen zurückkehrte, mit einigen auf dem Bahnsteig eines usbekischen Bahnhofs erhandelten Wassermelonen im Gepäck.

Also betrachtete ich lange die Bilder. Wenn man die Geschichte des Künstlers kennt, findet man sie noch schöner. „Niemand will sie haben", vertraute mir Alexej an. „Ich bin auf der Suche nach einer Galerie. Ich habe keine Kinder, ich muss einen guten Platz für seine Werke finden, bevor ich gehe." Dazu kommen die gewaltigen Skulpturen, die in einem von der Künstlerunion geliehenen Atelier im Umland lagern. Tonnenweise Metall, mit dem Alexej nichts anzufangen weiß. Die letzte Mission eines alten Mannes, seine „heilige Pflicht" und sein „unendlicher Schmerz". Das Geburtshaus in Krasnojarsk steht zwar noch immer da, aber seit die Bolschewiken es während der Revolution beschlagnahmt haben, gehört es der Gemeinde. Alexej hat vorgeschlagen, daraus ein Museum zu machen und das Familienarchiv dort unterzubringen. Es gab offizielle Empfänge, große Versprechungen, und dann hat das Russland der Kompromisse wieder die Oberhand gewonnen. Außerdem ist der riesige Innenhof von damals verschwunden und zugebaut worden. Geblieben ist nur ein enger Platz, auf dem Alexej eine Büste von Jewgeni aufstellen konnte, aber keine von Witali. Das immerhin haben die lokalen Behörden gestattet. Eine allen Wettern ausgesetzte Büste stört niemanden.

Alexej selbst war noch nie in den Bergen. Er hat überall und im Auftrag Denkmäler zum Ruhm des Sozialismus angefertigt. Schwerfällig wirkende, staatliche Auftragsarbeiten, rein im Stil des Sozialistischen Realismus,

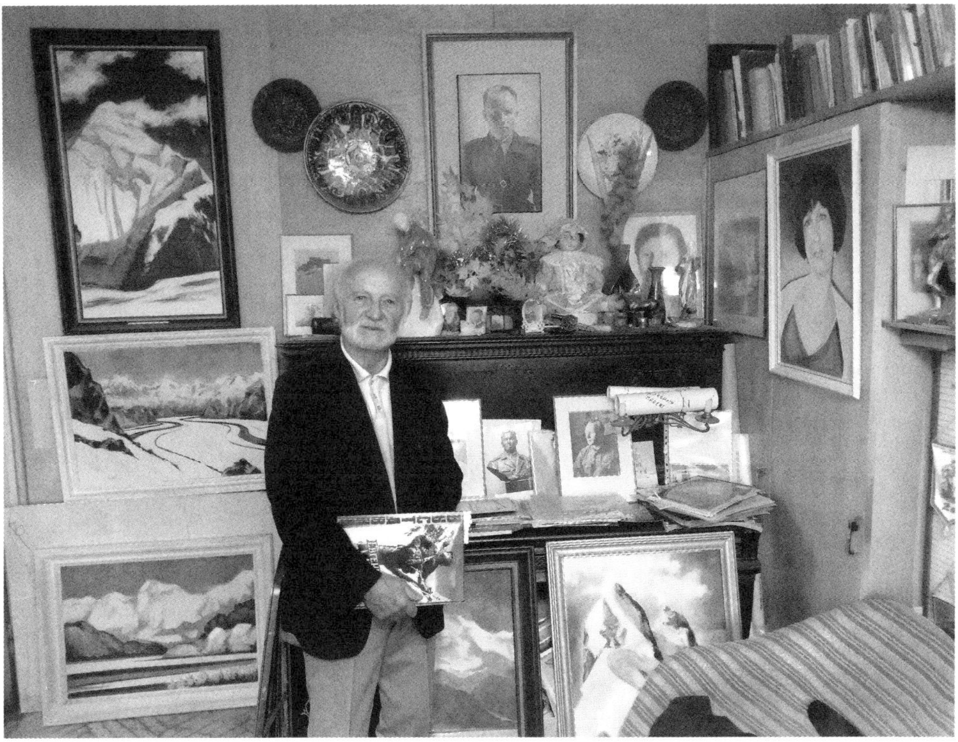

Alexej Abalakow lebt in der Erinnerung an seinen Vater Jewgeni.

Denkmäler, Arbeiter mit kräftigen Muskeln, Soldaten, die entschlossen nach vorne stürmen. Eines davon hat den Namen *Pioniere der schwindelnden Höhe* und vereint in einem einzigen Werk den Piloten Tschkalow, den Kosmonauten Gagarin und … den Alpinisten Abalakow. In seinen Augen repräsentieren sie die Dreifaltigkeit der roten Eroberer, sind sie die größten Helden, die die Sowjetunion jemals hervorbrachte. Alexej stellt seinen Vater auf eine Stufe mit dem ersten Mann im Weltraum; seine Abneigung gegen das kommunistische Regime ist dabei ebenso groß wie die nostalgische Sehnsucht nach der UdSSR.

In seiner Küche unterhielten wir uns bei einem schwarzen Tee, russischen Süßigkeiten und dem Brummen des alten Kühlschranks im Hintergrund. Alexej weiß wenig vom Bergsteigen, er macht Fehler beim Nennen von Gipfeln, den fernen Gebirgsketten, die er niemals besucht hat. Ich konnte bei ihm nichts Neues erfahren. Das Bergsteigen beschäftigt ihn nicht. Der Gedanke, der ihn sein ganzes Leben lang verfolgte, ist der, dass sein Vater ein Mann war, der nicht seinesgleichen auf dieser Erde hatte. Dass er beseitigt wurde. Als die UdSSR zusammenbrach, ist er in die NKWD-Archive gegangen, die gerade geöffnet wurden. Er fand nur das, was ich selbst 25 Jahre später einsehen konnte. Mit dem Unterschied, dass er nach wie vor von der Existenz einer geheimen Akte überzeugt ist.

Ich hatte ihn aufgesucht, um mein Gewissen zu beruhigen. Was sollte er mir Neues erzählen, wenn nicht die etwas zu schöne Geschichte von einem in vollem Flug niedergeworfenen Jewgeni, versus Witali, den auf dessen schwindelerregende Erfolge neidischen Bruder? Das Buch, das Alexej veröffentlicht hat, verliert sich in verschwörerischen und antisemitischen Wahnvorstellungen. Darin beschuldigt er seinen Onkel, nur in Gesellschaft von Moissejewitsch und anderen Josifowitschs geklettert zu sein, die er als typische Juden bezeichnet, als atavistische Feinde des großen Russlands. Er glaubt, die Vorgehensweise der Ermordung seines Vaters wiedererkannt zu haben, als er eine reißerische Sendung über den verdächtigen Tod eines georgischen Politikers sieht. Ich habe einen Mann getroffen, dem unlösbare Fragen und eine Zeit keine Ruhe ließen, die die kühnsten Verdächtigungen erlaubte. Ein tief verbitterter Alexej Abalakow. Seit Jahrzehnten schreibt er mit seinen *esli by*, seinen „wenn nur …“, die Geschichte um.

Bevor ich ihn verließ, betrachtete ich noch diskret die Fotografien seiner Mutter. Zusammen haben sie sich an alle möglichen Instanzen gewendet, sich an allen Türen gestoßen. Sie wohnte in der Balakirewskij-Gasse in einem kleinen Zimmer. Sie dachte, sie stünde unter Beobachtung und tätigte daher nur noch Anrufe von den Telefonen ihrer Freunde. Laut Alexej war es auch sie, die Jewgenis Tagebücher zusammentrug, um sie zu veröffentlichen. Ihr Name wird jedoch nirgends erwähnt, wie ich ihm gegenüber bemerkte. Als „Herausgeber" wird Professor Letawet genannt. Er hatte die schwere Aufgabe, den Originaltext stark zu kürzen, weiß Gott, was er alles gestrichen hat … Alexej allerdings beharrt vor allem auf dem Datum der ersten Ausgabe: 1963. Warum hat man fünfzehn Jahre und Stalins Tod abwarten müssen, bevor dieses Tagebuch veröffentlicht werden konnte, das absolut nichts Subversives enthält? Wegen der Namen all der Erschossenen und Deportierten, die auf den Seiten herumspuken, vermutete ich. Alexej hingegen war anderer Meinung.

Anna Kasakowa hat mindestens einen Suizidversuch unternommen. Sie existierte nur noch als Witwe Jewgenis, und sie wollte nie anders existieren als durch die Bewahrung seines Andenkens. Gelegentlich überreichte sie den Jewgeni-Abalakow-Preis in Moskau oder in den Stolby von Krasnojarsk. Sie war auch Ehrenmitglied im Club Abalakowjets in der Ukrainischen Sozialistischen Sowjetrepublik, dessen Motto heute immer noch lautet: „Wir tragen seinen Namen wie eine Fackel". Man kann sich dort jederzeit das kleine angrenzende Museum aufschließen lassen und in einer Glasvitrine die Kopfbedeckung betrachten, mit der Jewgeni den Gipfel des Pik Stalin bestiegen hat.

Ich war von dieser Frau, die ich nicht kannte, genauso betroffen, wie von ihrem Sohn. Von ihrer Einsamkeit, von der Fassungslosigkeit, die ein Mann wie Jewgeni Abalakow zurücklässt, wenn er auf so banale Weise stirbt. Es gibt noch eine letzte Szene, die ich hier gerne anführen möchte, ohne jedoch für ihre Wahrheit einzustehen. Jemand kann sie sicherlich auch komplett erfunden haben, und doch spricht nichts dagegen, dass die Anekdote der Wahrheit entspricht. Aufgrund ihres Status hatte Anna Kasakowa von Zeit zu Zeit die Gelegenheit, sowjetischen Führungskräften zu begegnen. Man sagt, dass sie diese jedes Mal hartnäckig bat, ihr die Wahrheit zu sagen. Als sie eines Tages vor Juri Andropow behauptete, dass sie nicht an den Unfalltod Jewgeni Abalakows glaubte, antwortete er trocken: „Nun ja, aber wir, wir glauben daran!"

Anmerkungen

1 Peter Saritschnjak (1899–1937) emigrierte 1924 in die Sowjetunion. Er arbeitete u. a. als Ausbildner im Alpinlager Adyl-Su. Im Sommer 1937 wurde er verhaftet und wegen Spionage und konterrevolutionärer Unterminierung zum Tode verurteilt. (Anm. d. Ü.)

2 Franz Sauberer (1904–1944) emigrierte 1926 in die Sowjetunion. Zusammen mit Gustav Döberl und dem österreichischen Kommunisten Anton Zak (1903–1975) nahm er an Expeditionen in den Tian Shan teil, wo ihnen die Erstbegehung mehrerer Sechstausender gelang. (Anm. d. Ü.)

3 Wassili Semenowski (1884–1938) floh wegen politischer Betätigung aus dem zaristischen Russland in die Schweiz und nach Österreich, wo er sich zum Bergführer ausbilden ließ. In Wien war er ab 1918 für die neu gegründete KPÖ tätig. Nach seiner erneuten Emigration in die UdSSR war er maßgeblich an der Einrichtung des alpinen Ausbildungslagers Adyl-Su beteiligt. (Anm. d. Ü.)

4 Willi Merkl (1900–1934) durchquerte 1929 mit Fritz Bechtold (1901–1961) den Kaukasus. Dabei gelangen ihnen acht Erstbesteigungen (u. a. von zwei Fünftausendern) sowie die zweite Besteigung des Uschba-Südgipfels – Letztere gemeinsam mit Semenowski. Merkl leitete die deutsch-amerikanische Himalaya-Expedition 1932 und die deutsche Himalaya-Expedition 1934, die die Erstbesteigung des Nanga Parbat (8126 m) als Ziel hatten. Die Expedition von 1934 endete mit dem Tod von zehn Menschen, u. a. von Willi Merkl selbst, und begründete den von den Nationalsozialisten befeuerten Mythos vom Nanga Parbat als „Schicksalsberg der Deutschen". (Anm. d. Ü.)

5 Arthur Koestlers bekanntester Roman *Sonnenfinsternis* (engl. *Darkness at Noon*) erschien 1940 in englischer und 1946 in deutscher Sprache und behandelt die Zeit der Stalinschen Säuberungen in den 1930er-Jahren. (Anm. d. Ü.)

6 Frz. für „köstliche" oder „vorzügliche Leiche". Eine im Surrealismus entwickelte spielerische Methode, Zufälligkeiten in Text und Bild Raum zu geben, indem wie bei einem Knickbild beispielsweise mehrere Personen an einem Bild oder Text arbeiten, ohne die vorangehenden Teile der anderen zu kennen. (Anm. d. Ü.)

7 Gustav Döberl (1908–1976), Mitglied der KPÖ und des Schutzbundes, emigrierte 1934 in die UdSSR. 1938 wurde er wegen des Vorwurfs der Spionage in Moskau verhaftet. Nach drei Jahren Untersuchungshaft wurde er verurteilt und ins Lager Kraslag verbracht. (Anm. d. Ü.)

8 Die erste Traverse des Uschba gelang Hans Pfann, Ludwig Distel und Georg Leuchs im Rahmen einer von Gottfried Merzbacher geleiteten Expedition im Jahr 1903 – nur siebzehn Tage nach der Erstbegehung des Uschba-Südgipfels durch Adolf Schulze, Robert Helbling, Fritz Reichert, Albert Weber und Oscar Schuster im Rahmen einer von Willi Rickmer Rickmers geleiteten Expedition. (Anm. d. Ü.)

9 Aus Alexander Solschenizyn: *Der Archipel Gulag* (aus dem Russischen von Anna Peturnig) (Anm. d. Ü.)

10 Das heutige Russland erinnert sich an Nikolai Gorbunow nur als einen der Begründer der angesehenen sowjetischen Wissenschaft und kaschiert seine politische Verantwortung. Das ist dem Dilemma der Erinnerung in diesem Land geschuldet.

11 Die Stachanow-Bewegung ist eine Kampagne zur Steigerung der Arbeitsleistung, benannt nach dem Bergmann und „Helden der sozialistischen Arbeit" Alexei Stachanow. (Anm. d. Ü.)

12 Die deutsche Kommunistin und Publizistin Margarete Buber-Neumann (1901–1989) war vor ihrer Abschiebung fünf Jahre im Straflager Karaganda inhaftiert. Ihr Mann Heinz Neumann war 1937 im Zuge der Stalinschen Säuberungen hingerichtet worden. Nach ihrer Auslieferung an Deutschland war sie weitere fünf Jahre im KZ Ravensbrück interniert. Von diesen Erfahrungen berichtet sie 1949 in der Publikation *Als Gefangene bei Stalin und Hitler. Eine Welt im Dunkel.* (Anm. d. Ü.)

13 Der Sozialist Ferdinand Kropf (1914–2004) emigrierte 1934 in die Sowjetunion, 1940 erhielt er die Staatsbürgerschaft. Kropf war u. a. als Alpinausbildner im Lager Adyl-Su tätig und trug entscheidend zur Organisation des sowjetischen Bergrettungswesens bei. (Anm. d. Ü.)

14 Ehemals „Gipfel des Zaren". Der nahegelegene Pik Engels wurde „Gipfel der Kaiserin" genannt.

DRITTER TEIL

WITALI ABALAKOW

SPARTAK MOSKAU

Abalakow ist ein Name, dessen Ruhm nicht gleich geteilt wird. Die ersten vierzig Jahre seines Lebens stand Witali in Jewgenis Schatten. Dem einen standen alle Türen offen, während der andere Prüfungen und Folter ertragen musste. Der jüngere Bruder wurde von der Menge verehrt, der ältere Bruder bleibt verkannt. Jewgeni war talentierter, kräftiger, charismatischer. Und immer, wenn er nach Moskau zurückkehrte, warf er sein Künstlergewand über und brachte eine andere Facette von sich zum Glänzen. Nach seinem Tod tragen Freunde sein Bildnis auf einen nach ihm benannten Gipfel, irgendwo im Pamir. Der Name Jewgeni Abalakow ist für die sowjetische Ewigkeit auf der Karte eingraviert. Im kollektiven Gedächtnis bleibt das Bild eines Helden im besten Mannesalter mit einem für immer erstarrten Lächeln.

Witali ist in den Vierzigern, ist an Händen und Füßen verstümmelt und komplett kahl. Zehn seiner besten Jahre verbrachte er damit, seine Behinderung zu kompensieren. Zwar zeigt er das verkniffene Gesicht eines willensstarken Menschen, aber wer würde auch nur eine Kopeke auf seine Zukunft als Bergsteiger setzen? Niemand erwartet den Sportgeräte-Ingenieur mehr in schwindelnd hohen Wänden. Nun aber wird Witali zur allgemeinen Überraschung die Fortsetzung der Legende Abalakow schreiben, und zwar eine brillante Fortsetzung. Schon zwei Bergsaisonen infolge ist er wieder unterwegs zu den kaukasischen Gipfeln. Das Bergsteigen zwingt ihn, über sich hinauszuwachsen, zu leben, statt seinen Schmerz durch Moskaus Prominenz zu tragen. „Er ist zum Alpinismus zurückgekehrt, um mit seinem Invalidendasein Schluss zu machen", sagt einer seiner Seilkameraden. Auf den Bergwegen erkennt man ihn sofort an seinem hüpfenden Gang. Wegen seiner amputierten Zehen kann er den Fuß nicht ganz abrollen. Im Gegensatz zum unverschämten Naturtalent seines Bruders verkörpert Witali das mühsam Erarbeitete, und das war schon immer der Unterschied, ja fast ein Graben, zwischen ihnen.

Wie viele andere hatte ich während meiner Lektüren und Recherchen weniger Zuneigung zu ihm entwickelt, vielleicht auch nur deshalb, weil er kein Tagebuch geführt und mir daher keinen Einblick in seine Gedanken- und Gefühlswelt erlaubt hat. Der Mann erzwang jedoch meine stumme Bewunderung, und im gleichen Moment, als sein Bruder verschwand, drängte sich mir seine entschlossene und hartnäckige Wiedergeburt auf. Witali und Jewgeni waren nur ein Jahr auseinander und trotzdem kamen ihre Erfolge zeitlich versetzt. Wider Erwarten fing die Ära des Älteren spät an.

Abalakow ist tot, es lebe Abalakow! Der Machtwechsel springt ins Auge. Witali hat gerade ein Buch über neue Techniken des Alpinismus veröffentlicht, so unpersönlich und so methodisch wie immer. Er hat außerdem gerade die alpine Sektion beim Sportklub Spartak gegründet und die Leitung übernommen. Ein multidisziplinärer Sportverein für Wissenschaftler, der heute eher für seine Fußballmannschaft bekannt ist. Aber in einer von der Antike faszinierten UdSSR ging es darum, die Körperkultur in all ihren Formen zu preisen. Spartakus war jener Sklave, der sich gegen das Römische Reich auflehnte und in dem Karl Marx einen proletarischen Helden sah.

Witalis Spartak beginnt, waghalsige Routen in den schönsten Wänden des Kaukasus zu erschließen. Sparen wir uns die Liste. Ich möchte nur erwähnen, dass Witali bei der Wiederholung der Route durch die Bezengi-Wand die Nachricht wiederfindet, die er 1932 mit seinem Bruder dort selbst hinterlassen hat. Damals war es ihnen nicht gelungen, die Traverse zu vollenden, doch diesmal schaffen Witali und seine Seilschaften die Route in elf Tagen, trotz des tobenden Sturms. 1949 gelingt ihm eine weitere Glanzleistung, als er die Besteigung des Koschtantau mit der des Dychtau in einem sechzehn Tage langen Kampf verbindet. Er und seine Kameraden gehen in umgekehrter Richtung in Jewgenis Spuren, dem 1938, während Witali im Gefängnis dahinvegetierte, die erste Überschreitung gelang. Die von Spartak gewählte Richtung macht die Sache um Einiges schwerer. Eine Hommage Witalis an seinen Bruder, so konnte man hören, eine Hommage in Form einer Antwort und Revanche.

Für diese Meisterleistungen belegt Spartak mehrmals den ersten Platz der UdSSR-Meisterschaften. Das allunionistische Zentralkomitee für Körperkultur hat gerade ein Wettbewerbssystem eingeführt, das jedoch nicht so genannt wird. Wer hätte das gedacht: Der „nützliche“ Alpinismus ist ein einfacher Sport geworden, organisiert in Sektionen, die um Trophäen kämpfen! Witali selbst prangerte in einem Vorwort „das zügellose Rennen um Rekorde“ an. Mit Sicherheit ist es eine ideologische Kehrtwende. Nun kürt eine Jury die spektakulärsten Besteigungen des Jahres nach drei Kriterien: Technik, Höhe und Überschreitung. Dieses Wetteifern wird lebenswichtig in der UdSSR der Nachkriegszeit, in der die territoriale Aufklärungsarbeit fast abgeschlossen ist. Der technische Fortschritt wird den kommunistischen Bergsteiger, wie allgemein den Abenteurer, bald in den Hintergrund drängen. Die unberührten Gipfel werden immer weniger, sie machen dem „Routenbergsteigen" Platz: Es geht nun um extreme Anstiege, die sich selbst genügen.

Witali Abalakow ist der Mann der Stunde. Sein jüngerer Bruder war der, der den Himmel entschlüsselte, Witali aber ist der Techniker der großen Wände. Spartak holt alle Medaillen. Innerhalb weniger Jahre wird Witali zum Aushängeschild des sowjetischen Bergsteigens, und Spartak wird nur noch die „Abalakow-Mannschaft" genannt. Der berühmte Familienname regiert weiter über die Gipfel, aber in einem ganz anderen Stil. Witali ist ein strenger Mann. Er schwört auf einen ultrastarren Rahmen, auf Methode, Beherrschung, Ordnung. Manche können seine Strenge und Kühle und seinen spartanischen Lebensstil nicht aushalten. Mit ihm in die Berge zu gehen war „eine Strafe", erinnert sich schmerzlich eines seiner neuen Mitglieder. Schon frühmorgens läuft er barfuß durch den Schnee und wäscht sich, während seine Begleiter noch zögern, die Wärme ihrer Schlafsäcke zu verlassen. Wie in der Taiga seiner Kindheit ist er mit jeder Nahrung zufrieden, manche nennen ihn den „eisernen Hinkefuß" …

„Der sowjetische Alpinismus basiert auf Kollektivismus und gegenseitigem Beistand, er verlangt strenges Training und ist Feind des kleinbürgerlichen Individualismus sowie des sportlichen Egoismus", predigt Witali. Das ist die Art Schrifttum, das er der Nachwelt hinterlassen hat. Ich konnte von einem „Meister des Sports" unter Stalin nicht erwarten, dass er etwas anderes preist als die marxistisch-leninistische Ausdrucksweise, vor allem, wenn er vom NKWD des Gegenteils bezichtigt wurde. In der Öffentlichkeit ist Witali Abalakow ein *homo sovieticus*, und er erschien mir quer durch die damalige Presse noch kommunistischer als ein Stabssekretär der Partei. Der Kalte Krieg hat gerade überall begonnen, in Vietnam, in Korea, in Berlin. „Das Kanonenfutter angriffslustiger Armeen" bereite sich vor, „die Berge mit als Wanderer getarnten Spionen zu überschwemmen", publiziert er noch, indem er die üblichen Formulierungen wiederholt.

Witali pflegt seine Leute in der Spartak-Zentrale in der Kuibyschew-Straße zu versammeln. Hier besprechen sie ausführlich die Ziele der Saison. Die Kerngruppe besteht aus einigen Überlebenden der 1930er-Jahre, darunter Nikolai Gussak, der im Winter 1943 die Rückeroberung des Elbrus befehligte. Auch Valentina ist dabei, die Gefährtin seines Lebens, die als erste Frau „Meister des Sports“ in der Kategorie Alpinismus geworden ist. Auf den Fotos aus dieser Zeit sticht ihr Gesicht zwischen den gebräunten und bärtigen Visagen hervor, wenngleich auch ihr Gesicht vom Leben im Freien gezeichnet ist. Mit kurzen Haaren und breitem Gesicht, das mit einem ebenso breiten Lächeln strahlt, ist es für sie eine Ehrensache, unabhängig von ihren männlichen Kameraden zu sein.

Worüber reden all diese Spartak-Mitglieder untereinander? Wie frei können sie sich äußern? Ich weiß es nicht. Mir liegt nichts anderes vor als jene in Tausenden von Exemplaren abgedruckten Zeugnisse, in denen Witali heftig gegen den Westen wettert, dessen Alpinismus er als abenteuerlich bezeichnet. Und er urteilt, dass dieser durch die selbstmörderische Praxis des Solobergsteigens und durch das Begehen von Routen, die „umso attraktiver sind, je mehr Kletterer von ihnen getötet wurden“, vom richtigen Weg abgekommen sei. Dagegen wehrt sich die sowjetische Moral! Ihr tugendhafter Bürger nutzt die Körperkultur für die eigene Entwicklung, nicht für „unnötige Opfer und kommerzielle Sensationslust“. Auch nicht dafür, „die Jugend von den immer akuteren politischen Problemen abzulenken“! Ist Witali Abalakow felsenfest überzeugt von diesen bissigen Tiraden, die er zu Papier bringt?

Im Westen ist der Überfluss des Nachkriegsbooms eingetreten, während in der UdSSR nur Entbehrung herrscht. Noch immer ist der Kommunismus nicht aus der Revolution hervorgegangen, sein Eintreten wird jedes Mal wieder verschoben. Die Rhetorik bleibt in diesen letzten stalinistischen Jahren unbarmherzig, und das Bergsteigen ist als Abbild der Gesellschaft doktrinär und von individuellen Einschränkungen geprägt. Mit seinen Artikeln sichert sich Witali wahrscheinlich den Frieden mit der Welt „da unten“ und staatliche Aufträge für seine Patente. Er zitiert alle Unfehlbaren, er verortet jeden Beitrag in die Welt des sozialistischen Pantheons. Jeder Text, befasst er sich nun mit Kernphysik oder der Fauna im Altai, kann nur als nachträgliche Weiterentwicklung eines Geistesblitzes von Lenin und Konsorten betrachtet werden. Das ist das todbringende Prinzip, und es wurden schon Leute erschossen, weil sie dagegen verstoßen haben. Witali handelt genauso wie alle anderen. Er bejubelt die angebliche Erstbesteigung des Kasbek durch einen Georgier (mutmaßlich ein Vierteljahrhundert früher als Jacques

Balmat den Mont Blanc erstmals bestieg) und beruft sich auf General Suworow, der mit seiner Armee die Alpen überquerte, um die unbestreitbare russische Vormachtstellung im Bergsteigen zu beweisen … Witali prangert auch die „verrückte" Praxis des Westens an, überall klettern zu dürfen, wo man will. Die sowjetischen Alpinisten hingegen verlassen das Lager nur mit ordnungsmäßiger Erlaubnis für eine ganz bestimmte Route. Die alpinistischen Ausbildungslager, für deren Besuch man Gutscheine benötigt, unterliegen Kommissionen, Quoten, ärztlichen Untersuchungen und Gutachten. Der freie Wille wird im Namen der Sicherheit auf ein Minimum reduziert. Die Besteigung ist zunächst ein bürokratischer Akt, und alles ist durch die Regeln des Bergsteigens in der UdSSR vorgegeben. Eine UdSSR, die eine gesunde, einer eisernen Disziplin unterworfene Jugend braucht und keine Emanzipierten, die in der Höhe eine verbotene Freiheit genießen.

Dieses System führt unvermeidlich zu Absurditäten. Es kommt vor, dass kühne Klettereien wegen einfacher administrativer Fehler nicht gezählt werden oder dass Meistern des Alpinismus der Rang aberkannt wird, weil sie die „Kontrollzeit überschritten haben", nach deren Ablauf Rettungsmaßnahmen eingeleitet werden. Es kommt ebenfalls vor, dass denjenigen, die von hohen Gipfeln träumen, weniger romantische Aufgaben zugewiesen werden. Ich habe irgendwo gelesen, dass eines Tages allesamt in einen Lastwagen gepackt und zu einem Pass gefahren wurden, wo sie zwei Wochen lang Alteisen schleppen mussten, um ein Denkmal für die im Kaukasus gefallenen Soldaten zu errichten. Auf diese Art können die Verantwortlichen Unfälle und Ärger vermeiden.

Als jedoch Gustav Döberl, ein Österreicher, der von seiner neunjährigen Deportation nach Kolyma als Einarmiger zurückkehrte, wegen seines amputierten Arms die Uschba-Besteigung nicht genehmigt wird, setzt Witali seine ganze Autorität ein. Sein Status verleiht ihm einige Privilegien, er hat in diesem System einen gewissen Einfluss. Döberl, fast einer der letzten Überlebenden jener Schutzbundkommunisten, möchte zum Uschba gehen? Abalakow erlaubt es ihm! Tragen beide nicht die Last des Handicaps und die Narben des Terrors?

In Russland gehen seit Anbeginn der Zeit die Grausamkeit einher mit den großen Gefühlen der Seele und die starre Bürokratie mit Absprachen unter Freunden. Die Schrecken des Stalinismus und des Krieges hindern

Witali nicht daran, zutiefst erschüttert zu sein, als 1950 eine Studentenseilschaft aus Leningrad abstürzt. „Der Beistand des sozialistischen Alpinismus ist nicht nur den Privilegierten vorbehalten", verspricht er in einem Text. In der UdSSR eilt man dem „Humankapital" zu Hilfe. Dieses Mal ist es jedoch zu spät. Schrecklich, wie die leblosen Körper am Ende des Seils hängen, das sich an einem Felsvorsprung verhakt hat. So bleiben sie bis zur nächsten Saison, durch die winterliche Kälte konserviert, von der Frühlingssonne zersetzt, bevor Witali und ein anderer Kamerad losgehen, um die Leichen zu bergen. Weil sie sowjetisch waren, stellt man sich in Europa vor, dass man Verunglückte den Stürmen und Gletscherspalten opferte, dass die kommunistische Eroberung der höchsten Gipfel der Welt mehr Wert war als jedes Leben. Die Wirklichkeit steht im Widerspruch zu all diesen westlichen Klischees, und wenn Witali einer Meinung mit der amtlichen Denkweise ist, dann gerade in puncto Sicherheit. Sicherheit ist seine Devise und Obsession geworden. Er macht es sich zur Aufgabe, Gefahren zu minimieren, und zu diesem Zweck arbeitet der Ingenieur Witali eng mit dem Alpinisten Abalakow zusammen. In der UdSSR herrscht Mittellosigkeit. Ohne auf ausländische Ausrüstung zurückgreifen zu können, basteln sich die Bergsteiger ihre eigene zusammen aus dem, was sie gerade zur Hand haben. Sie sammeln Bauhelme, Schweißerbrillen, Arbeitskleidung. Die heimische Produktion hat eine schlechte Qualität, ist knapp oder schlichtweg nicht vorhanden. Also perfektioniert Witali selbst Felshaken und andere Sicherungsmittel, ja sogar die berühmten Vierpersonenschlafsäcke, eine Abwandlung der kollektiven Unterkunft für große Höhen. Es ist eine Zeit, in der die kleinste Verbesserung einen wirklichen Unterschied machen kann. Nicht zu vergleichen mit dem Spleen der Kletterer von heute, die auf überflüssige Innovationen versessen sind.

Witali arbeitet als *konstruktor* im Zentrallabor für sportliche Ausrüstung in einer engen Werkstatt. Zu seinen Prototypen gehören ein in Vergessenheit geratener Vorläufer des Jümar[1] und verschiedene Sicherungssysteme. Er ergänzt Steigeisen mit weiteren Zacken, er versteht die Bedeutung kurzer Eispickel, an die man eine Schaufel anbringen kann, um eine Schneehöhle zu graben. Er entwickelt die Shackletons[2], jene warmen, für extreme Höhen geeigneten Stiefel, die seinen Fuß gerettet hätten, hätte er sie am Khan Tengri gehabt. Ganz zu schweigen von Akklimatisierungsmaßnahmen oder Ernährungsplänen. Er ist der denkende Kopf des sozialistischen

Bergsteigens geworden. „*Nowator!*“ lautet die ihn betreffende Schlagzeile der Zeitung *Ogoniok* am 20. Januar 1952.

Eigentlich trägt fast das ganze sowjetische Ausrüstungsmaterial den Stempel „Abalakow“. Der Name, der bereits legendär war, wird gleichfalls eine Marke. Das Vorzeigeprodukt ist der Rucksack „Abalakow“, der Millionen Wanderern und Anglern in allen Republiken in die Schultern schneidet. Ein rundlicher Rucksack aus dickem Stoff, den die Menschen bis heute mit ihren Wandererinnerungen verbinden. Die Allgegenwart der „Abalakow“-Ausrüstung ist so groß, dass sie im Kaukasus zum Gegenstand von Scherzen wird. Zur Bezeichnung des geringsten Gegenstandes, eines Sonnenschirms, eines Zelts, eines Kletterhakens und was weiß ich was, fügen die Wanderer und Kletterliebhaber zwangsläufig und lachend ein „Abalakow“ hinzu. Es gibt kaum eine andere Wahl, es ist ein echtes Monopol, und wenn Witali im Westen gelebt hätte, wäre er vielleicht reich geworden. Obwohl sein Rucksack, um nur ein Beispiel zu nennen, verblüffende Ähnlichkeiten zu dem der deutschen Gebirgsjäger zeigt …

TAUWETTER

Anlässlich des siebzigsten Geburtstags Josef Dschugaschwilis, genannt Stalin, widmet ihm das Jahrbuch *Besiegte Gipfel* den größten Teil ihrer sechshundertseitigen Ausgabe. Das Dossier trägt den Namen „Von den Karpaten zum Tian Shan" und die Artikel behandeln nacheinander den Pik Stalin, die Stalin-Kette, den Stalin-Gletscher, den Pik der Stalin-Verfassung, Stalin in der slowakischen Tatra, Stalin in den bulgarischen Bergen … „Die vierzig besten bulgarischen Alpinisten trugen eine Büste des großen Stalin durch die Massive und über die Bergketten, um sie auf dem höchsten Punkt des Landes zu befestigen. Dieser Gipfel trägt den Namen Stalins, des Befreiers des bulgarischen Volks."

Eine anstrengende Lektüre, von der ich mich nur schwer erholte. In der Einleitung wird der Kommunismus mit einem Berg verglichen, den man besteigen muss. Der Text spinnt die Metapher des Aufstiegs in eine bessere Welt, hinter den „genialen Führern" Lenin und Stalin. „Und wenn die Abgründe, die Felswände und Wechten überwunden sind und sich zu Füßen der siegreichen Alpinisten die Welt ausbreitet, richten sich die ersten Gedanken an den großen Stalin!" So wie die Kohlearbeiter und die Kolchosbauern widmen auch die Bergsteiger einstimmig ihre Erfolge Väterchen Stalin. Die Völker der Volksdemokratien wissen, wem sie ihre Freiheit und ihr Glück verdanken. Ich bin erleichtert, in dieser Ausgabe keinen Beitrag von Witali Abalakow gefunden zu haben.

Das Bergsteigen (ebenso wie alles andere) ist noch nie so politisiert worden, und man könnte darüber lachen, gäbe es nicht einige tragische Anekdoten. Mit einer Stalinbüste im Gepäck, musste in jenen Jahren an den Flanken des Elbrus eine Seilschaft gegen einen heftigen Sturm ankämpfen. Das große Dilemma: Darf man sich unter diesen Umständen vom Gewicht der Büste befreien oder muss sie unter Einsatz des eigenen Lebens mitgeschleppt werden? Die Alpinisten beschließen einvernehmlich, die Last (Entschuldigung, den „großen Stalin") vorübergehend aufzugeben. Sie nehmen sich jedoch fest vor, sie bei der nächsten Wetterberuhigung zu holen und die Mission wie vorgesehen zu erfüllen. Die Büste wird sicher befestigt und der Ort minutiös markiert. Die Seilschaft steigt ab, um sich in Sicherheit zu bringen. Alle werden zu zehn Jahren Lager verurteilt.

Ein weiterer Vorfall, ebenfalls am Elbrus, ereignete sich im Rahmen einer eiskalten Winterbesteigung. Am Gipfel angekommen, zieht ein tapferer Politkommissar seine Handschuhe aus, um eine Leninbüste besser aus seinem Rucksack herausholen zu können. Die Temperaturen sind geradezu arktisch, und noch während er den Abguss des Fetischs so nah wie möglich am Himmel befestigt, sind die Finger des Parteimitglieds bereits blutleer. In den folgenden Stunden gehen die Erfrierungen ins Fleisch über. Ins Tal zurückgekehrt, kommt er mit Amputationen davon.

All die Pechvögel hätten besser daran getan, frech zu lügen. Laut einiger postsowjetischer Vertraulichkeiten, denen ich genauso viel Glauben schenke, wie sie mich amüsieren, soll dies ein Mann namens Belezki 1937 zum zwanzigsten Jahrestag der Revolution getan haben. Seit Jewgeni Abalakow 1933 war niemand mehr auf den Pik Stalin gestiegen, und es wurde Zeit, eine Büste des „großen Stalin" sowie eine Kopie der Stalin-Verfassung dort hinaufzubringen. Doch während des Gipfelsturms stürzte der Expeditionsleiter und verschwand in der Tiefe. Die Besteigung scheiterte. Alle haben daraufhin auf Marx' Kopf geschworen (ich erlaube mir hier einige Freiheit), den Vorgesetzten den vollen Erfolg ihrer Mission zu melden. Die fragliche Büste wurde allerdings nie gefunden, und ich möchte glauben, dass man sie sich vom Hals geschafft hat. Belezki selbst veröffentlichte ein ganzes Buch über diesen heroischen Akt zur Feier der Oktoberrevolution. Ich habe den Passus über den Gipfel mehrere Male gelesen. Er ist ein Meisterwerk. Alles Verfängliche wird kunstvoll umgangen. Ich werde später auf diesen besonderen Alpinisten noch zu sprechen kommen.

Es war höchste Zeit, dass Stalin das Zeitliche segnete. 1952 erobert und benennt die Abalakow-Mannschaft im Pamir den Pik des XIX. Parteitags der KPdSU. Es ist der letzte Gipfel, an dem der Diktator teilgenommen haben wird. Im März 1953 verkündet der Moskauer Stadionsprecher mit Trauerstimme seinen Tod. Die Menge vergießt heiße Tränen. Menschenmassen begleiten den Sarg von Väterchen Stalin, während der gesamte eurasische Kontinent erleichtert einen tiefen Seufzer ausstößt. Von der Arktis bis nach Kasachstan atmen die Häftlinge der Gulags in der Frühlingsluft auf. Sein Tod wird nicht alle erschossenen Kameraden wiederauferstehen lassen, aber es ist der Beginn einer neuen Zeit.

Witali gehört zweifelsohne zu denen, die nicht eine Klage, nicht einen Seufzer von sich geben. Er ist nie Parteimitglied gewesen. Hätte er es gewollt, seine bürgerliche Herkunft hätte ihn daran gehindert. Auch wenn er ein gewisses Ansehen genießt, gehört er nicht zu jener roten Aristokratie, die über die Massen herrscht. Er ist nicht würdig, ein Kommunist zu sein. Er wird niemals einer sein, und das ist gut so. Denn wie später ein Barde singen wird: „Es stellte sich heraus, dass unser Väterchen kein Vater war. Er war ein Verbrecher."

1953 hat Witali jedenfalls ganz andere Sorgen. Sir Edmund Hillary hat den Gipfel des Mount Everest erreicht. Der Gral des weltweiten Bergsteigens wurde gehoben! Es dauert einige Zeit, bis sich die Nachricht in der UdSSR ausbreitet. Der Erfolg des Neuseeländers, der zudem jetzt auch in den Adelsstand erhoben wurde[3], ist etwas peinlich und die Sache wird nur gemäß der gewohnten Rhetorik publik gemacht. Die britischen Imperialisten haben demnach den armen Sherpa Tenzing Norgay sowie Dutzende analphabetische Kulis ausgebeutet. Die Völker Asiens müssen sich von dieser kapitalistischen Tyrannei durch die Errungenschaften des Kommunismus befreien. Der Aufruf zur Dekolonialisierung ist somit der einzige Kommentar Moskaus zur unglaublichen Eroberung des „Qomolangma", wie der tibetische Name des Everest lautet, den die Sowjets betont verwenden, um ihren Respekt für die lokale Folklore herauszuheben. Ganz offensichtlich vergessen sie dabei, dass sie selbst bolschewistische Toponyme auf die Berge der UdSSR regnen ließen.

Schon 1950 bei der Erstbesteigung der Annapurna durch die Franzosen[4] kritisierte Witali Abalakow die Westler, die sich kaum um das Leben ihrer Begleiter und noch weniger um das der aufopferungsvollen Träger „minderwertiger Rassen" kümmerten. Ganz zu schweigen davon, so spielte er die Leistung herunter, dass die Annapurna „einer der leichtesten Achttausender der Welt ist". Arme sowjetische Alpinisten! Der Himalaya bleibt für sie ein hoffnungslos verwehrtes Gebiet, und Witali empört sich immer wieder über die „von den kapitalistischen Ländern organisierte" Isolation. „Die Sowjets", argumentiert er, „müssen sich mit den Chinesen, fleißige und kollektive Leute, vereinen, um die Flagge des Friedens auf dem Dach der Welt zu hissen!" Man muss dazu sagen, dass die chinesische Volksarmee gerade Tibet „befreit" hat. Die Maoisten besetzen Lhasa. Die Nordseite des Everest wird nun von einem Bruderland kontrolliert. Die

Fortsetzung kann man in der englischen Presse aus dieser Zeit nachlesen, in der immer wieder vermutet wird, dass mysteriöse sowjetische Expeditionen am „Qomolangma" spurlos verschwinden. Die Vorstellung, dass die rote Flagge der UdSSR auf einer Höhe von 8848 Metern wehen könnte, scheint die britischen Zeitungen in helle Aufregung zu versetzen: „Moskau soll planen, auf dem Gipfel des Everest Statuen von Lenin und Stalin aufzustellen", heißt es in beißenden Artikeln. Wenn es doch nur so wäre! Ich würde der Klatschpresse so gerne einmal Glauben schenken! Ich möchte sehen, wie Witali sich in den Himalaya aufmacht! Leider handelt es sich hier nur um eine wiederholte, schlechte Sensationsnachricht. Zur großen Verzweiflung der Russen ist noch kein Projekt in Sicht. Der sowjetische Alpinismus bleibt hoffnungslos außen vor: seine Berge, seine Wettbewerbe, seine Champions.

Witali selbst scheint übrigens das Interesse an extremen Höhen verloren zu haben. Spartak, der Klub, den er im Alleingang anführt, verschmäht sogar die letzten unberührten Siebentausender der Sowjetunion, beispielsweise den Pik Korschenewskaja im Pamir, der bald von einer konkurrierenden Mannschaft bestiegen wird. Was für ein Wunder ist übrigens dieser Pik Korschenewskaja! Frau Korschenewskaja war weder Bolschewikin noch Volkskommissarin, noch Generalin der Volksarmee. Sie war nur die Ehefrau des kaiserlichen Geografen, der 1910 seine Entdeckung seiner geliebten Gemahlin widmete. Seltsamerweise hat die Revolution diese unbekannte Zaristin nie abgesetzt, deren Andenken zwischen den Woroschilows und weiteren Kalinins noch immer auf der Karte thront. Zur Erklärung dieses Wunders fällt mir nur die legendäre Galanterie des slawischen Mannes ein.

Spartak zieht also den Kaukasus vor. Ich schätze, seit der Tragödie am Khan Tengri fürchtet Witali die Giganten Zentralasiens.

1953 nimmt die Mannschaft die Nordwand des Pik Schurowski in Angriff, einen 4259 Meter hohen Gipfel in der Nähe des Uschba, der alle Merkmale der großen Wände im Mont-Blanc-Gebiet aufweist. Großes Bergsteigen also für die damalige Zeit, die Seilschaften kämpfen sich drei Tage lang durch Fels und Eis. Die Nächte verbringen sie im Sitzen auf mit Eispickeln geschlagenen Stufen in einem Dämmerzustand zwischen Halbschlaf und Halluzinationen. Dort, in diesen ausgesetzten Biwaknächten, öffnet sich Witali ein wenig. Er spricht nur selten und trocken. Sogar in Gesellschaft seiner besten Kameraden taut er nur in der Höhe etwas auf, erinnert sich gelegentlich an einige Lieder aus den Stolby. Ein gewisser Wladimir Kizel beschreibt ihn sogar als Liebhaber der Dichtkunst, der im ewigen Schnee Jessenin, Blok oder Tjuttschew rezitiert …

Ich muss diesen Kizel kurz vorstellen: eine treue Seele wie die anderen, der mal seine Schultern anbietet, um eine Schlüsselpassage zu überwinden, mal auf einem Felsband kocht, den Gaskocher über dem Abgrund zwischen die Knie geklemmt. Sein Buch *Pobedewschi Sudbu* („Schicksalsbezwinger") erzählt von den Expeditionsjahren der Abalakow-Mannschaft: ein glänzendes Zeugnis, dessen Schlichtheit und Ehrerbietung ich genossen habe. Der Schicksalsbezwinger ist kein anderer als Witali, ein Bergsteiger allen Schwierigkeiten zum Trotz: trotz der Amputationen, trotz des Gefängnisses. Doch der Ausdruck könnte genauso gut auf den Autor selbst zutreffen. Der Physiker Wladimir Kizel hat im iranischen Elburs- und Kopet-Dag-Gebirge gekämpft. Dort, an der turkmenischen Grenze, ist er 1943 wegen seiner bürgerlichen Abstammung – und nur aufgrund dieser – verhaftet worden. Sein Vater war zuvor wegen konterrevolutionärer Propaganda erschossen und seine Mutter in einen Gulag deportiert worden. Vom Iran wurde er in die sibirischen Lager Kusbass und dann Norilsk verlegt, die er erst 1950 als Bezwinger des Schicksals verließ …

Mit seiner neuen Route am Pik Schurowski erringt Spartak den ersten Platz in der Kategorie „technische Schwierigkeit". Die Mannschaft wird zudem mit einem neuen Preis ausgezeichnet, dem Jewgeni-Abalakow-Preis, der viele Diskussionen ausgelöst und gegen den Anna Kasakowa so protestiert hat. Ein seltsamer Moment, als Abalakow den Abalakow-Preis erhält: eine kleine Skulptur, die seinen verstorbenen Bruder darstellt, wie er einen Gipfel besteigt.

Witali wird unterstellt, insgeheim eifersüchtig auf den zu sein, mit dem er aufgewachsen ist und der sich in eine Trophäe verwandelt hat, die einer Krönung gleichkommt. Ich vermute, dass die Auszeichnung für ihn eine Mischung aus Freude und Trauer ist, leuchtende Erinnerungen vermischt mit tiefem Groll. Erinnerungen, über die er schweigt. Es heißt, dass Witali Jewgeni nie erwähnte.

Witali verbringt unermüdlich jede Saison im Kaukasus, er ist sein zweites Zuhause, sein Garten, sein Land. Ich erspare uns die Abfolge dieser zahlreichen Besteigungen, die ohne Hindernisse, ohne Drama, ohne Intrige erfolgt sind … Ich verzichte auf die vollständige Auflistung seiner Touren, die er alle geradezu perfekt durchgeführt hat. Alle seine Kameraden leben mit ihm in einer Art herrlicher Routine. „Wir hatten die Begeisterung unserer jungen Jahre seit Langem verloren – wir betrachteten die Landschaft wie Profis", erinnert sich Kizel, dessen Erinnerungen im Verlauf der Lektüre Gelassenheit und Einvernehmen ausstrahlen. Die Abalakow-Mannschaft funktioniert mit ungeschriebenen Regeln.

Mir scheint, dass diese Gruppe von reifen Männern in die Berge geht, um ihre Seele zu retten. Viele haben die willkürlichen Verhaftungen und das Kriegsgemetzel durchgemacht und trauern um zahlreiche Kameraden. Auch wenn ihr Alpinismus nicht frei von Patriotismus ist, so ist er – glaube ich – das Mittel, sich in die steinernen Festungen zurückzuziehen, wo die Zungen sich immer mehr lösen, je höher man steigt. Und abends blicken sie dann wie vom Himmel auf die Wolkenmeere herab und schütten ihr Herz mit jenen russischen Worten aus, die in unseren Sprachen kaum eine Entsprechung finden, weil diejenigen, deren Körper nicht die Narben dieser Worte tragen, ihre wahre Bedeutung nicht ermessen können.

Erwähnenswert ist allerdings noch die Nordwand des Dychtau. Witali bricht zum wiederholten Male auf, diesen Berg, den er von allen Seiten kennt, zu stürmen. So ist das „Routenbergsteigen", es geht mehr um den härtesten Weg durch schwindelerregende Wände als um berauschende Gipfel. Kizel erzählt, dass Witali immer auf Erkundungstour ging, um „den Gipfeln zu lauschen". Dabei stieg er mit sparsamen Bewegungen auf, trat nie einen Stein los. Er lässt niemanden vorausgehen, nur er allein kann führen. Um seine Selbstsicherheit zu spüren, um Hindernisse zu überwinden, vielleicht um andere vor Risiken zu bewahren. Seine amputierten Finger behindern ihn bei jedem Griff, und wenn er Stufen ins Eis schlagen muss, kann man seine Schmerzen im Fuß erahnen. Und trotz allem führt er am Dychtau, den Invalidenausweis in der Tasche, seine Seilschaft zu einem weiteren Erfolg.

Spartak hat aufgehört, die Medaillen zu zählen. Die Mannschaft klappert die großen Wände des Kaukasus ab. Ihr gelobtes Land heißt Uschba, Schchelda, Tichtengen, Tschatyn-Tau, Schchara-Nordwand, Bezengi-Nordwand: in der UdSSR mythische, im Westen jedoch weitgehend unbekannte Namen. Dort leben sie „frei". In der russischen Sprache gibt es zwei Wörter für diesen Begriff, der im Westen scheinbar nur eine Be-

Biwak in der Nordwand des Dychtau, in der Mitte Witali Abalakow

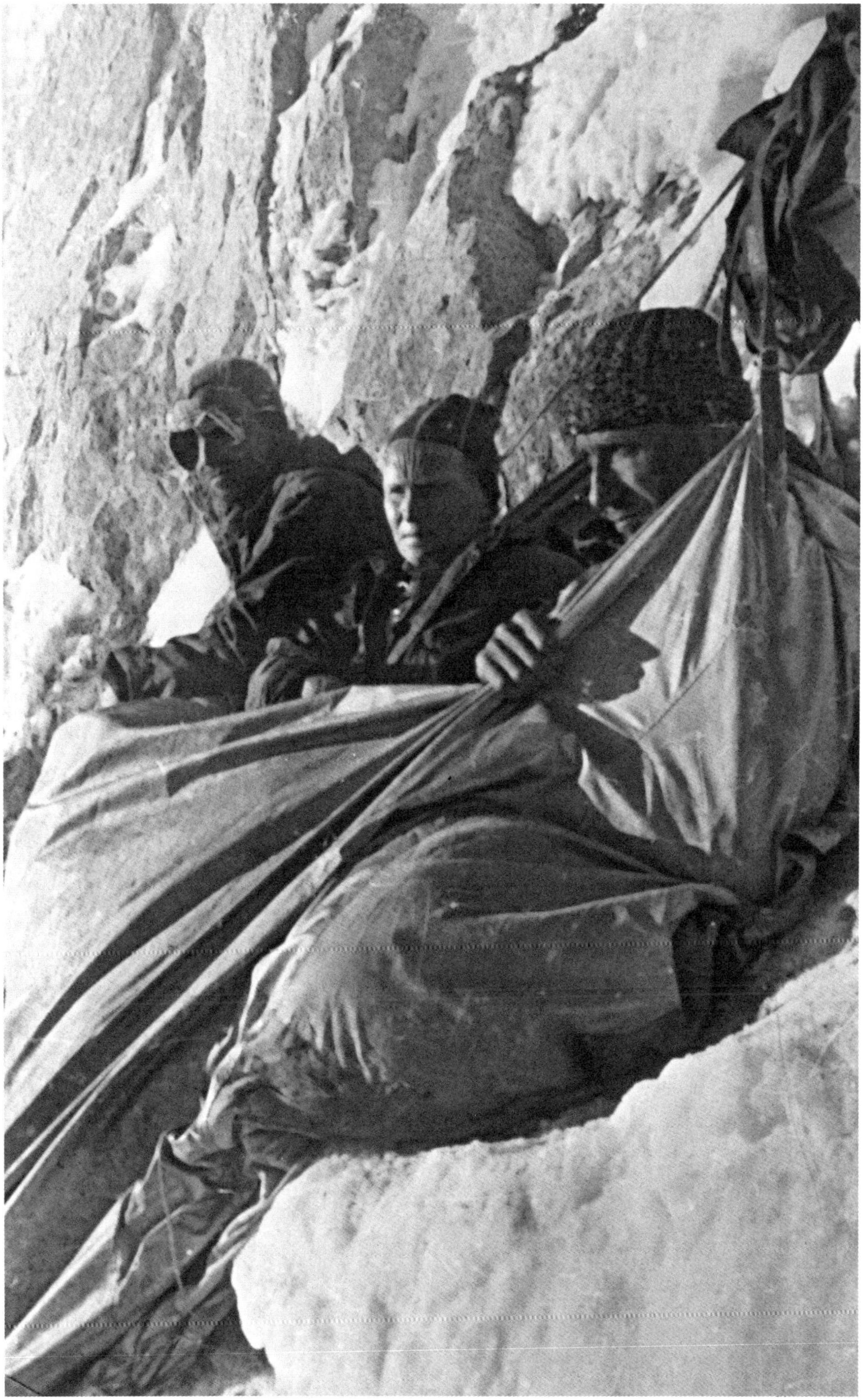

deutung hat. Das eine steht für die Freiheit als Opposition zu einer kastrierenden Macht: *swoboda*. Und das andere für die Freiheit, die keinerlei Hoffnung auf Veränderung der Gesellschaft hat, die lieber jede Autorität flieht, um unter dem milderen Joch der unberührten Natur zu leben. Diese Freiheit heißt *wolja*. Sie bedeutet „*in* Freiheit sein", im ewigen Schnee, unter offenem Himmel, weit weg von den Käfigen der Gemeinschaftswohnungen und Regime jeglicher Art.

Nichtsdestotrotz wird die Welt der Niederungen nach und nach milder. Chruschtschows Machtantritt steht für maßvolles, aber spürbares Tauwetter. Die Sprache ist gemäßigter, der Ton weniger martialisch. Witalis Stellungnahmen in der Presse verlieren etwas von ihrer Unaufrichtigkeit. Ich finde bei ihm nun zum Beispiel keine Verleugnung der erfolgreichen deutschen Besteigung[5] des Pik Lenin von 1928 mehr. Die UdSSR tritt aus ihrer Isolation heraus und bald gibt es für den russischen Leser eine Übersetzung des Berichts über die Everest-Besteigung durch Sir John Hunt[6], bevor dieser sogar selbst nach Moskau kommt! 1954 hält er in der britischen Botschaft eine Rede in kleinem Kreis. Witali Abalakow ist nicht mit von der Partie, glaube ich. Er gehört auch nicht zur Delegation, die in den folgenden Monaten in den Londoner Alpine Club eingeladen wird. Jewgeni Belezki ist es, der aufgrund seiner proletarischen Herkunft dafür vorgeschlagen wird. Derselbe Belezki, der 1937 vermutlich die Büste des „großen Stalin" in die Tiefe geworfen hat. Wenn er nicht gerade in den Bergen unterwegs ist, arbeitet Belezki als Drechsler in der Kirow-Fabrik in Leningrad, er ist mit einer Hilfsarbeiterin aus derselben Fabrik verheiratet. Er verkörpert den Aufstieg der arbeitenden Massen in ein beglückendes Leben und personifiziert den Musterarbeiter, den die Partei aller Welt zeigen will. Im Gegensatz zu Witali hat er am Krieg teilgenommen, finnische Skifahrer gejagt, unnachgiebig gegen die Nazis gekämpft und mitten im Winter sogar die Hitlerfahne vom Elbrus-Gipfel heruntergeholt.

So viele Ehrentaten hatten den NKWD jedoch nicht davon abgehalten, Belezki während der Säuberungen zu verhaften. Vorbild zu sein bedeutete keineswegs Immunität, aber genau wie Witali hatte auch Belezki das große Glück, dem Reigen der Volkskommissare für Inneres bis Ende 1938 standzuhalten. Er ging frei von jedem Verdacht und offiziell „rehabilitiert" aus seinem Prozess hervor. Das zu erwähnen ist wichtig. Denn Witali seinerseits ist nicht „rehabilitiert". Er wurde aufgrund „haltloser Vorwürfe" freigelassen, aber ungeachtet des Plädoyers seines Anwalts wurde er nicht „rehabilitiert". Wahrscheinlich ist er aus diesem Grund in den Augen der Autoritäten nicht vorzeigbar. Witali Abalakow saß hoffnungslos in der UdSSR fest und durfte das Land nicht verlassen.

Folglich ist es Belezki, der in diesem Jahr als Abgesandter der sowjetischen Berge ins perfide England geht. Immer lächelnd führt er die Delegation des russischen Alpinismus bei ihrem ersten mondänen Ausgang an. Er beherrscht die Kunst der leichten Konversation, er rühmt die schwindelnden Höhen des Kaukasus und des Pamir landauf, landab in diesem flachen Land, das in Regen ertrinkt. Am Ende der Reise überreicht Sir John Hunt der sowjetischen Delegation diplomatisch ein Nylonseil, und ich wette, dass das Geschenk nach ihrer Rückkehr in der Werkstatt des Ingenieurs Abalakow landete. Die Sowjets klettern noch mit statischen Seilen.

GIPFEL DES SIEGES

Witalis Rückkehr in extreme Höhen ist das Ergebnis einer langen und akribischen Vorbereitung. 1955 ist die Spartak-Mannschaft endlich so weit. Sie steuert auf der unumgänglichen M-41 den Pamir an. Als sie durch ein Städtchen kommen, beschreibt Kizel: „Links der KGB, rechts das Gefängnis." Diskrete Andeutungen einer traurigen Realität, die in den Beschreibungen der staubigen Straßen, der Flusspassagen und der Menschen dort untergehen. Einmal müssen sie, erinnert sich Kizel, zwei Tage lang ununterbrochen mit einem alten *karawan baschi*[7] trinken und palavern. Trotz jahrzehntelangem Sozialismus sind manche Bräuche noch lebendig. Stundenlang füttern Witali, Kizel und die anderen die Unterhaltung, sprechen über die Ernte, die Schafherden, die Launen des Himmels … Am dritten Tag, so Kizel, kommen sie endlich zur Hauptsache: Kamele und anderes Vieh für den Zustieg.

In diesem Jahr verwirklicht die Abalakow-Mannschaft eine erstklassige Route, die vom Pik Muzdzhilga (6376 Meter) zum Pik Sandal (6072 Meter) führt. „Wenn es um Überquerungen geht, sind die Sowjets die Besten der Welt", behauptet Witali überzeugt. Traversen sind tatsächlich ihre große Spezialität, und somit läuft alles ausgezeichnet. Zu dieser Expedition gibt es kaum weitere Kommentare. Es ist zum Verzweifeln. Witali erlaubt es seinen Leuten gerade so, diese erneute Tour de Force mit einer Mischung aus medizinischem Alkohol und Sanddorn zu feiern, den sie von den Sträuchern am Gletscherrand gepflückt haben. Er verbietet normalerweise jedes Trinken von Alkohol und betrachtet sogar Naschereien argwöhnisch. Es ist jedoch gängige Praxis, den Alkoholgehalt des Stärkungstrunks dem Schwierigkeitsgrad der Wände anzupassen, unter dem Vorwand, dass Wodka gut für die Akklimatisierung ist. Die Abalakow-Mannschaft hat gerade ihre Höhentauglichkeit mit Bravour bewiesen. Zu Recht kann sie an die Gipfeleminenzen des Himalaya denken.

Noch weiter im Osten rollen die Chinesen den Gipfelteppich des „wiedervereinigten" Tibets für ihre großen kommunistischen Brüder aus. Eine chinesisch-sowjetische Expedition vergewaltigt 1956 den unberührten Schnee des Muztagh Ata (7546 Meter), an dem sich die Engländer die Zähne ausgebissen haben, was die Sache noch reizvoller macht. Es ist der höchste Gipfel, der von der UdSSR erstbestiegen wurde, und das ist noch nicht alles. Endlich auf das Dach der Welt losgelassen, führen die Sowjets ihre maoistischen Lehrlinge mit der Hand des Meisters auf weitere unbestiegene Siebentausender wie den Kongur Jiubie – Berge, die es in der UdSSR selten, in Tibet aber im Überfluss gibt. So viele schwindelnd hohe Gipfel, die alle den Pik Stalin überragen! Noch nie waren sie in solchen Höhen!

Witali Abalakow ist allerdings nicht mit von der Partie. Weder Kizel noch sonst einer von Spartak, und ich habe mich lange gefragt, warum. Zuerst dachte ich, dass die Mannschaft für die älteste gehalten wird, verglichen mit den Dutzenden Sektionen, die überall in der ganzen UdSSR entstanden sind – Lokomotiv, Dynamo, CSKA – und die neue und starke Mitglieder haben. Jedoch wird Witali zu dieser Zeit noch als kräftig, muskulös und vielen jungen Leuten im Skilanglauf überlegen beschrieben. Hinzu kommt, dass Belezki, der Vorzeigearbeiter, trotz seiner fast fünfzig Jahre diesen Eroberungszug in Tibet angeführt hat. Es ist anzunehmen, dass dieses verpasste Treffen mit dem Himalaya einmal mehr Witalis fehlender Rehabilitation geschuldet ist, die er wie ein Schandmal mit sich herumschleppt, von dem er sich nicht einmal mit der Aura seiner Erfolge befreien kann.

Im Februar wird der XX. Parteikongress der KPdSU abgehalten. Nikita Chruschtschow verurteilt den Personenkult und die „Auswüchse" des Stalinismus. Eine historische Untertreibung, die dennoch den Weg für die Revision aller willkürlichen Urteile öffnet, die während des Großen Terrors gefällt wurden. Die ehemaligen Häftlinge können jetzt ihre Prozesse anfechten und die Misshandlungen anzeigen, die sie erleiden mussten. Um der Ehre willen natürlich, denn von Entschädigung ist nicht die Rede. Das Einzige, was manchmal bei der Berechnung der elenden Renten berücksichtigt wird, sind die Lagerstrafen. Dennoch ist für Hunderttausende Bürger die Aussicht, ihren Ruf in den Augen der Gesellschaft und Autoritäten aller Art reinwaschen zu können, ein Lichtblick.

Witali hat uns nichts in Bezug auf die Ungnade, die ihn weiterhin verfolgt, hinterlassen. Ob er die notwendigen Schritte eingeleitet hat oder nicht, sie waren bisher nicht erfolgreich. Die schwerfälligen Gerichtsverfahren sind endlos. Eine solche Strafvergangenheit lässt sich nicht mit einem Fingerschnippen bereinigen, und wenn man die Opfer rehabilitiert, müssten dann nicht die Henker belangt werden? Ist Witali, wie andere, versucht, selbst Gerechtigkeit walten zu lassen und die Kommissare zu jagen, die ihn gefoltert haben?

Ich nehme an, dass diese selbst bereits unter der Erde liegen und dass sich Witali eher seinem stalinschen Schicksal ergibt. Obwohl Väterchen Stalin nun in Lenins Mausoleum ruht, bleibt Witali wie Millionen seiner Landsleute durch ihn gebrandmarkt. Er ist dazu verdammt, die Bergmassive der UdSSR zu durchstreifen, ohne die Landesgrenzen jemals zu überschreiten. Er ist einer Zeit, einem Regime, einer Ideologie und nicht zuletzt einer Geografie unterworfen. Ob er es will oder nicht: Er ist und bleibt für immer Stalins Alpinist.

Also beschließt Witali, seine Karriere zu vervollkommnen, indem er den letzten sich widersetzenden Gipfel des Tian Shan angeht. Er übernimmt die Mission, die seinem Bruder am Vorabend seines Todes aufgetragen wurde: den Gipfel des Sieges, zweithöchster Punkt eines Gebiets, das er nicht verlassen kann. Der gefürchtete und abgelegene Gipfel, der von Militärtopographen Ende des Krieges entdeckt wurde, ist ihr letzter unbezwungener Siebentausender. Es ist Zeit, diesen rebellischen Gipfel an der Grenze der Kirgisischen Sozialistischen Sowjetrepublik und Maos China zu bändigen. Es ist Zeit, dem Mythos Abalakow die Krone aufzusetzen.

Der Gipfel des Sieges[8] ist damals *der* menschenfressende Berg der Sowjets. Man nennt ihn auch den „Gefrierschrank“, wegen seiner scheußlichen Temperaturen. Zusammen mit dem Khan Tengri, dem er gegenübersteht, ist er der nördlichste Siebentausender des Globus. Dreizehn Männer haben bereits in den gewaltigen Lawinen den Tod gefunden, die seine makellosen Wände blankfegen – wenn sie nicht, von den tobenden Elementen festgehalten, in seinen Flanken erfroren sind. Alle Versuche scheiterten.

Für Witali steht viel auf dem Spiel. Die Presse aller Republiken wird diese Besteigung wie keine andere mitverfolgen. Das breite Publikum versteht nichts von den technischen Schwierigkeiten und begeistert sich nur für die extreme Höhe. Der Gipfel des Sieges eignet sich perfekt für die Propaganda. Jeder weiß, dass der große Alpinist Witali Abalakow zwanzig Jahre zuvor am benachbarten Khan Tengri eine Reihe Finger- und Zehenglieder verloren hat. Dies ist die Rückkehr des Überlebenden, die zweite Runde. Etwas, das den Besteigungsversuchen ein wenig Würze gibt, die ansonsten nicht immer genügend Futter für die Berichterstattung liefern.

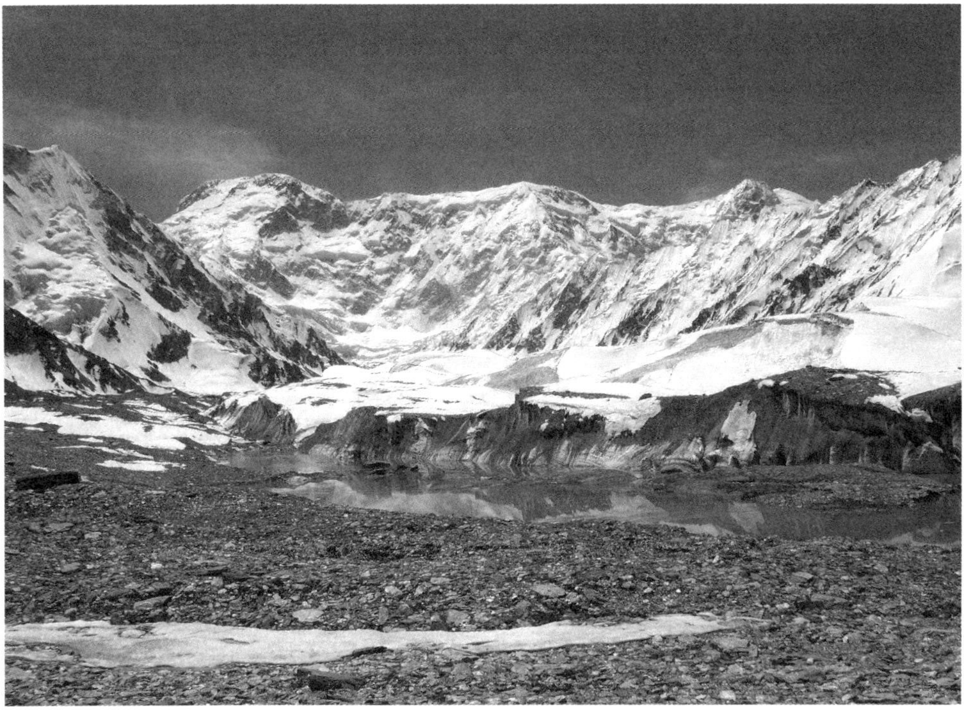

Der Pik Pobeda („Gipfel des Sieges") im Tian Shan ist mit 7439 Metern der zweithöchste Gipfel im Gebiet der ehemaligen Sowjetunion.

Es ist viel Wasser die Bäche hinuntergeflossen. 1936 waren sie jung, verwegen, leidenschaftlich … Von Improvisation kann jetzt keine Rede mehr sein. Die Karawane, die sich in Bewegung setzt, zählt zwanzig Alpinisten, sechzig Tragtiere, 25 Schlachtschafe und einen Hund, der auf den Namen Spartak hört. Witali wäscht sich morgens in den Gletscherbächen, die in den chinesischen Wüsten versickern werden. Rät er nicht in seinen Büchern, im Winter auf dem Eis fischen zu gehen, um sich an die Kälte zu gewöhnen? Die Route ist hin und wieder auf den Moränen mit Steinmännern markiert. Oder „mit einer gestrichelten roten Linie, den Spuren, die die blutigen Hufe unserer Pferde auf den spitzen Steinen hinterlassen", wie der Chronist der Expedition festhält. Die Tiere rutschen, stolpern und sind nur durch die Rufe der kirgisischen Karawanenführer zum Überqueren der Gletscherspalten zu bewegen.

Die ausgewählte Gruppe ist eine Mischung aus alter Garde und der Ablösung von Spartak. Eine ideale Gruppe, deren Zusammensetzung vom Bergarbeiter aus Qaraghandy über einen Schreiner bis zum Moskauer Physiker reicht. Auch einige Kasachen sind dabei, darunter ein Überlebenswunder, der unverwüstliche Ural Ussenow[9], der zum dritten Mal herkommt, um den Gipfel des Sieges zu besteigen. Beim zweiten Mal kehrte er als Einziger zurück. Er wurde im letzten Augenblick von usbekischen Alpinisten aus einer Gletscherspalte gerettet – seine Kameraden ließ er in der Ewigkeit der weißen Hölle zurück.

Natürlich ist Witali Abalakow der Expeditionsleiter. Ich lese, dass er, „einen Stock in der Hand, in einem weiten, im Wind flatternden silbernen Mantel und mit einem turbanähnlich gewickelten Handtuch auf dem Kopf" Befehle erteilt. Die sowjetischen Autoren sind immer so inspiriert. Durch das viele Lesen habe ich mit der Zeit gelernt, den Stil eines jeden zu unterscheiden. Dieser hier ist bekannt für seine Gedankenflüge, unglaublich politisch korrekt, langweilig wie ein Schriftsteller in Chruschtschows Gnaden. Ich hoffe, ich habe mir daran kein Beispiel genommen.

Auf dem oberen Engiltschek-Gletscher angekommen betrachtet Witali mit Verbitterung die Pyramide des Khan Tengri, die dort, wie vor zwanzig Jahren, majestätisch thront. Dann wendet er seinen Blick nach Südosten zum Gipfel des Sieges, dieser breiten Mauer, die von Eisrinnen durchzogen den Horizont versperrt. Ihre Höhe ist so offensichtlich. Wie haben er und sein

Bruder ihn damals übersehen können? Sie hatten ihn, grob geschätzt, auf chinesischem Gebiet verortet und waren hauptsächlich mit der Hoffnungslosigkeit ihrer Lage beschäftigt.

Witali schickt die Karawane zurück. Basislager. Auf 4150 Metern wird ein Zeltdorf errichtet, mit dabei der Wissenschaft wegen: die obligatorische Wetterstation. Routine stellt sich ein. Jeden Morgen stellen sich alle zur täglichen Gymnastik in Reih und Glied auf und am Abend hören sie im Radio die Berichte der *poljarniks* in der Antarktis. Überall sind die Menschen dabei, die Erforschung der Erde abzuschließen. Der Gipfel des Sieges ist der letzte unberührte Siebentausender der UdSSR.

Oder vielmehr *fast* unberührt. 1938 kämpften sich drei Komsomolzen, darunter Leonid Gutman, blind im Nebel suchend bis zu einem östlichen Vorgipfel vor, wo sie ein Stalinportrait ablegten. Abalakow hat nicht vor, ihren Spuren zu folgen. Der Spartak-Leiter hat eine Direttissima zwischen Séracs und Lawinenbahnen durch die riesige weiße Wand vereinbart. Das Lager 1 wird eiligst auf einer ebenen Stelle auf 5300 Metern eingerichtet. Nach sowjetischer Art wird eine Schneehöhle gegraben, die einen sichereren Schutz bietet als ein Zelt. Es ist eine Plackerei mit Schaufeln und Sägen, bis man Ausrüstung und Vorräte, die die Männer wie Ameisen herauftragen, zwischenlagern kann.

Auf 5600 Metern gibt der Hund Spartak, der bis hierher gefolgt ist, schneeblind auf. Er hatte sich geweigert, sich eine Brille aufsetzen zu lassen! Wie schade. Er wird nicht wie Laika[10] für die Nachwelt unsterblich werden. Seine Herrchen spuren regelmäßig die Anstiege zu den Lagern in der Wand: auf 5800 Metern, dann auf 6300 Metern und auf 6500 Metern. Abalakow verfolgt die Arbeiten mit seinem Fernglas. Er überlässt nichts dem Zufall. Wenn es dann so weit ist, übernimmt er die Führung bis auf 7000 Meter Höhe. Mithilfe von Magnesium-Streichhölzern und einen Farbcode wird ihnen von unten das Herannahen eines Tiefs signalisiert. Der Stoßtrupp dreht folglich um und mauert sich mit Schneeblöcken in der Biwakhöhle auf 6500 Metern ein.

Es ist Ende August, und alle hoffen, dass nicht schon der Wintereinbruch kommt. Es herrscht starker Schneefall. Im Schutz vor dem tobenden Sturm wird Karten gespielt. Die Gasoapparat-Brenner kochen ununterbrochen Tee. Nach vier Tagen klart der Himmel auf. Bei schneidendem Frost müssen sie noch die Sonne abwarten, dann stürmen sie los, nach oben.

Wegen der Windböen, die den Schnee von den überhängenden Wechten blasen, verlieren sich die Seilschaften aus den Augen. Der Gipfel befindet sich am Ende eines langen Grates. Witali ist selbstverständlich der Erste.

30. August 1956. Sieg über den Gipfel des Sieges. Sieg über das Schicksal.

Insgesamt werden es elf sein, die den Fuß auf den Gipfel setzen, darunter der Kasache Ural Ussenow. Elf! Nicht wie bei den Kapitalisten, denen ein Führer und ein Sherpa reichen, um sich vor der ganzen Welt zu brüsten! Das System Abalakow hat seinen Höhepunkt erreicht. Alles lief wie geschmiert. Die Zeiten haben sich geändert. Der Amateursport der Pioniere ist Geschichte. Keine Stalinporträts mehr. Niemand, der die *Internationale* singt. Einer der Expeditionsteilnehmer hinterlegt statt der üblichen kommunistischen Reliquien ein Spielzeug seiner Tochter, eine Gummiziege. Nur das Spartak-Emblem weht im Wind, nirgendwo sehe ich eine sowjetische Flagge. Politisches Tauwetter bei minus vierzig Grad Celsius.

Einige werfen Abalakow später vor, nicht exakt auf dem Gipfel gestanden zu sein. Mehr als nur ein Gipfel ist der Pik Pobeda, der Gipfel des Sieges, nämlich ein drei Kilometer langer Grat, der sich auf über 7000 Metern erstreckt und dessen höchste Erhebung damals noch nicht exakt vermessen war. Das ewige Gezänk der Alpinisten verhindert nicht, dass die Expedition mit allen nur möglichen Preisen und Witali mit dem Lenin-Orden ausgezeichnet wird.

Und nach ihnen die Sintflut. Der Gipfel des Sieges kostete in den folgenden drei Jahren weiteren siebzehn tapferen Sowjets das Leben.

EVEREST-NORDWAND

Der Sommer 1957 ist ein Flop. Die Nordwand des Tschatyn im Kaukasus lässt sich nicht besteigen, auch wenn sich in der Abalakow-Mannschaft der neue Stern im sowjetischen Alpinismus, der Georgier Michail Chergiani, befindet. Der Sohn eines Hirten wurde Klettermeister der UdSSR und ist der lebende Beweis – wenn es diesbezüglich noch etwas zu beweisen gibt – für die Aufhebung der Klassen im Land der Sowjets. Aber das Wetter ist schlecht und die Vorräte sind knapp. Trotz der Verfügung, die Stalin vor seinem Tod zugunsten der Ausbildungsleiter erlassen hat, können sie ihre Urlaube nicht verlängern. Das Spartak-Team kehrt nach Moskau zurück, jeder in seine Fabrik, seine Werkstatt oder sein Büro. Ein eher seltener Fehlschlag, wenn es mir erlaubt ist, das so zu sagen.

Im Herbst freuen sich einige, zum Trento Bergfilm Festival nach Italien zu fliegen. Die Delegation präsentiert den Kurzfilm *Wenn die Berge sprechen könnten* einem Publikum, das die UdSSR eher mit Sputniks und Interkontinentalraketen in Verbindung bringt als mit dem Höhenbergsteigen. Die Ausländer entdecken durch die Kamera eine Welt, die ihnen so verschlossen ist, wie es für Witali Abalakow verboten bleibt, den Eisernen Vorhang zu übertreten. Seine Abwesenheit ist umso bedauerlicher, da die Crème de la Crème des Alpinismus vor Ort ist: der Engländer John Hunt, der Franzose Lionel Terray oder der Italiener Ricardo Cassin. Die Sowjets werden sich ihres Rückstandes im Himalaya bewusst und schenken ringsum Wodka aus.

Tenzing Norgay ist auch da, der Sherpa der Everest-Erstbesteigung. Der Nepalese verhält sich inmitten der „Sahibs" zurückhaltend, trotz ihres kameradschaftlichen Verhaltens, bemerkt Wladimir Kizel, der vor Kurzem von der Obrigkeit „vollständig rehabilitiert" wurde. Da ist er also in Italien, begeistert, leutselig und mit den weltbesten Bergsteigern im Gespräch. Ahnen die gutgenährten Europäer, dass der Mann, den sie vor sich haben, Jahre der Verbannung im Gulag in den schlimmsten sibirischen Gegenden verbracht hat?

Auch wenn Witali nicht in Trient ist, gewinnt der Prozess der Rehabilitationen immer größere Bedeutung. Eine Akte nach der anderen wird geöffnet. In jenem Jahr 1957 wird der Onkel der Brüder Abalakow, der sie aufgezogen hat, *post mortem* entlastet. Mir gefällt der Gedanke, dass er es Witali, dem dankbaren Waisenkind, zu verdanken hat, dass diese Schritte beim Militärstaatsanwalt unternommen wurden. Großmütig erkennt das Gericht auf einem Dokument, dessen Briefkopf mit einem roten Stern geschmückt ist, das „Fehlen eines eindeutigen Verbrechens" an. Das Urteil wird aufgehoben. Wobei es eine Ewigkeit her ist, dass der Onkel erschossen wurde. Schickt man ihm eine Kopie ins Fegefeuer, damit er seine Ansprüche auf das Paradies geltend machen kann?

Bald wird Witali vor die Staatssicherheit geladen. Zwanzig Jahre nach seiner Verhaftung lenkt er seine Schritte in Richtung Lubjanka, in deren Gefängniszellen alle Angeklagten zuerst landeten. Das NKWD ist zum KGB geworden, als ob mit einem neuen Akronym eine Absolution erteilt würde. Diesmal betritt er die Lubjanka als freier Bürger. Er sieht die Flure, Büros und Uniformen wieder. Er wird zwangsläufig von Erinnerungen und Gespenstern heimgesucht. Wie 1938 wird ihm Stift und Papier gegeben, um seine Aussagen aufzuschreiben, doch jetzt sind die Beamten höflich. Er wird gebeten, nur die reine Wahrheit wiederzugeben, und er setzt sechzehn handschriftliche Seiten auf, auf denen er die Fakten darlegt und seine Würde wie die seiner der Säuberungen zum Opfer gefallenen Kameraden wiederherstellt. Nach dieser Vorladung ist Witali Abalakow endlich rehabilitiert.

Die Verstoßenen kehren gemächlichen Schrittes in ihre Städte zurück, wo die Statuen von Väterchen Stalin aus dem Stadtbild verschwinden. Man behält nur die von Lenin. Die UdSSR erwacht ein wenig aus ihrer Starre, und in den alpinen Chroniken lese ich zum Gedenken an die Verschollenen, deren Hinrichtungen bisher verschwiegen wurden, so klare Formulierungen wie „gestorben zur Zeit des Personenkults". Aber ich lese auch, dass zum vierzigsten Jahrestag der Oktoberrevolution die Burewestnik-Mannschaft, ein mit Spartak rivalisierender Studenten- und Professorenverein, eine neue Route am Pik Stalin eröffnete. Auf dem Gipfel hinterließ sie, neben einem Wimpel ihres Vereins, ein Portrait des Diktators und eine Notiz: „Die Mannschaft verneigt sich vor dem grandiosen Denkmal des großen Kommunisten." Die Entstalinisierung sollte noch Zeit brauchen.

Die Burewestnik-Mannschaft wird damals von einem Mann geleitet, den ich an dieser Stelle vorstellen muss: Kirill Kusmin. Es tut mir leid für den Leser, den all die kyrillischen Namen strapazieren, aber Witali Abalakows Schicksal ist auch insofern außergewöhnlich, da es das Schicksal aller großen Akteure des sowjetischen Jahrhunderts berührt. Kirill Kusmin ist eine wichtige Persönlichkeit der Nachkriegszeit. Als „Industriebergsteiger" arbeitet er, am Seil hängend, an den Wasserkraftstaudämmen der großen sibirischen Ströme oder bewegt sich in schwindelnder Höhe an den Fassaden der sozialistisch-realistischen Bauten. Er zeigt die gleiche Geschicklichkeit an den Werken der Natur, und seine Sektion wird regelmäßig, Saison für Saison und im Wechsel mit Spartak, zur UdSSR-Meisterin erkoren. Kirill Kusmin ist Witalis Konkurrent. Eine Rivalität auf Distanz, jeder auf seinem Berg, jeder in seiner Wand. Jeder hört mit halbem Ohr und gespieltem Desinteresse zu, wenn über den anderen gesprochen wird. Bis das Schicksal sie zusammenführt und die Geschichte für sie einen heiligen Bund vorsieht.

Seit Jahren streben die Sowjets danach, einen Achttausender zu erobern. Die Frustration, nicht höher aufsteigen zu können, könnte nicht größer sein. Sie kennen ihre Gebirge und Massive in- und auswendig, alle größeren Erhebungen des Tian Shan und Pamir sind bestiegen worden. Selbst die Suche nach dem Yeti war Gegenstand einer sehr seriösen Mission in Zentralasien. Ich kann es selbst nicht glauben: Sollte der berühmteste Alpinist der UdSSR tatsächlich nicht in den Himalaya gehen?

Doch 1958 wird endlich eine chinesisch-sowjetische Expedition für die unberührte Nordwand des Qomolangma auf die Beine gestellt. Eine einmalige Gelegenheit, das Scheinwerferlicht und die Aufmerksamkeit der Partei auf sich zu ziehen! Das Medienecho des Alpinismus ist in der Tat unbedeutend. Ein Hockeyspiel oder ein Schachturnier wirken stärker auf den Ost-West-Konflikt als Eistouren am äußersten Rand von Republiken, die nicht einmal die Moskauer und schon gar nicht der Westen kennen. Ganz zu schweigen vom Raumfahrtprogramm, das im Entstehen ist. Das gesamte Interesse gilt dem Sputnik und der Hündin Laika. Der Weltraum hat den Pamir vom Thron verdrängt, er ist zum Maßstab des Heldentums geworden. 1933 hat Jewgeni Abalakow noch mit der Bezwingung des Pik Stalin von sich reden machen können, das ist jetzt bei den an technischen Schwierigkeiten orientierten Kletterern, deren Heldentaten nur im kleinen Kreis bekannt sind, nicht mehr der Fall. Und Lenins Abbild wird nicht mehr auf die Gipfel der Erde gebracht, sondern auf die Mondoberfläche.

Im Frühjahr 1958 gehen die Verhandlungen mit Peking zügig voran. Die Elite des sowjetischen Alpinismus wird einbestellt, sie rekrutiert sich hauptsächlich aus den Reihen von Spartak und Burewestnik, den beiden führenden Vereinen. Die gesamte Abalakow-Mannschaft wird mobilisiert. Die Erfahrung vom Pik Pobeda, dem Gipfel des Sieges, wird im Himalaya nützlich sein, ganz zu schweigen von der Tatsache, dass Witali trotz seiner angeblichen Phobie vor Versammlungen und anderen Präsidien ein erhebliches Gewicht bei den Instanzen besitzt. Manche werfen ihm einen gewissen Autoritarismus vor, und dass er sich vor allem für die eigenen Leute einsetzt. Er wird zum Fitness- und Techniktrainer ernannt, während man die Expeditionsleitung Kirill Kusmin anvertraut. Die beiden müssen zusammenarbeiten und eventuelle Feindseligkeiten beiseitelegen. Vielleicht werden sie eine gemeinsame Seilschaft zum Gipfel bilden.

Aber im Moment geht es darum, die Maoisten in Schwung zu bringen, eine völlig andere Herausforderung. Moskau hat beschlossen, seine kommunistischen Brüder an der Südwand des Pik Lenin zu prüfen, die viel seltener begangen wird als die Nordwand. Vermutlich sind sie auch auf Diskretion bedacht, denn die Everest-Expedition bleibt vorerst ein Staatsgeheimnis. Die 21 Sowjets und 44 Maoisten – darunter zwei Frauen – begeben sich im Sommer zum Pamir-Plateau. Zunächst müssen sie am Ufer des Karakol-Sees entlangwandern, danach wird das Basislager unter der Gletscherfront des Pik Oktober errichtet. „Abalakow und Kusmin trafen sich zum ersten Mal in den Bergen. Sie starrten sich feindselig an“, amüsiert sich Kizel. Umso weniger amüsiert er sich, wenn er das Spektakel der Gletscher- und Eis-Schulung betrachtet, die den Chinesen eigentlich die Grundlagen beibringen soll. Es stellt sich heraus, dass ihre Fähigkeiten erschreckend gering sind, ganz zu schweigen von ihrer körperlichen Verfassung. Sie wurden nur aufgrund ihrer Parteitreue ausgewählt.

„Dann ging es los. Die Chinesen wichen zur Seite, schrien ziemlich lange etwas, schwenkten Fahnen. Es stellte sich heraus, dass sie Mao schworen, den Pik des großen Lenin zu besteigen“, schreibt Kizel. „Es waren einfache Leute, Arbeiter, Bergleute, Soldaten. Sie lasen nicht die Dichtung Li Bais und Du Fus, aber in ihnen konnte man eine sehr alte kollektivistische Kultur erspüren.“

Die Expedition wird in drei „Kolonnen“ aufgeteilt. Kusmin, Abalakow und Belezki führen jeweils eine homogen wirkende Gruppe. Es werden mehrere Zwischenlager eingerichtet. Ein Nahrungsmittellager wird von einem Bären geplündert, und Belezki, der ebenfalls über diese binationale Besteigung berichtet, beginnt an einen Yeti zu glauben. Er erzählt jedoch etwas noch viel Seltsameres. Seine Seilschaften treffen auf eine Expedition der Georgischen Sozialistischen Sowjetrepublik, die von einem gewissen Iwanischwili geleitet wird und sich ebenfalls auf die Besteigung des Everest vorbereitet … Der König von Nepal soll sie 1957 während eines Besuchs in Tiflis dazu eingeladen haben. Darüber habe ich nie auch nur die kleinste Information ausfindig machen können.

Kusmin, der die Führungsgruppe leitet, nimmt – wie die Deutschen 1928 – die Route über den Krylenko-Pass. Die Maoisten folgen, koste es, was es wolle. Trotz Herzattacken und anderer Erkrankungen bestehen sie unermüdlich darauf, weiterzumachen. Wenn sie erschöpft sind, geben ihnen die Sowjets wer weiß welche Spritzen. Kizel erzählt weiter, dass ein Chinese an einem sehr steilen Hang plötzlich die Hand auf sein Herz legt und sich über den Abgrund beugt. Ein Russe springt auf, um ihn festzuhalten, aber der andere hat nur in seiner Tasche nach der Fahne der Volksrepublik China gegriffen, um seinen leidenden Landsleuten Mut zu machen!

Marx hatte nie so eifrige Jünger wie die Asiaten. Es ist ein grotesker Kommunismus, der sich den Augen der Sowjets bietet und den sie fasziniert entdecken. Jene sind zwar mit den ideologischen Auswüchsen vertraut, aber angesichts des *fanatism* ihrer neuen Genossen buchstäblich fassungslos. „Man spürt sofort die innere Disziplin und den blinden Gehorsam der Chinesen. Man kann sie nur um ihren Stoizismus beneiden. Egal wie erschöpft sie sind, ihre Gesichter blieben unergründlich heiter“, erinnert sich Kizel.

„Es wäre eine Sünde, darüber zu lachen, nachdem wir so viele Jahre selbst unter diesem Joch gelebt haben“, sagt ein anderer nachsichtig. Die Russen haben so etwas wie eine unzerstörbare Menschlichkeit, die die Asiaten in dunklen Zeiten im Innersten ihrer Seele vergraben. Sie haben trotz des Autoritarismus ihrer Regierungen etwas beruhigend Unbeugsames.

Hören wir Kizel weiter zu: „Die Fertiggerichte waren sehr kalorienreich, aber die Chinesen ernährten sich nur von Reis und Erbsen. Sie weigerten sich, Zucker zu essen. Die Trainer überzeugten sie schließlich, dass Reiskochen auf 6000 Metern Unsinn ist. Bei längeren Anstrengungen kippten sie manchmal um. Der Dolmetscher Pen Shuli (zweifellos ein Agent ihres

KGB) löste das Problem, indem er erklärte, dass Vater Mao befohlen hatte, russische Küche zu essen, und alles regelte sich."

Dank ihres unerschütterlichen Glaubens an die Idee des Großen Steuermanns schaffen es im Schlepptau der 21 Sowjets siebzehn Chinesen auf den Gipfel des Pik Lenin. Zum ersten Mal besteigt eine so große Gruppe gleichzeitig einen Siebentausender. Das ist genau jene Art von Glanzleistung, die in den kommunistischen Ländern so beliebt ist. Es gibt eine Fotografie vom Gipfel, die Witali Abalakow vor dem Hintergrund der Büste, die er 1934 aufgestellt hat, und den beiden zinnoberroten Fahnen, inmitten der maoistischen Genossen zeigt. Das ist jedoch noch nicht alles. Kizel erzählt weiter: „Auf dem Südgrat führte Kusmin vier Chinesen auf einen namenlosen 6852 Meter hohen Gipfel. Wir wollten ihn Pik Mao nennen. Sie weigerten sich, weil er niedriger als der Pik Lenin war. Wir haben ihn schließlich Pik Moskau-Peking genannt." Wie in dem Lied, das damals populär war:

> Russen und Chinesen, Brüder für immer /
> Stalin und Mao hören uns zu /
> Moskau, Peking /
> Auf der Wolga hört man die Stimme des Jangtse /
> Die Chinesen sehen das Strahlen des Kremls.

Die dritte Gruppe erreicht den Gipfel leider nicht. Eine Chinesin erlitt einen Herzinfarkt. Zurück im Lager, zwingen ihre Landsleute sie dazu, draußen zu schlafen, weil sie ihr Versprechen an Mao, den Pik Lenin zu besteigen, nicht gehalten hat! Man lässt die Unglückliche auf dem eisigen Boden sitzen, wo sie wirklich zu sterben droht. Die Sowjets müssen dafür sorgen, dass sie in ein Zelt hineingelassen wird, und dies gelingt nur, weil die Chinesen mittlerweile einige russische Schimpfwörter verstehen, so Kizel. Wer die russische Sprache und ihre typischen Schimpfwörter kennt, kann sich die Szene gut vorstellen.

Das gemeinsame Training erweist sich trotz allem als erfolgreich, gleichzeitig schreiten die Gespräche mit Peking rasch voran. Eine Erkundungstour am Everest wird für den Herbst, kurz nach dem Monsun angesetzt. Das allunionistische Komitee für Körperkultur sucht für diese Mission drei Alpinisten aus, darunter Belezki und ein treues Mitglied der Abalakow-Mannschaft: Lew Filimonow. Witali wäre gerne selbst mitgegangen, aber, so sagt er am Telefon zu Filimonow, er kann nicht, er muss sich um die Sauerstoffflaschen kümmern. Die Vorbereitungen für die Expedition „Everest 1959" laufen auf Hochtouren.

In Peking angekommen, überreicht das Trio den Chinesen als diplomatisches Geschenk eine Kiste mit Haken und Karabinern, die der Ingenieur Abalakow entwickelt hat. Nach der Begrüßungszeremonie statten die Maoisten die Sowjets mit militärischen Winteruniformen aus. Offiziell sind Letztere in ihrer Eigenschaft als Experten da. Die Expedition „Everest 1959" wird immer noch geheim gehalten und so werden unsere Moskauer als Elemente der Volksarmee getarnt. Man geht sogar so weit, ihnen Waffen anzubieten, was sie höflich ablehnen. In Tibet sind Scharmützel mit den Anhängern des Dalai Lama immer noch an der Tagesordnung. Wir haben Filimonows Bericht. Darin erzählt er, wie er Maos China erlebt hat: ein Eintauchen in eine stalinistische Vergangenheit, die er für längst vergangen hielt.

Eine Iljuschin bringt sie nach Lhasa, wo sie von der neu eingesetzten kommunistischen Verwaltung empfangen werden. „Das Mittelalter im Jahr 1958", ruft Filimonow aus, der – zumindest in seinem Text – die maoistische Perspektive der „Befreiung" Tibets einnimmt. Davor, rechtfertigt er, hatten die Mönche Privilegien, die Gesellschaft war feudal und der Klerus Verfechter der Sklaverei. Auch die Theokratie der Gelbmützen-Mönche kannte ihre Klassenkämpfe. Dank des „Großen Sprungs nach vorn" war das Dach der Welt nun auf einer Stufe mit den tristen Ebenen.

Am 11. November, als sie die Nacht in Xêgar verbringen, stürzt sich die Eskorte plötzlich auf ihre Maschinengewehre. Es ist nur ein falscher Alarm. Die Karawane zieht weiter, von Wachen flankiert. Im Rongpu-Kloster, das auf 5000 Metern am Fuß der Everest-Nordwand liegt, treffen sie auf siebzig buddhistische Geistliche. Sie sind von Chinesen umringt. Von hier aus beginnen die Russen ihre Erkundungstour. Ziel ist, die Route festzulegen, die die chinesisch-sowjetische Expedition im nächsten Frühjahr gehen wird. Mit den bewaffneten Soldaten steigen sie den östlichen Ausläufer des Rongpu-Gletschers bis auf 6500 Meter hinauf, wobei sie alles fotografieren, was ihnen vor die Linse kommt. Zur Orientierung dient ihnen eine alte englische Karte. Hier sind 1924 George Mallory und Andrew Irvine auf dem Gipfelgrat verschwunden. Seit dem letzten Versuch der Briten im Jahr 1938 ist niemand mehr wirklich zu dieser Wand zurückgekehrt. Jetzt ist es an ihnen, die Flanken des Qomolangma zu betreten! Der Sieg ist ihnen gewiss: über den Nordpass und diesen eindeutigen Grat, der zum Gipfel aller Gipfel führt. Filimonow schließt den Bericht über diese Erkundung mit einer kurzen geopolitischen Analyse ab. Die Situation scheint sich zu stabilisieren, die tibetischen Rebellen konzentrieren sich an den Ufern des Tsangpo im Norden Bhutans, wo sie vier Monate aushalten könnten. Danach könnte der Konflikt wieder ausbrechen, prophezeit er.

Ende Dezember 1958 begibt sich die Expeditionsleitung nach Peking, um die Vorbereitungen abzuschließen. Während dieses gesamten Jahres und zu Beginn des darauffolgenden arbeitet kein einziger sowjetischer Expeditionsteilnehmer in einer Fabrik, in einem Labor oder sonst wo. Sie bekommen vom Staat für ihr Training und die Befüllung von Kisten, die mit „Höhe 6000", „Höhe 7000" etc. beschriftet sind und die sie in die Volksrepublik China verschicken, volles Gehalt. Die komplette Ausrüstung wird ausschließlich sowjetisch und fast ausschließlich Marke „Abalakow" sein. Ihrem Umfeld gegenüber erzählen die „Everest 1959"-Teilnehmer Lügenmärchen, damit niemand von diesem geheimen Projekt erfährt.

Über den Winter wird das Training zu Fuß, auf Ski in Moskau, dann im Kaukasus fortgesetzt. Die Sauerstoffgeräte des Ingenieurs Abalakow müssen an Ort und Stelle getestet werden. Experimentieren sie auch mit chemischen Hilfsmitteln, um den Auswirkungen der Höhe entgegenzuwirken? Die französischen und englischen Expeditionen an Annapurna und Everest griffen zu Amphetaminen. Es ist öffentlich bekannt, dass das VNIIFK[11], dem Witali angehörte, Dopingmittel für den sowjetischen Sport entwickelte. Ich habe dazu keine Informationen.

Mitten im Februar führt Witali die Seilschaften zu den Gipfeln des Elbrus, wo die Temperaturen von minus vierzig Grad Celsius und die heftigen Winde einen Vorgeschmack auf den Himalaya bieten. In solchem Maße, dass manch einem im Sturm die Hornhaut erfriert. Das bringt niemanden von seinem Entschluss ab. Die alte Garde und die jungen Wölfe härten sich weiter ab, um den Höhepunkt ihres Lebens erreichen zu können. Im *Ogoniok* vom 18. Januar 1959 prophezeit Witali: „Ja, unsere Alpinisten sind aufs Äußerste gespannt. Gemeinsam mit unseren chinesischen Freunden sind sie bereit für neue Rekorde. Dort drüben ragt über dem tibetischen Plateau das gigantische Massiv des Qomolangma heraus. Es ruft. Es wartet auf unsere Bergsteiger. Sie kommen!"

Alle wollen auf das Dach der Welt. Für Witali Abalakow wird es die Krönung sein. Während dieser langen Akklimatisierung im Kaukasus feiert er seinen 53. Geburtstag. Die Seilschaften kehren erst Mitte März nach Moskau zurück, wo eine Tupolew 104 sie zum Basislager am Everest bringen soll.

Sie leben nur dafür.

Am 18. ruft das allunionistische Komitee für Körperkultur die gesamte Auswahlmannschaft für die letzten Anweisungen zusammen. Der Traum der roten Alpinisten ist dabei in Erfüllung zu gehen. Die Fahne mit Hammer und Sichel wird bald auf 8848 Metern wehen. Die vierte Nation auf dem Everest! Im feierlichen Versammlungsraum warten alle geduldig auf das Kommen der Führungsspitze. Jeder wartet gespannt auf die Worte einer langen und mitreißenden Rede. Mit über einer Stunde Verspätung erscheint in Begleitung des Expeditionsleiters Kirill Kusmin endlich ein Funktionär, der seine Ansprache mit einem feierlichen „Genossen Alpinisten!" eröffnet.

Dann verkündet er, dass die Expedition „Everest 1959" abgesagt ist. Ohne weitere Erklärungen. Mit ihren niedergeschlagenen Gesichtern und ihren offenen Fragen können sie nach Hause gehen.

Die sowjetische Öffentlichkeit erfuhr nie etwas von diesem abgesagten Projekt. Abalakow, Filimonow, Kusmin, Belezki, Kizel, Chergiani und die gesamte Bergsteigerelite verstanden es erst beim Lesen der offiziellen Presse. Dort stand, dass die „konservativen Konterrevolutionäre" sich gegen die Maoisten aufgelehnt hatten. Das führte zu einem Massaker der Volksarmee an Tausenden Tibetern. Auf dem Dach der Welt herrschte das Kriegsrecht, die Mönche wurden hingerichtet, das Volk in die Knie gezwungen und der vierzehnte Dalai Lama flüchtete mit Unterstützung der CIA nach Indien. Die Eroberung des Everest durch die Kommunisten musste vertagt werden. Das sind die großen historischen Fügungen des Schicksals.

1960 sollen die Chinesen ihre Einladung wiederholt haben. Aber in der Zwischenzeit gerieten die Beziehungen zwischen Peking und Moskau auseinander. Die Freundschaft war beendet. Mao beschuldigte Chruschtschow des Revisionismus. Der Graben zwischen Stalin-Nostalgikern und denen, die versuchten, sich von seiner Herrschaft zu erholen, wurde immer größer. Die sozialistische Internationale bekam Risse. Die Maoisten beschlossen, auf ihre russischen Bergführer zu verzichten, benutzten jedoch einen Teil der Ausrüstung, die sie für die abgesagte Expedition zugeschickt bekommen hatten und durch in Europa gekauftes Material ergänzten. Dieser letzte Punkt wurde natürlich von der maoistischen Propaganda verschwiegen. Sie lobte lieber die landeseigenen Fabriken und Arbeiter, die – selbstverständlich in ihrer Freizeit – Schlafsäcke und andere Ausrüstung hergestellt hatten.

Der Bericht über diese erste chinesische Besteigung scheint in den Bereich des Fantastischen zu fallen. Der Bergsteiger Liu Lianman opferte sich, um als menschliche Leiter zu dienen. Der Bergsteiger Qu Yinhua ging das Wagnis ein, seine Schuhe auszuziehen, um barfuß eine drei Meter hohe Platte zu erklimmen. Schließlich, am 25. Mai 1960, erreichten derselbe Qu Yinhua, Wang Fuzhou vom Han-Volk und der Tibeter Gongbu den Gipfel des Everest, wo sie feierlich eine Mao-Büste aufstellten. Zumindest ist das die offizielle Version.

Wirklich sicher ist, dass Witali Abalakow und seine Kameraden Qu Yinhua und Wang Fuzhou gut kannten.

Sie hatten ihnen alles beigebracht.

DAS SCHEITERN DES *KOMMUNISM*

Der Himalaya blieb die große Frustration mehrerer Generationen. Das habe ich in allen Berichten und allen Artikeln stark gespürt, sogar wenn sie der Zensur und der offiziellen Parteilinie unterlagen. Aus politischen Gründen keinen Achttausender besteigen zu können hinterließ ein Gefühl der Unzulänglichkeit. Von einigen wenigen Abstechern in die Alpen abgesehen bleiben die sowjetischen Bergsteiger dazu verurteilt, in den gigantischen Gebirgsmassiven der UdSSR hinter Gittern zu sitzen, wenn man so sagen will.

Ihr Terrain wird nicht von Windpferden und buddhistischen Stupas bestimmt, wenn sie einen hohen Pass überwinden. Nein, hier bestimmen die gleißende Hitze Zentralasiens und die Kamelkarawanen einer tadschikischen Sowchose. Manchmal verspeisen sie ein unterwegs erlegtes Murmeltier oder einen Bären. Die Reittiere werden von reißenden Gebirgsbächen mitgenommen. Persische Ausdrücke mischen sich bei jeder Expedition in ihren Jargon und noch heute nennen die Russen, denen man auf den Wegen dieser Regionen begegnet, ihre Esel *ischak* und die Lager *kischlak*, Wörter, die überall in Afghanistan erklingen.

Nach dem Abbruch des Everest-Projekts kehrt das Abalakow-Team resigniert in den Pamir zurück. Rehabilitiert oder nicht, Witalis Schicksal hat sich in den strengen Grenzen der stalinschen Landkarte abgespielt – immerhin ein Sechstel der globalen Landmasse. Zum Trost macht sich Spartak auf den Weg, den Pik Woroschilow (6667 Meter) mitten in der Kette der Akademie der Wissenschaften zu besteigen. Wie gewöhnlich verläuft alles wunderbar. Das einzig Interessante an dieser reibungslosen Besteigung ist für mich die Anmarschroute. Genau dieselbe, die Jewgeni 1933 über den Fedtschenko-Gletscher zum Fuß des Pik Stalin brachte. Mehrere Tage lang folgt Witali den Fußstapfen seines jüngeren Bruders. Macht das was mit ihm? Vom Pik Woroschilow kann er in aller Ruhe den Gipfel betrachten, der Jewgeni berühmt gemacht hat. Witali selbst hat bisher noch nie versucht, ihn zu besteigen.

Die Abalakow-Mannschaft schickt ein Telegramm an Woroschilow persönlich, darauf steht: „Von den Besteigern Ihres Gipfels“. Kliment Woroschilow ist damals Vorsitzender des Präsidiums des Obersten Sowjets. Er schaffte das Kunststück, den Stalinismus zu überleben, indem er sich rechtzeitig Chruschtschow anschloss. Schon immer verfolgte er aufmerksam die Entwicklungen des Alpinismus, insbesondere des militärischen. Angeblich verdankt man dem Marschall die berühmten Alpiniaden, und Witali pflegt seine Beziehungen zu dieser politisch herausragenden Persönlichkeit. Ich fand in den Archiven mehrere Telegramme, in denen er ihm seine herzlichsten Geburtstagswünsche ausdrückt.

Spartak gewinnt zum wiederholten Male einen ersten Platz in der Kategorie Höhe und erneut den Jewgeni-Abalakow-Preis. Das wird Anlass zu viel Gerede. Witali und seine Kameraden, von denen viele in den entsprechenden Institutionen sitzen, werden beschuldigt, sich selbst ihre Trophäen zu verleihen. Man behauptet, dass andere für viel engagiertere Leistungen nicht ausgezeichnet wurden. Da er sich auf seine Macht stützen kann, sanktioniert Witali den von einigen entwickelten Alpinstil, den er für riskant hält. Seit seinem fulminanten Erfolg am Pik Pobeda kann ihn niemand mehr von den Vorzügen einer ordentlichen Expedition mit schwerer Ausrüstung und zahlreichen Teilnehmern abbringen, die den ganzen Sommer Zeit hat.

1960 geht er ein drittes Mal zum Pik Lenin. Mit 54 Jahren gelingt ihm und seinen Seilschaften die gesamte Überschreitung, während Valentina die Nachwuchsalpinisten bravourös zum Hauptgipfel führt. Sie ist für die Frauen im Alpinismus, was ihr Mann für die Männer ist: eine Vorreiterin, eine Pionierin. Unter den jungen Anwärtern, die sie am Pik Lenin führt, ist auch ihr Sohn Oleg, der der Besessenheit seiner Eltern nicht entkommen konnte. Er wird Meister des Sports im Alpinismus werden, bevor er wie sein Vater im Allunionistischen Zentrum für Sportausrüstung tätig sein wird. Seine Schwester Galina wird Skifahrerin. All das steuert langsam auf das Ende zu, auf die Stabübergabe zwischen den Generationen.

Witali hofft auf eine letzte Herausforderung, vielleicht eine lang verdrängte Idee, auf eine Möglichkeit, seine nicht enden wollende Karriere krönend abzuschließen. Erst auf seine alten Tage, am Ende seines Alpinistenlebens, fasst er den Entschluss, zum Pik Stalin zu gehen. Eine Möglichkeit, seinen Komplex gegenüber Jewgeni zu überwinden, habe ich mir sofort gedacht, um dort, wo alles ohne ihn angefangen hat, abzuschließen. Um seinen Namen, oder besser seinen Vornamen, auf jenem Gipfel einzugravieren, der seit fast dreißig Jahren vom Nimbus des Familiennamens „Abalakow“ umgeben ist. Dreißig Jahre, in denen Stalin dem gesamten Kontinent seinen Willen aufgedrückt hat, bevor er selbst verleugnet wurde. Der Pik Stalin heißt nicht mehr Pik Stalin, er wird von nun an Pik Kommunism[12] genannt! Alles, was an den georgischen Schnauzbart erinnert, wird von der Landkarte gestrichen.

Das Spartak-Team erscheint 1962 zu Saisonbeginn am Fuß des Riesen. Es bezieht nicht Jewgenis Basislager von damals, sondern das, welches heute noch benutzt wird, an einer anderen Seite des Berges. Witali hat beschlossen, eine Route in der Südwand zu erschließen, die zu diesem Zeitpunkt als *das* Problem im Pamir angesehen wird. Die Südwand bildet eine endlose Mauer aus marmornem Fels und geädertem Eis, die sich bis auf 7000 Meter erhebt. Eine schier unüberwindbare Wand für den Alpinismus der zweiten Generation, zumal das Spartak-Team seit Langem als Veteranenmannschaft bezeichnet wird. Zum Ausgleich hat Witali seinen Sohn Oleg und den Champion Michail Chergiani einberufen, der davon träumt, diese monströse Barriere erstmals zu durchsteigen.

Die Expedition zum Pik Kommunism ähnelt ein wenig einem letzten Gefecht. Witali ist 56 Jahre alt. Seine gesamte erfüllte Karriere hindurch hat er sich von diesem Gipfel ferngehalten, der alle anderen überragt. Die sowjetische Schule des Bergsteigens ist weitgehend sein Werk. Er wurde mit dem Lenin-Orden ausgezeichnet. Er wurde der erste herausragende Trainer im Alpinismus der UdSSR. Es fehlt nur noch der Pik Kommunism auf seiner Erfolgsliste, und Gott weiß, warum er so lange gewartet hat. So lange, dass sich in diesem Jahr sogar Ausländer im Basislager befinden. Zum ersten Mal werden Bergsteiger aus dem Westen den Allerheiligsten der sozialistischen Berge besteigen. Und nicht irgendwelche: John Hunt ist da und seine Kameraden.

Es ist nicht der erste Versuch der Engländer mit den Russen. Bereits 1958 war John Hunt mit seinen Männern im Kaukasus. Sie haben darüber ein Buch geschrieben, *The Red Snows*, in dem sie sich verwundert über einen fast militärischen Herdenalpinismus äußern, der aus gemeinsamer Gymnastik und Pflichtberichten besteht. Auch dieses Mal lese ich wieder ihr Erstaunen, wenn sie von der eisernen Disziplin berichten, die ein Witali Abalakow, der als unnachgiebiger *legendary leader* gilt, seiner Mannschaft auferlegt. Sie sind von diesem Mann ebenso beeindruckt wie von der Südwand, die er zu besteigen vorhat. Es wird erzählt, dass Witali eines Abends ein Glas Wein, das ihm Sir John Hunt anbot, in seiner Faust zerbrach. Ich weiß absolut nicht, was ich von dieser Anekdote halten soll.

Jedenfalls macht es Spaß, die verschiedenen Berichte zu vergleichen. Die Sowjets bemerken, dass die Briten nur wenig von der Kascha essen, die ihnen angeboten wird, aber es gibt nichts anderes als diese Buchweizengrütze. Sie belächeln ein wenig die schlechte Verfassung der Briten und spötteln über die Tatsache, dass das Höhenbergsteigen ohne „Sherpas" selbstverständlich härter ist … Denn der Sozialismus beutet die Massen nicht aus, er benutzt keine Träger. Aber was dann? Die Briten ihrerseits wundern sich über die Versorgung der Sowjets, die mit Fallschirmen aus dem Flugzeug abgeworfen wird. Sie kritisieren die zu schwere Ausrüstung oder den systematischen Abbau der Lager und argumentieren, dass es im Himalaya notwendig ist, Schutzlager zu haben, in die man sich, falls die Elemente wüten, zurückziehen kann. Am Ende gestehen sie ihren Gastgebern eine gewisse Ausdauer zu, zumindest ihre Widerstandsfähigkeit gegenüber Kälte und Entbehrungen. Die Russen, die so versessen auf die Wertschätzung der Ausländer sind, berauschen sich daran.

In der Ausgabe *Besiegte Gipfel* von 1961 bis 1964 wird noch berichtet, dass die Briten von Duschanbe, der Hauptstadt Tadschikistans, begeistert waren. Sie haben wirklich nichts Besseres im Osten gesehen! Von John Hunt wird die diplomatische Aussage berichtet, dass „die amerikanische Bombe Energieverschwendung ist", bevor er sich an sein unvergessliches Londoner Treffen mit Juri Gagarin bei der Königin von England zurückerinnert.

Die Expedition ist binational und bald werden die Flaggen beider Nationen auf einen namenlosen Gipfel gesetzt, der sofort in bester kommunistischer Tradition Pik der Kooperation benannt wird. Das nennt man ein guter Gastgeber sein, wenn man für seine Gäste einen unberührten Gipfel reserviert![13] Bei der nächsten Besteigung jedoch, am Pik Garmo, stürzen zwei Briten in den Tod. Die Briten werfen ihren Gastgebern Nachlässigkeit vor, weil sie zu sehr mit dem Dreh eines Propagandafilms beschäftigt gewesen seien.

Zurück zu Spartak. An der Südseite des Pik Kommunism, wo die Mannschaft kaum vorangekommen ist, läuft alles sehr schlecht. Oleg Abalakow ist krank geworden. Es muss eine Rettung eingeleitet werden, die wertvolle Zeit kostet. Dieses Mal zeigt die Truppe finstere Mienen. Die Wand ist fürchterlich, Witali bekommt nun seine 56 Jahre und seine Invalidität schmerzlich zu spüren. Die Besteigung wird abgebrochen, und hier, am Fuße des Berges seines jüngeren Bruders, beschließt Witali, Steigeisen und Pickel an den Nagel zu hängen. Ich habe darüber nichts gefunden: kein Wort, keinen Satz, keine Träne. Wohl eher ein enttäuschtes Gesicht, eine Grimasse und ein letzter Blick mit zusammengekniffenen Augen zurück über die Schulter auf das makellose Weiß und Azur …

Dies war das Ende des Mythos der „Abalakow-Mannschaft“, der sechzehn Jahre lang Expeditionen ohne Unfall und Opfer gelangen. Die zwölf Mal zum UdSSR-Meister gekrönt wurde. Und die von einem ehemaligen politischen Gefangenen geführt wurde, dem zwanzig Finger- und Zehenglieder fehlten.

PATRIARCH

Da war die Kubakrise[14] und der Konflikt um die Mittelstreckenraketen. Dann kamen die Entspannungspolitik und Leonid Breschnew. Der neue Parteisekretär schrieb seine Memoiren *Malaja semlja*. Ein Gipfel wurde danach benannt und man hat dort oben ein Exemplar des Buches in einer Kassette hinterlegt.

Abgesehen von diesen ewigen kommunistischen Marotten entwickelt sich der Alpinismus weiter. Die sonnigen Klippen der Krim sind nun Schauplatz richtiger Kletterwettbewerbe. Es entstehen künstliche Kletterwände mit gesetzten Routen und im Hochgebirge wurde eine neue Kategorie eröffnet, die alles über diese Veränderungen sagt: „Höhe und Technik". Nun werden am Pik Revolution, am Pik der Kriegstopographen, am Pik Marx und am Pik Freies Korea (zu Ehren des Regimes in Pjöngjang) unglaubliche Steilwände durchklettert. Alle Gebirgsketten sind mit bolschewistischen Namen übersät: Pik der Roten Kommissare, Bergkette der Kommunarden, Pass der sowjetischen Presse, Pik der militärischen Konskription, Pik Maurice Thorez[15], Pik des Komsomol[16] und so weiter und so fort. Wie sagt man in dünner Luft in einem Atemzug „Pik der ersten Sitzung des Obersten Rates der Kirgisischen Sozialistischen Sowjetrepublik"? Was für eine Freude für den Petersburger Arbeiter, wenn er in seinem Bergurlaub den Namen seiner Fabrik Glawleningradstroj an der Stelle eines Gipfels auf der Karte findet! Und wenn die Namen auf Kirgisisch auch nur Übersetzungen sind – Pik Kyzyl Asker (Pik Rotarmist), Pik Djoldach (Pik der Genossen) – so haben sie wenigstens einen exotischen Klang!

Angefangen beim Pik der 26 Kommissare von Baku über den Pik Ordschonikidse bis zum Pik Dreißig Jahre Republik Usbekistan ist diese ganze Toponymie nichts anderes als eine in die Landschaft eingeschriebene Nationalerzählung. Im hintersten Tal des Pamir kümmert sich jedoch kein Beamter darum, die Namen von politisch in Ungnade Gefallenen zu aktualisieren. Sind die Dzierżyńskis und Jagodas aus den Atlanten verschwunden? Bestimmt, aber das furchterregende Akronym OGPU, Vorläufer des NKWD, bleibt bestehen, und sogar einige deutsche Bergnamen haben das Kunststück vollbracht, den Krieg zu überleben. Das Nachleben ist genauso ungerecht wie das Leben selbst.

Auch in der Stadt trifft Witali auf solche institutionellen Landmarken. Er wohnt noch immer in der Pogranitschnaja, der „Grenzstraße", und es ist so gut wie sicher, dass sich in der UdSSR ein Berg mit demselben Namen findet. Witali hat immer hier im Grünen, am Rande der Wälder, die Moskau umgeben, gelebt. Allerdings scheint sein asketisches Leben mit dem Alter an Grenzen zu stoßen. Sein Haus ist in schlechtem Zustand und in einem Telegramm an Woroschilow, damals noch Präsident des Obersten Sowjets, bittet er um Hilfe bei der Beschaffung einer Moskauer *propiska*. Das bedeutet so viel wie „Wohngenehmigung" – ein bürokratischer Zauberschlüssel, der schwer zu bekommen ist, wenn man nicht zur Nomenklatura gehört. Man wechselt in der UdSSR nämlich nicht einfach nach Belieben seinen Wohnsitz, schon gar nicht in die Hauptstadt. Woroschilow veranlasst alles Weitere, aber ihm wird geantwortet, dass die Angelegenheit nicht geregelt werden konnte, weil Abalakow und seine gesamte Familie … im Kaukasus ist!

Im Winter darauf laden Witali und Valentina die alpinistische und politische Elite ein, um ihre sechzigsten Geburtstage angemessen zu feiern. Die beiden kennen sich seit ihrer Jugend und ihre Beziehung wurde schon mehr als einmal auf die Probe gestellt. Valentina leidet unter einem „arroganten" Ehemann, den sie für egozentrisch hält. Sie flüchtet sich in die Liebe zu ihren Kindern. Da Witali zu diesem Thema wie zu anderen der Nachwelt nichts hinterlassen hat, gibt es nichts, was ihn verteidigen könnte. In seiner Ansprache vor den Gästen dankt er überraschend Irina Korsun, die von der Deportation zurückgekehrt ist, dass sie während der Säuberungen vor dem NKWD ein gutes Wort für ihn eingelegt hat. Es ist fast dreißig Jahre her, aber die Affäre um die konterrevolutionären Alpinisten und seine Verhaftung beschäftigen ihn noch immer.

Die Russen lieben Jubiläen. Im Jahr darauf leitet Witali zum fünfzigsten Jahrestag der Revolution eine monumentale internationale Alpiniade am Pik Lenin. Vom Basislager aus beobachtet er, wie 300 Sozialisten aus allen Teilen der roten Galaxie den Gipfel erreichen, den er selbst 1934 in äußerster Not erklommen hat. Was einst eine heldenhafte Pionierleistung war, ist zu einem großen Klassiker geworden. Neuerdings wird denen, die alle Siebentausender der UdSSR in ihrer Erfolgsbilanz verzeichnen können, der Schneeleopard-Orden verliehen. Eine Erfolgsbilanz! Hat Witali etwa geglaubt, der Alpinismus könne etwas anderes sein als eine herrliche Sportart?

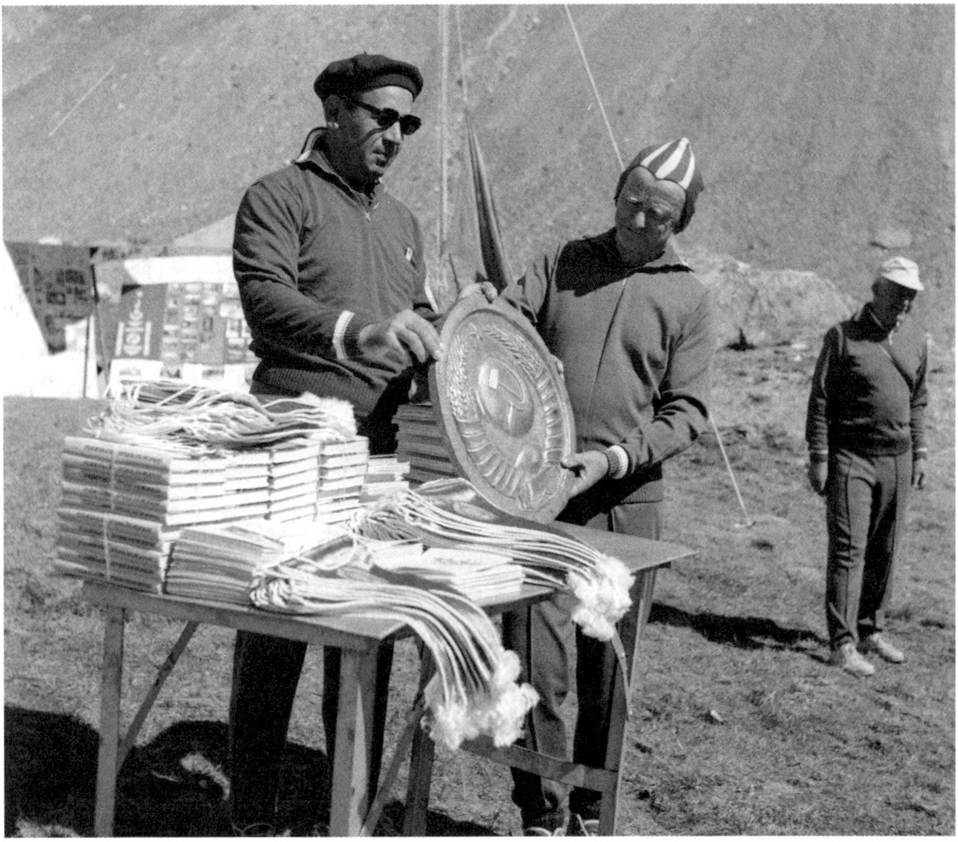

Pamir Alpiniade 1972. Witali Abalakow (rechts) mit dem Wappen der UdSSR, das später auf dem Pik Kommunism angebracht wurde.

Zweifelsohne hat er Recht, wenn er schreibt: „Die Berge sind kein Stadion oder Boxring.“ Aber die Sowjets suchen hartnäckig, doch vergeblich einen Existenzgrund für sie. 1968 hat jemand die verrückte Idee, Fallschirmspringer auf dem breiten Gipfel des Pik Lenin landen zu lassen. Während des Sprungs führt ein Höhenwind dazu, dass die Soldaten den Gipfel verfehlen und auf die Steilhänge verstreut werden. Die Rettungsaktion in großer Höhe und unter eisigen Bedingungen dauert mehrere Tage. Helikopter suchen die Spalten ab. Vier Tote. Jetzt zeigt sich, für was der Alpinismus gut ist: denen, die sich in diese Höhen wagen, aus der Patsche zu helfen.

In einer Ausgabe von *Besiegte Gipfel* lese ich zudem, dass man für die „Eroberer des Nützlichen“ eine letzte Mission erfindet. 1973 beschließen Wissenschaftler, dass die Alpinisten die Erforschung des Kosmos tatkräftig unterstützen können. Die Erforschung unseres Planeten neigt sich dem Ende zu. Jetzt sind die Raketen dran, neue Universen zu entdecken. Die Gipfelbezwinger sind nur noch Spaziergänger im Himmel, auf den Aussichtspunkten der Erde. Mitglieder der Sektion Burewestnik besteigen den Pik Lenin, um einen 500 (!) Kilo schweren Messapparat für kosmische Strahlung in Empfang zu nehmen, der auf 7000 Metern mit dem Fallschirm abgesetzt wird. Im nächsten Jahr werden sie wiederkommen, um die Filme auszuwechseln.

Witali entfernt sich von alldem immer mehr. Er genießt endlich den Sommer, den er immer im Reich des ewigen Winters verbracht hat. 1969 kehrt er mit Valentina und zusammen mit anderen Veteranen, darunter auch Wladimir Kizel, ins Sajangebirge nach Sibirien zurück. Der Sajan bildet ein Massiv, dessen Höhe – 3491 Meter an seinem höchsten Punkt – nichts im Vergleich zu seiner Weitläufigkeit ist. So ist die Geografie Eurasiens, sie macht es sich bequem. Ich erinnere mich an den Sajan, an die Pracht dieser unermesslichen Weite. Er ist keine bemerkenswerte Erhebung, hat nichts, was ihn morgen zu einem Outdoor-Mekka für Leute in neonfarbenen Jacken machen könnte. Übrigens ist ganz Russland so, ohne Everest, ohne Niagarafälle, ohne Superlative. Nichts außer Weite und Wildnis.

Im Sajangebirge befindet sich auch Witalis ehemaliger Zellengefährte Boris Garf, der ihn damals an seinen amputierten Zehen erkannt hat. Ich stelle mir vor, dass Witali unvermittelt von vielen Erinnerungen eingeholt wird, als er die Taiga durchquert. Hat er nicht auch Michail Dadiomow in Kasachstan wiedergesehen? Von der Bahnstation Arschan steigen sie über dicht bewachsene Hänge auf, geplagt von Moskitos, die erst mit der Höhe verschwinden.

Witali ist zur Quelle zurückgekehrt, zu den Orten seiner Jugend. Er erinnert sich an die riskante Sajan-Überquerung 1929 mit seinem Bruder. Sie schossen Vögel, fischten, tranken aus klaren Seen, aßen Beeren und Zedernäpfel. Sie waren allein auf der Welt. Während heute hinter manch einer Wegbiegung die mit schweren „Abalakow"-Rucksäcken beladenen Wanderer große Augen machen, wenn sie plötzlich den Entwickler derselben erkennen. Sie machen ihrer Überraschung Luft, sie grüßen, sie applaudieren. Sie sind Abalakow begegnet! Ein Ereignis, das sie noch Hunderte Male am Lagerfeuer erzählen werden, so wie man endlos über das ungeklärte Unglück am Djatlow-Pass[17] diskutiert. So entstehen Mythen.

Die UdSSR zählt mittlerweile Tausende *turisty*, die von der Natur, den Ausflügen, der *romantika* angezogen werden. Berühmte Barden wie Wladimir Wyssozki machen mit ihrer rauen Stimme die Schneelandschaften populär:

> Wenn ein Kumpel plötzlich auftaucht /
> nicht als Freund, nicht als Feind, nur so. /
> Wenn Du nicht gleich verstehst, /
> ob er schlecht oder gut ist. /
> Dann führ den Kerl in die Berge.

Wenn Witali diese Lieder hört, sieht er wahrscheinlich ein paar Zelte aus seiner Anfangszeit in den Auls des Kaukasus vor sich, wie ihre Zeltstangen schüchtern zum Himmel zeigen. Mittlerweile hat jede Firma, jede Universität ihre eigene Ski- oder Klettersektion. Die Urlauber überrennen die Berge der UdSSR. Auch wenn es mehr Studenten als Arbeiter sind und sie eher aus der Stadt als vom Land kommen. Auch der Alpinismus hat den Klassenkampf verloren, und sei es nur, weil er sich das Recht erkämpft hat, unnütz zu sein …

Nun lese ich, wie Witali sich zu seinem sibirischen Patriotismus bekennt. Der Aufsatz heißt „Das große Potenzial kleiner Berge" und erinnert an die Kletterer, die an den Felsen der Krim und in den Stolby trainierten. Witali stellt ausdrücklich fest, dass unbedeutende Höhenlagen durchaus große Kletterer hervorbringen können. Was hat er doch für einen Weg zurückgelegt: vom kränklichen Bengel, der er war, zum Patriarchen, der er geworden ist! Mir scheint plötzlich, dass „Das große Potenzial kleiner Berge" nichts anderes ist als sein Testament, das Testament der Brüder Abalakow. Die sibirischen Winter haben sie geprägt. Sie waren ihr Sprungbrett zu den höchsten Gipfeln der UdSSR. Durch Witalis zurückhaltenden und unterkühlten Text hindurch sehe ich die Kinder, die sie waren und die jedes Mal über den Fluss Jenissei fuhren, um in den Felsen von Krasnojarsk zu klettern.

ACHT SOWJETISCHE FRAUEN

Und dann kam das Jahr 1974. Die entsetzliche Tragödie.

Witali leitet in diesem Jahr ein erstes wirklich internationales Lager am Pik Lenin. Nicht nur die Sozialistische Internationale ist eingeladen, wie anlässlich des hundertsten Geburtstags von Lenin oder des fünfzigsten Jahrestags der UdSSR, sondern die gesamte Welt, die Grenzen überschreitende Gemeinschaft des Alpinismus. Der Austausch mit dem Ausland nimmt zu. Auch Witali wird bald in die Vereinigten Staaten und nach Europa reisen, um das von ihm entwickelte Equipment vorzustellen. Wenn mich nicht alles täuscht, wird es in seinem Leben die einzige Reise außerhalb des Ostblocks sein.

Vor der Kulisse des Pik Lenin, den er genau vor vierzig Jahren bezwungen hat, wehen die Fahnen unterschiedlicher Länder über den ordentlichen Reihen unzähliger Zelte. Es gibt sogar eine Mannschaft aus Francos Spanien, obwohl es im Kaukasus zur Unterstützung der Republikaner einen Pik Freies Spanien gibt. Lenin, dessen Todestag diesmal zum fünfzigsten Mal gedacht wird, muss sich wohl in seinem Mausoleum umgedreht haben. Die Engländer hängen anstelle ihrer Flagge eine Unterhose an ihre Zeltstange. Eine undenkbare Frechheit im Land der patriotischen Sowjets. Zur Finanzierung einer Himalaya-Expedition ist man jedoch auf ausländische Devisen angewiesen.

Bemerkenswerterweise hat der Pik Lenin bis 1974 noch kein oder fast kein Leben gefordert. Obwohl schon eintausend Alpinisten auf seinem breiten Gipfel waren. Ein Wunder, das nicht von Dauer sein kann: Ein leichtes Erdbeben löst bald auf dem benachbarten Pik des XIX. Parteikongresses eine Lawine aus, die einen Amerikaner mitreist. Dann verschwinden drei Männer in der Südwand. Bald darauf wird eine Schweizerin in der Höhe sterben.

Der Pik Lenin hat beschlossen, innerhalb einer Saison seine Opferquote zu erhöhen. Und jetzt verlangt es ihn nach Frauen. Nach tapferen Kommunistinnen, die selbst bei den härtesten Aufgaben die Muschiks bestens ersetzen; nach Ehefrauen, die der Sozialismus befreit, nach hübschen Blonden, die der Fortschritt emanzipiert hat oder nach eurasischen Schönheiten

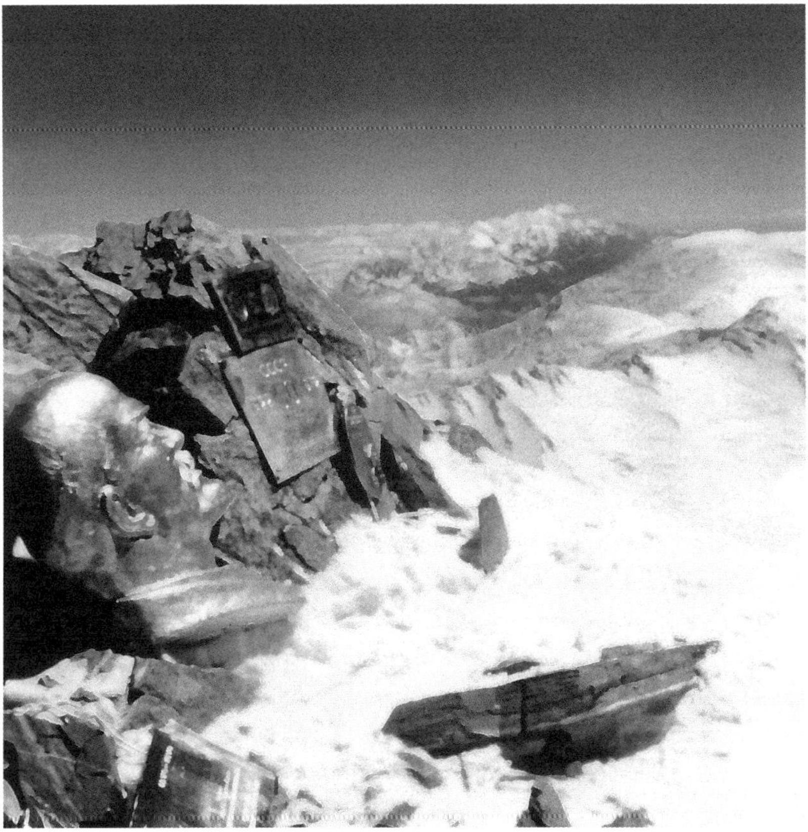

Lenin-Büste am Gipfel des Pik Lenin

außerhalb von Haremsmauern …, während sich heute in allen Republiken auf *-stan* die Schleier wieder über die Gesichter legen.

In einer Staatengemeinschaft mit ewigem Männermangel sagte man gerne, dass die Mädchen in der Hoffnung in die Berge gingen, dort einen Muschik zu treffen, der dieses Namens würdig ist. Das Klettern und die Anstrengung formten die Körper und schärften den Geist. Gesunde Mannsbilder also. Das Höhenbergsteigen war Männersache. Die Gleichstellung der Geschlechter weit entfernt. Die UdSSR hat allerdings einige Vollblutbergsteigerinnen hervorgebracht. Neben Valentina Abalakow ist die prominenteste unter ihnen Elwira Schatajewa. Sie ist 36 Jahre alt und hat eine Tourenliste, die viele ihrer Spartak-Kollegen erblassen lässt. Als Feministin vor der Zeit setzte sie sich in den Kopf, als Führerin von Frauenseilschaften den Schneeleopard-Orden zu bekommen. Dazu holte sie sich sieben weitere Frauen aus den russischen Republiken Tadschikistan und Kirgisistan ins Team. Es ging darum, ganz auf männliche Kollegen zu verzichten. Elwira ist dies bereits am Pik Korschenewskaja und am Uschba gelungen. Diesmal plant sie die gesamte Gratüberschreitung des Pik Lenin.

Aus diesen Jahren stammen die wenigen Filmaufnahmen, die uns überliefert sind. Darunter auch einige Filmsequenzen, auf denen ich das auf den Schwarz-Weiß-Fotografien normalerweise starre Gesicht Witalis endlich lebendig werden sehen konnte. Seine kleine Statur fällt auf, die Falten seines schmalen Gesichts beleben die hohe Stirn. Schön war er wahrscheinlich nicht. Aber seine Augen haben einen gewissen Glanz. Ganz zu schweigen von seiner Ausstrahlung. Der große Organisator und prestigeträchtige Garant dieser Alpiniade für Ausländer führt, umgeben von Radios und Karten, ein besonnenes Leben in einer Holzhütte im Basislager. „Der berühmte Alpinist Abalakow wünscht Ihnen eine erfolgreiche Besteigung des Pik Lenin", stand auf der Einladung, die weltweit an Alpenvereine verschickt wurde.

Nach der medizinischen Untersuchung stürmen die acht Frauen in ihren Spartak-Trainingsanzügen eines schönen Morgens in die Route an den Lipkin-Felsen, die nach einem 1937 abgestürzten Flieger benannt sind. Am 2. August um 13 Uhr beteuert Elwira über Funk: „Bisher läuft alles so gut, dass wir von dieser Route enttäuscht sind." Witali empfängt die Nachricht klar und deutlich und kündigt stabiles Wetter an. Sie sind in der Nähe des

Ostgrates, den er 1934 begangen hat. Sie biwakieren zwei Nächte auf etwa 6000 Metern. Jetzt verschlechtert sich das Wetter. Am Pik Korschenewskaja hatte sich Elwira noch darüber gefreut: „Es zieht zu. Es schneit. Das ist perfekt, es wird die Spuren verwischen. Keiner wird uns vorwerfen können, ihnen gefolgt zu sein." Elwira will jede Kritik vermeiden, die ihre Leistung schmälern könnte. Am Pik Lenin steigt nämlich gerade eine Männerseilschaft auf ihrer Seite des Berges ab und deren Spuren führen direkt zum Gipfel. Sie werden die Letzten sein, die dem Frauenteam begegnet sind.

Denn am 5. August gegen 17 Uhr erreichen die acht Frauen zwar den Gipfel des Pik Lenin, doch als sie gerade über die *klassika*, den Normalweg, wieder absteigen wollen, wird die Sicht plötzlich gleich Null. Sodass sie gezwungen sind, die Zelte aufzubauen, um darin Schutz zu suchen, wie Elwira, unterbrochen von Funkstörungen und Windstößen, Witali erklärt. Sofort breitet sich eine tiefe Angst im gesamten Basislager aus. Witali hält die ganze Nacht über den Kontakt. Am Morgen liegen die Frauen noch immer in ihren Schlafsäcken, bereit, um bei der kleinsten Aufhellung zu flüchten. Indes lässt der Sturm nicht nach. Elwira gibt über Funk zu, dass die Temperatur dramatisch niedrig ist und dass zwei von ihnen krank sind, wahrscheinlich höhenkrank. Der Arzt ordnet den Rückzug über die Aufstiegsroute an, koste es, was es wolle. Und Witali fällt nichts Besseres ein, als Elwira über Funk zu tadeln, den Gesundheitszustand ihrer Kameradinnen bislang verschwiegen zu haben. So läuft das in der sowjetischen Schule, deren Säule Witali Abalakow ist. Jede Bewegung wird kontrolliert, man diskutiert nicht mit seinem Vorgesetzten, man befolgt die Regeln.

In ihrer Not auf 7000 Metern ist Elwira diese bürokratische Zurechtweisung ziemlich egal. Kurz darauf beginnen die acht Frauen ihren albtraumgleichen Abstieg durch die tobenden Elemente. Ab jetzt gibt es nur noch wenige Nachrichten, denn Elwira versucht Batterien zu sparen. Eine weitere Nacht vergeht unter dem Schlagen der Zeltplanen. Im Basislager kann keiner mehr schlafen. Wenn das Wetter hier unten schon so schlecht ist, mit welcher Hölle haben sie dann wohl dort oben zu kämpfen! Witali kaut auf den Nägeln. Er war es, der die Erlaubnis für den Aufstieg der Frauen genehmigte.

Endlich ein Lebenszeichen. Sie haben versucht zu biwakieren, aber die Böen haben ihre Zelte zerrissen und Fäustlinge und Brenner mitgerissen. Elwira berichtet auch von einem ersten Todesfall. Jetzt brechen von allen

Seiten und Lagern Rettungstrupps auf. Russen, Japaner, Amerikaner, Franzosen versuchen, über die von Lawinen bedrohten Hänge zum Ostgrat aufzusteigen. Vergeblich. Sie stranden in Schneehöhlen und trinken einen Wodka gegen die Verzweiflung.

Die sieben Frauen, die noch am Leben sind, müssen gerettet werden, aber jede Funkverbindung bringt eine neue Horrornachricht. Eine weitere Expeditionsteilnehmerin ist gestorben. Sie haben nur noch drei Schlafsäcke. Die Kälte hat ihre Finger schwarz gefärbt und sie haben nichts mehr, um eine kleine Höhle zu graben.

Witali Abalakow befiehlt ihnen, ohne Pause abzusteigen, immer in Bewegung zu bleiben. Erinnert er sich in diesem Moment an seinen unheilvollen Abstieg vom Khan Tengri? Die Frauen brechen wieder auf, sie kämpfen, sie verlaufen sich und schließlich wird ausgemacht, dass sie eine einfache Grube bauen sollen, um dort auf die Rettung zu hoffen, die immer noch vom Sturm aufgehalten wird.

In Wirklichkeit können die sechs Überlebenden nicht mehr. In religiöser Stille und durch das Knistern der Funkanlage hört Witali, wie sie eine nach der anderen ihr Leben aushauchen. Die letzte Nachricht ist vom 7. August gegen 21 Uhr. Es ist nicht mehr Elwiras Stimme, sondern die einer gewissen Galina, die mühsam unter Tränen spricht: „Wir sind nur noch zwei … In einer Viertelstunde werden wir nicht mehr am Leben sein."

Tod im Orkan.

Und dann die strahlende Sonne auf den verstreuten Körpern. Froststarre Leichen, zur Hälfte mit Schnee und Eis bedeckt, die Hände teilweise nackt. Nach Rückkehr des azurblauen Himmels treffen die Rettungstrupps am Einsatzort ein. Auf ihren Fotografien sieht man Leichen, die einige Meter voneinander verstreut liegen, die Namen der Opfer sind mit Pfeilen markiert. Eine echte Tatortszene. Dann erreicht ein Mann, ein Sowjet, den Grat. Alle treten zur Seite. Er ist in einem Atemzug aufgestiegen. Natürlich ist es nicht Witali. Er ist dazu nicht mehr in der Lage. Nein, es ist ein bekannter Bergsteiger der neuen Generation. Der erste, der die schreckliche Südwand des Pik Kommunism durchstiegen hat, an deren Fuß Witali seine Karriere beendete.

Sein Name ist Wladimir Schatajew. Elwiras Ehemann. Mit ihm hatte sie die Berge für sich entdeckt, von ihm wollte sie sich zumindest für die Zeit einer Bergtour emanzipieren. „Um diese Worte später nicht von jemand anderem hören zu müssen", wird er später erklären, beginnt er die unerlässliche Bestandsaufnahme der Unglücksstelle in ein Tonbandgerät zu diktieren: „Elwira Schatajewa … Beine nach Süden gerichtet … Kopf eingehüllt in eine Kapuze … blauer Daunenanorak." Er beschreibt auch, was er in ihren Taschen findet, einen Karabiner und Kosmetikartikel, „eine Feile, einen Nagelknipser, einen *karandasch*[18] der Marke Schipowis, einen runden Spiegel, zerbrochen" …

Der Schmerz ist unermesslich. Ebenso der Horizont, der sich gleichgültig ringsherum öffnet. Gleichgültig sind auch die örtlichen Beamten, die aus einem Helikopter aussteigen, um die Schließung dieses internationalen Lagers würdevoll zu zelebrieren. „Death and Caviar", wird der Bergsteiger Robert Craig im *Climbing Magazine* schreiben. Die anwesenden französischen Alpinisten erinnern sich ebenfalls an jenes Fass, aus dem Belugakaviar mit der Schöpfkelle serviert wurde, und an die offizielle Art, mit der die Dinge präsentiert wurden. Was passiert ist, war laut der Nachrichtenagentur TASS ein unangenehmer Zufall, eine „Naturkatastrophe". Im Jahrbuch *Besiegte Gipfel* wird die Tragödie nur in einem sehr sachlichen Absatz erwähnt. Man wollte sich über diesen schockierenden Misserfolg wenigstens nicht zu sehr auslassen, wenn man ihn schon nicht verschweigen konnte. Die Spielregeln veränderten sich in aller Stille. Die Gipfel der vierten Kategorie wurden für Expeditionen mit mehr als einem weiblichen Mitglied verboten. Auch anderswo war die Saison 1974 mörderisch gewesen. Am Khan Tengri zerschellten fünf Ukrainer aus dem Donbass bei einem Absturz.

Man muss diese Fotografie gesehen haben, auf der die acht Särge unter der weißen Wand des Pik Lenin im Gras aufgereiht sind. Es wird einem übel. Kizel stellt klar, dass Witali von dieser Tragödie zutiefst erschüttert wurde. Mehrere erhoben an seinem Führungsstil bei diesem Unternehmen Kritik. Es war die Rede davon, ihn zu bestrafen, und er selbst machte sich Vorwürfe, dass es ihm nicht gelungen war, Elwira davon zu überzeugen, ihren Aufstieg zu verschieben. Hatte nicht auch seine eigene Frau ihr Leben in den Bergen verbracht, oft an seiner Seite? Er konnte nicht anders, als dieses Drama auf Valentina zu projizieren. Mit diesem tragischen Ereignis, im Alter von 68 Jahren, verabschiedete er sich vom Pamir.

EVEREST 1982

Die Geschichte neigt sich ihrem Ende zu. Keiner lebt ewig, vor allem nicht in diesem Land. Nachdem wir mit Witali durch das schreckliche zwanzigste Jahrhundert in Russland gegangen sind, wollen wir ihn bis an sein Grab begleiten. Ich wollte, dass die Erinnerung an die Brüder Abalakow die Grenzen eines Landes, in dem sie in Vergessenheit geraten sind, überschreitet. Ich wollte ihre Existenzen aus dem Staub der Vergangenheit holen. Die Abalakows sind positive Helden, von denen die Sowjetunion zu wenige gehabt hat. Beide waren fast überall dabei, fast bei allen Premieren. Ihre Geschichte erzählt die der UdSSR durch das Prisma des ewigen Schnees.

Der Weg zum Everest ist ein geopolitischer und bürokratischer Leidensweg. Zu dieser Zeit gibt Nepal selten Genehmigungen, die Nationen stehen vor seinen Toren Schlange. Es werden mehrere Zeitfenster genannt und jedes Mal wieder verschoben. Die sowjetischen Alpinisten sehnen sich nach einem Achttausender. Es gab zwar ein Projekt am Nanga Parbat, doch dann gab es einen Streit zwischen Islamabad und Delhi, mit welchem Moskau freundschaftliche Beziehungen unterhielt … Endlich schlägt Kathmandu das Frühjahr 1980 vor, aber zu diesem Zeitpunkt hat das Komitee für Sport keine Kopeke mehr. Die Olympischen Spiele in Moskau schlucken das gesamte Budget. Witali beginnt, Ausrüstung für Turner und Handballer zu entwickeln, während die Behörden sich mit den Spaniern einigen, die ihrerseits eine Everest-Genehmigung für 1982 besitzen. Während sie auf ihr immer wieder verschobenes Rendezvous mit dem Dach der Welt warten, werden viele Ausbilder dazu verpflichtet, im Pamir Gebirgstruppen auszubilden, die im Afghanistankrieg eingesetzt werden.

Witali Abalakow feiert seinen 75. Geburtstag in Krasnojarsk, in seiner sibirischen Heimat. Er hat kein Verlangen mehr danach, sich auf Wegen zu plagen, die er früher durchgerannt ist. Er hat auf der Halbinsel Kola, in Karelien und auf dem Ob mit Wildwasserfahren begonnen. Das Wasser trägt seine müden Knochen, es ist genauso herrlich, aber weniger anstrengend als die Berge; und dann die Seen, die Uferwälder, die Lagerfeuer. Nach der

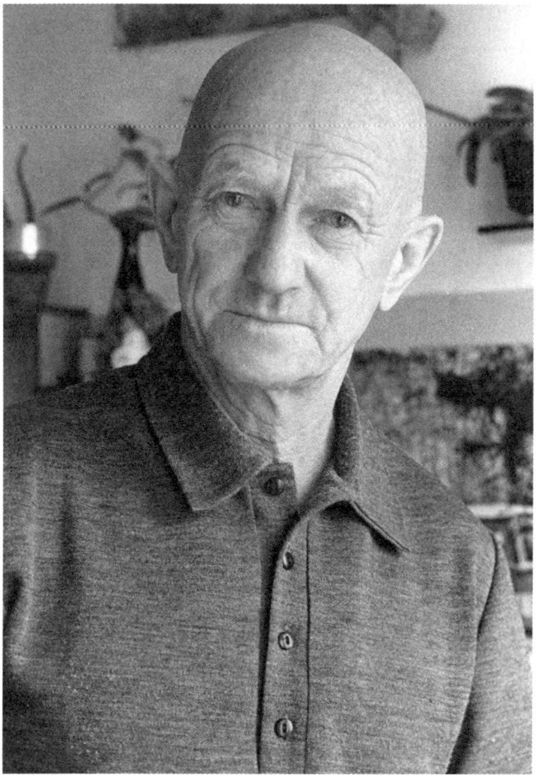

Witali Abalakow im Jahr 1974

mineralischen Sterilität von Fels und Eis kann man seine Rückkehr zum Lebendigen, zum Walddach, zum Chlorophyll gut verstehen.

Er lebt jetzt in Moskau im neunten Stock eines Wohnblocks und ruft fast nie den Aufzug. Ein dynamischer Rentner, der täglich trainiert und sich kalt duscht. Im Sommer geht er schwimmen und in der kalten Jahreszeit langlaufen, oft allein, und legt dabei ohne große Anstrengung, wie er versichert, noch immer fünfzehn bis zwanzig Kilometer zurück. Kein Alkohol, kein Tabak. Wir erfahren auch, dass er sich wie sein jüngerer Bruder im Zeichnen und sogar in der Bildhauerei versucht. Jewgeni ist schon seit 33 Jahren tot und beim berühmten Namen Abalakow denkt man nicht mehr an ihn, sondern an Witali. Seine Langlebigkeit ist beachtlich. Er ist der älteste Vertreter der alpinistischen Gründergeneration. Alle anderen wurden hingerichtet, zerbombt, deportiert. Nur wenige starben in den Bergen, nur eine Handvoll konnte sich in Frieden zur Ruhe setzen.

Ich weiß nicht, ob Witali Anfang 1980 zu den Ausgewählten gehört, die sein Werk zu Ende bringen sollen. Es spielt tatsächlich keine Rolle, dass er alt und in den Hintergrund getreten ist. Seine Verdienste liegen anderswo. Die ganze Kultur des sowjetischen Alpinismus, das Training, die Aufstiegsstrategie, die Sicherungstechnik, all das ist sein Erbe – seine Schule, mit der der Gipfel des Sieges bezwungen wurde. Jetzt haben andere das Sagen, aber sie wenden das an, was er jahrzehntelang perfektioniert hat.

Der Ingenieur und Alpinist hat eine letzte Mission: die Vorbereitung der Ausrüstung für den Everest. Das ist sein Beitrag zu jenem alten Traum, er gibt den anderen die Vollmacht, sein alpinistisches Lebenswerk zu vollenden. Fünfzig Jahre nach den ersten Glanzleistungen der Brüder Abalakow im Kaukasus wollen die Sowjets endlich den Qomolangma in Angriff nehmen. Die Kandidaten müssen Trainingseinheiten in einer Überdruckkammer absolvieren, die für Kosmonauten und Kampfpiloten entwickelt wurde. Unter Sauerstoffmangel treten sie dort bis zu einer simulierten Höhe von 11.000 Metern in die Pedale, bis sie das Bewusstsein verlieren. Das Medizinisch-Biologische Institut erspart ihnen weder extreme Temperaturen noch die Dekompressionskammern oder Windkanäle. Das nennt man vollen Einsatz. Eine andere Chance, den Everest-Gipfel zu erreichen, wird es lange Zeit nicht mehr geben.

Von 150 werden 25 Männer ausgewählt. Sie müssen eine neue Route in der Westwand des Everest erschließen. Diese extrem schwierige Route soll ihre Ehre als Nachzügler im Rennen um die Achttausender retten. Sie wechseln sich bei der Einrichtung von sechs Hochlagern ununterbrochen ab. Witali verfolgt das Geschehen von Moskau aus Schritt für Schritt, Meter für Meter. Die UdSSR muss unbedingt den Everest bezwingen, und genau das geschieht am 4. Mai 1982, als der Luftfahrtingenieur Balyberdin und der Pädagoge Myslowski im Radio verkünden: „Von hier führen alle Routen nach unten." Bis zum 9. Mai, an dem jährlich der Sieg über die Nazis gefeiert wird, marschieren neun weitere Russen auf das Dach der Welt, auf dem erstmals die Fahne mit Hammer und Sichel weht.

„Wir haben unsere Pflicht gegenüber dem sowjetischen Volk erfüllt. Bei unserer Rückkehr wurden wir wie Kosmonauten empfangen", erinnert sich einer der Besteiger. In der Menge, die am Scheremetjewo-Flughafen auf sie wartet – den mit Ellenbogen drängelnden Journalisten, den tief gerührten Angehörigen, den Politikern in Anzug und Krawatte –, ein kleiner, faltiger kahler Mann, den alle kennen. Witali Abalakow ist gekommen, um das zu feiern, was andere für ihn vollbracht haben.

„Das ist ein großer Sieg für die Bergveteranen, die seit Jahrzehnten nach den Achttausendern greifen", erklärt er. Einem Berichterstatter, der bemerkt, dass Myslowski, der nach der Expedition an mehreren Fingern amputiert wurde, nicht mehr klettern können werde, antwortet Witali mit einem Lächeln, dass er das sicherlich wieder hinbekommt. Ihm selbst ist es doch auch gelungen … Ich stelle mir die beiden Hände vor, die sich zum Gruß begegnen, entstellt, mehr oder weniger auf fünf Finger für zwei Hände reduziert. Ganz zu schweigen davon, dass Myslowski der Sohn eines angeblichen Volksfeindes ist, der im Gulag erschossen wurde.

Die internationale Gemeinschaft begrüßte diese Glanzleistung mit Bewunderung, aber nicht ohne Kritik. Die Sowjets wurden für die Schwerfälligkeit ihres Aufstiegs kritisiert. Die Alpinisten im Westen maßen sich gegenseitig schon nach den Kriterien einer neuen Ethik. Der Alpinstil befand sich mitten im Aufschwung. Die Russen hingegen führten mit dem Gebirge einen Grabenkrieg. Sie belagerten es, als könnte es sich ergeben. „Der sowjetische Alpinismus bleibt ein Expeditionsalpinismus", resümiert Roger Frison-Roche in *Les Montagnes de la Terre*, wo er manchmal „Abolakow", manchmal „Aborakow" schreibt und tausend Fehler macht. Zeichen der Unwissenheit, in welcher die Sowjets das Ausland in Bezug auf das Bergsteigen in der UdSSR gelassen haben.

Ein Jahr nach diesem Erfolg begeben sich Witali und eine Handvoll Ehemaliger zum letzten Mal ins Schchelda-Lager unterhalb des Elbrus. Von hier aus ist er schon so oft aufgebrochen und so oft erfolgreich zurückgekehrt. Gemeinsam steigen die Veteranen zur oberen Station der neuen Seilbahn „Mir" auf. Der Fortschritt ist auch hier angekommen. Man kann sich jetzt dank eines Kabels die Mühe sparen. Ich weiß nicht, ob er traurig oder froh über diese Abkürzung zum Panoramablick ist. Ich weiß nur, dass er sich von diesen respekteinflößenden Bergflanken verabschiedet, von diesen Wänden, die er und seine Kameraden eine nach der anderen erschlossen haben. Das ganze „Präsidium", wie sie unter sich die höchsten Gipfel des Kaukasus nennen, ist für sie ein Erinnerungsalbum. In seinen Memoiren kommt Wladimir Kizel zu dem Schluss: „Die Knoten, die unsere Seilschaft verbanden, hatten sich schon längst gelöst, das Seil war ausrangiert, es gab weder Meister noch Lehrling mehr, es blieb nur die Freundschaft zweier betagter Menschen."

Erkennen die Touristen, die für schlechte Fotos posieren, in diesem Moment diese kleine Gruppe alter Männer, wie sie intensiv den Horizont betrachten? Ahnen sie, dass sie sich ein letztes Mal von Eis und Schnee und von diesen Gipfeln verabschieden, in die ihr ganzes Leben eingraviert ist?

Witali Abalakow stirbt am 26. Mai 1986 im Alter von genau achtzig Jahren, einen Monat nach dem Reaktorunglück in Tschernobyl. Das ist das Ende. Die freiheitlich-demokratische Öffnung mit ihren anarchistischen Folgen ist in Sicht. Ich glaube nicht, dass ihm die versiegenden staatlichen Subventionen und das Ende der Massenbesteigungen gefallen hätten. So verrückt das auch erscheinen mag und trotz allem, was sein Land ihm angetan hat, denke ich, dass ihm der Zerfall der Sowjetunion nicht gefallen hätte. Hätte er ohne die Revolution überhaupt Alpinist werden können? Wahrscheinlicher ist, dass er beim Handel von Pelzen und anderen Waren irgendwo in Sibirien geblieben wäre. Wie könnte er ein Land verleugnen, das ein Leben wie das seine ermöglichte.

Er hat keinen Anspruch auf den Nowodewitschi-Friedhof, wo sein Bruder ruht. Er ist auf dem Kunzewoer Friedhof begraben, weit weg vom Moskauer Zentrum. Neben ihm liegt sein Sohn Oleg, der 1993 in einem Bus starb, der von einem Lkw gerammt wurde. Valentina folgt ihnen im Jahr darauf unter die Erde, kurz vor ihrer Tochter Galina, die 1995 an Krebs stirbt. Ein Familiensterben, bei dem scheinbar Erinnerung und Schriftstücke verloren gehen.

Nach dem Everest und dem Tod des letzten der Abalakow-Brüder gelang der Mannschaft der UdSSR die Besteigung des Dhaulagiri und dann, 1989, die gewaltige Doppel-Überschreitung der vier Gipfel des Kangchendzönga, des dritthöchsten Berges der Welt. Die Routen verliefen ausnahmslos auf über 8000 Metern, eine übermenschliche Leistung und ohne Verluste. Endlich ein Bereich, in dem die Sowjets nicht die Katastrophenliste anführen. Die neue Generation befreit sich allerdings nach und nach vom strengen System, das die Vorreiter der alten Schule wie Witali aufgebaut haben. Sein Tod bedeutete auch das Ende einer Ära.

Die jungen Leute der Perestroika stiegen ein ins Rennen um die Rekorde, und in gewisser Weise war es ein goldenes Zeitalter. Der Westen wird diese todesmutigen Erfolge, von denen er so fasziniert ist, immer in den Kontext widriger geschichtlicher Umstände stellen. Für die gesamte ehemalige UdSSR waren die 1990er-Jahre von der Erfahrung des Chaos geprägt. Treibt das Chaos in den weiten Ebenen Russlands die Menschen in die himmelhohen Berge? Das müssen die Russen beantworten. Mir scheint jedoch, dass es heute weniger Bergsteiger dieses Kalibers gibt. Die Welt ist zu behaglich geworden.

Anmerkungen

1 Steigklemme zum Hochklettern an einem Seil
2 Benannt nach dem britischen Polarforscher Ernest Henry Shackleton
3 Edmund Hillary und Tenzing Norgay erreichten am 29. Mai 1953 als erste Menschen den mit 8848 Metern höchsten Gipfel der Erde. Queen Elisabeth II. erhob Edmund Hillary daraufhin zum *Sir* und *Knight Commander* des *Order of the British Empire.* (Anm. d. Ü.)
4 Maurice Herzog und Louis Lachenal erreichten am 3. Juni 1950 den 8091 Meter hohen Gipfel. Dies war die erste Besteigung eines Achttausenders überhaupt. (Anm. d. Ü.)
5 Durch Erwin Schneider, Karl Wien und Eugen Allwein im Rahmen der Erstbesteigung (Anm. d. Ü.)
6 Leiter der britischen Everest-Expedition 1953, bei der Edmund Hillary und Tenzing Norgay den Gipfel erstmals erreichten.
7 Karawanenführer (Anm. d. Ü.)
8 Auch Pik Pobeda (russisch für „Gipfel des Sieges"), heute kirgisisch Dschengisch Tschokusu. Mit 7439 Metern Höhe der höchste Berg des Tian-Shan-Gebirges. (Anm. d. Ü.)
9 Er starb 2015 in Kasachstan. Er war als der, der am Pik Pobeda dem Tod von der Schippe sprang, berühmt geworden.
10 Die Hündin Laika wurde im Rahmen der sowjetischen Weltraummission Sputnik II 1957 als erstes Lebewesen der Erde in den Weltraum geschickt. Sie hat die Mission nicht überlebt. (Anm. d. Ü.)
11 Sowjetisches Forschungszentrum für Körperkultur und Sport (Anm. d. Ü.)
12 Und seit der Unabhängigkeit Tadschikistans heißt er sogar Pik Ismoil Somoni.
13 Das heutige Kirgisistan zeichnet sich besonders durch diese Höflichkeit aus. Seit dem Ende der UdSSR gibt es als Zeichen für gute diplomatische Beziehungen einen Pik Jelzin und einen Pik Putin.
14 Che Guevara hat seine Revolutionsgenossen übrigens an den Hängen des Vulkans Popocatépetl in Mexiko ausgebildet!
15 Der Pik Maurice Thorez befindet sich heute, nach Beilegung eines Grenzstreits, auf chinesischem Gebiet im Tian Shan.
16 Oder Pik der Leninschen Jugend. Inzwischen ist er zum Pik Nursultan Nasarbajew geworden, benannt nach dem autokratischen Präsidenten, der Kasachstan nach der Unabhängigkeit bis 2019 regierte.
17 Es handelt sich um den ungeklärten und merkwürdigen Tod von sechs Skifahrern im Ural im Winter 1959. Diese rätselhafte Tragödie ist in Russland legendär.
18 Ein Bleistift, hier ein Kajalstift (Anm. d. Ü.)

EPILOG

Es wird Zeit, diese Erzählung zu beenden, da Michail Gorbatschow soeben seine Glückwünsche zur Durchsteigung der unbezwingbaren Lhotse-Südwand[1] geschickt hat.

Eine neue Ära beginnt.

Für die Recherchen zu dieser Erzählung wollte ich alles mit eigenen Augen sehen, angefangen beim Geburtshaus[2] der Brüder Abalakow. So bin ich nach Krasnojarsk gefahren. Eine lange Reise mit der Transsibirischen Eisenbahn durch die noch kahlen Wälder, die weißen Birkenstämme als einzige Landschaft. Mein Dösen fand am kalten Ufer des Jenisseis sein Ende, in einem Schwarm Stechmücken, im Hintergrund die Sirenen einiger Boote, die flussaufwärts fuhren. Dann flanierte ich durch die Stadt, die zu retten versucht, was von ihren architektonischen Schätzen übriggeblieben ist. Man sollte keine Wunder erwarten, aber die Anwesen diverser großer sibirischer Kaufleute stehen tatsächlich unter Denkmalschutz. Während sie auf ihre Restaurierung warten, bewahrt sie dies vor der Gier der Baulöwen. Etwas weiter verunstalten vermeintlich moderne Hochhäuser die Ufer des Jenisseis und versperren den Himmel.

Um zum Haus der Brüder Abalakow zu gelangen, muss man vom Bahnhof aus die nach ihnen benannte Straße einschlagen. Eine der wenigen Würdigungen, die ihnen zuteilwurden. Was dann in der Leninstraße 74 zu sehen ist, ist ein Holzgebäude, wie es sie in Russland noch zu Tausenden gibt. Es steht nicht ganz gerade, schief ist es aber auch nicht. Das Rundholz, aus dem es besteht, ist fast schwarz geworden, und im Zwischengeschoss befindet sich ein Bergsportladen, dessen Name über die gesamte Schaufensterfront läuft: „Abalakowski". Ich eilte die wenigen Stufen hinab. Der Innenraum hat absolut keinen Charme. Neben neonfarbenen Jacken und Katalogen für Snowboarder hängen, wie in allen diesen Läden, Daunen von bis aufs Blut gerupften Gänsen von den Stangen. Unter dem misstrauischen Blick eines Verkäufers tat ich also so, als würde ich mich für ein paar Artikel interessieren. Ich war von dieser Geschichte eingenommen und von Gott weiß welchem Bedürfnis getrieben, diese Orte zu sehen.

Weniger Glück hatte ich in der oberen Etage, die 1910 von ihrem Onkel angebaut wurde und heute eine Stiftung für Waisenkinder beherbergt. Ich wollte darin einen Wink der Geschichte sehen. Man betritt sie über die Rückseite, wo ein Balken die Aufschrift „Rauchen verboten" trägt. Diese alten *Isbas* brennen wie ein Haufen Kleinholz, und die Baulöwen lassen nachts manchmal einige in Brand setzen, um Bauflächen in der Innenstadt freizumachen. Trotz des Hinweises zog eine Frau mit tiefen Zügen an ihrem Zigarettenhalter, ein Accessoire, das genauso ordinär wirkte wie seine Besitzerin. Ich fragte sie, ob ich zum Umschauen hochkommen dürfte. Sie sagte *njet*, wie immer in Russland, wo diese Antwort garantiert, dass man sich das Leben nicht zu schwer macht. Ich versuchte vergeblich, ihr krankhaftes, aus der UdSSR geerbtes Misstrauen zu zerstreuen. Jenes Misstrauen, das verlangt, dass noch das Geringste in diesem Land ein Staatsgeheimnis bleibt.

Im Museum des Orts zeigte mir dann ein hektischer, aber hilfsbereiter Konservator die spärliche Liste der Archivalien, die mit dem Namen „Abalakow“ in Verbindung stehen: ein handgeschriebener Brief in alter kyrillischer Schrift und ein paar Fotografien, die ich schon kannte. Das war's. Ich drehte mich bald im Kreis in Krasnojarsk, wo von Jewgeni und Witali nichts anderes übriggeblieben ist als das zerbrechliche Haus und die Felsen in den Stolby, die das sicherste Denkmal zu ihrem Gedenken sind.

Wenn man plötzlich von Geistern heimgesucht wird, rennt man bis ans Ende der Welt, um einige ihrer Spuren zu finden und dieselbe Luft wie diese Personen einzuatmen. Und dann?

Nach einigen Stunden sitzt man in einem Café, wo man dürftige Details notiert. Es gibt dort nichts, was an das Leben dieser beiden Sibiriaken erinnert, die im Winter 1906 und 1907 geboren wurden, als mittleres und jüngstes Kind einer Familie mit drei Kindern. Denn ja, sie hatten einen älteren Bruder, der nie miteinbezogen wird, wenn man von den „Brüdern Abalakow“ spricht. Er hatte ein unaufgeregtes Schicksal, ein gewöhnliches Leben, wenn es das in Russland überhaupt gibt. Ich weiß nichts über ihn, außer dass er in Zentralasien gelebt hat. Witali und Jewgeni haben ihn niemals und nirgendwo erwähnt.

Dann machte ich mich auf den Weg nach Kirgisistan, ich stieg den Engiltschek-Gletscher bis zum Fuß des Khan Tengri und des Pik Pobeda, des Gipfels des Sieges, hinauf. Dann begann ich die Besteigung des Berges, der auf kirgisischer Seite immer noch Lenin heißt. Ihre tadschikischen Nachbarn hingegen haben ihn gleichzeitig mit den großen Plätzen und Boulevards umbenannt. Nur dass alle weiterhin „Pik Lenin“ sagen. Aus Nostalgie, aus Gewohnheit und weil dieses Hochgebirge das Gebiet der Russen oder der Westler ist, die sich mehr über marxistische und leninistische Ortsnamen amüsieren als über persische Dynastien, die aus der Versenkung der Geschichte wiederaufgetaucht sind. Es sind die Menschen, die einen Ort gestalten, und es sind die Bergsteiger, die den Gipfeln ihre aktuellen Namen geben.

Ich habe meine Bergsteigerausrüstung wieder hervorgeholt, um Zwischenbilanz zu ziehen. Ein alter Rucksack, der mich seit meiner Volljährigkeit begleitet und alle Winkel der Welt gesehen hat. Kleidung, die damals so fortschrittlich war, wie es mein Budget zugelassen hat. Der Verkäufer einer großen Marke erklärte mir lächelnd, dass all diese Materialien aus den 2000er-Jahren absolut überholt waren. Ich antwortete ihm, dass ich in die Fußstapfen von Männern trat, die mit der Ausrüstung unserer Großeltern Wunder vollbracht haben. Er schien die Lächerlichkeit der Diktatur der „technischen" Mode nicht zu bemerken.

Ich gelangte ins Basislager, in dem die Zelte wie in einer Legion aufgereiht waren. Überbleibsel eines disziplinierten Alpinismus, genauso wie das Wecken mit den Klängen von ehemals rühmlichen Sowjet-Liedern am Morgen. Es hat einen gewissen Charme. Yaks grasen auf den benachbarten Weiden, ohne dass jemand daran denkt, sie anzuschirren. Rings herum die Jurten der Kirgisen, deren Territorium dort endet, wo ihre Reittiere sich sträuben.

Das Hochgebirge ist vor allem der Bereich der zentralasiatischen Russen. Im Moment, wo man zum Lager 1 aufsteigen will, kommt man an einem Felsen vorbei, an dem die Gedenktafeln für all jene, die am Pik Lenin ihr Leben gelassen haben, angebracht sind. Mit diesem Bild beginnt man den Aufstieg, mit der tragischen Poesie der Grabinschriften, als würde man auf dem Weg zur Front an Kadavern vorbeikommen. Übrigens begegnete ich tatsächlich einigen, die auf Pferderücken heruntergetragen wurden.

Im Lager 1 weitere gelbe Zeltreihen, die im Sturm an Sonne glauben lassen. Die Augustgewitter überzuckern die Gegend, als wäre es Winter. Wer in die Berge geht, muss Geduld mitbringen. Man beobachtet tagelang den Berg, das Zerbersten der Séracs, die Lawinenabgänge, den Wind, den Hagel auf der Zeltplane. Das Blut pocht im Schädel, die roten Blutkörperchen lassen auf sich warten. Der Mars färbt sich im Nachthimmel rot. Dann die Glut eines weiten blauen Himmels über dem unberührten Schnee, der nur vom Schatten eines auffliegenden Vogels befleckt wird. Und die Seilschaften starren sich an, um herauszufinden, wer als Erster seine Spur in die schwere weiße Watte setzen wird.

Während des Auf und Abs zur Akklimatisierung lernt man den ein oder anderen kennen. Es sprechen sich Klatsch und Gerüchte über Unfälle herum. Der Chef des Lagers 1 erzählt mir, dass er als Junge in den 1980er-Jahren Abalakow kennengelernt hat: ein Rentner mit Glatze und abstehenden Ohren, der in den Trainingslagern seine neuesten Weiterentwicklungen vorstellte. Man sagte ihnen, dass dieser Alte eine Legende sei. Im Gespräch entkorkte mein Geschichtenerzähler ein paar Flaschen, um sich bei laufender Radiomusik mit der Köchin einzulassen. „Abalakow", lässt er noch zwischen zwei Gläsern fallen, „war ein feiner Kerl, meine Fresse, der Typ hatte Manieren."

Ich brach gleichzeitig mit einer langen Kolonne zum Lager 2 auf. Einige trugen an ihren Rucksäcken befestigte Lautsprecher mit, aus denen Moskauer Hits in die weiße Wüste schallten. Technisch gesehen ist der Normalweg zum Pik Lenin leicht. Eine ewig lange Gletscherwanderung bis auf 7000 Meter. Die Logistik ist einfach, und es gibt im Sommer keinen störenden Monsun. Aus diesem Grund zieht es Menschen aus der ganzen Welt hierher und auch die Höhenarbeiter, die hier ihr Geld verdienen, meistens Sherpas oder Gurung aus Nepal. Die Globalisierung hat diesen lange verschlossenen kommunistischen Garten erreicht und über den mohammedanischen Steppen blühen tibetische Gebetsfahnen, als gäbe es Höhenstufen der Religion. Selbst Lenin ist Teil dieser Höhenfolklore, es ist seine einzige Chance auf ein Fortleben in der Nachwelt.

Dort oben ist seine Büste, die auf allen Fotos prangt. Es ist nicht mehr die gleiche, die 1934 von Witali Abalakow und seinen Kameraden heroisch hinaufgetragen wurde. Die hat man Mitte der 1990er-Jahre ins Leere geschleudert. Man sagt, dass jemand an ihrer Stelle ein Kreuz aufstellte – Gerüchten zufolge rachsüchtige Balten oder katholische Polen –, das bald das gleiche Schicksal erfuhr. 2012 hielten es russische Bergführer dann für angebracht, eine neue Büste aufzustellen. Ob aus Nostalgie oder einem Sinn fürs Mythische, ich weiß es nicht. Viele betrachten den Alltag in der UdSSR mit einer gewissen Zärtlichkeit und idealisieren die Vergangenheit in einer manchmal trüben Gegenwart. Vielleicht ist es auch eine Marketingstrategie, denn was wäre der Pik Lenin schon ohne Wladimir Iljitsch?

Ich persönlich finde eine gewisse Schönheit in all diesen sowjetischen Namen. Sie scheinen mir Zeugnis einer versunkenen Zivilisation, jener neuen Welt, die bereits die alte ist. Im Lager 2 auf etwa 5400 Metern verbringe ich die Nacht an der Bergflanke, geschützt vor möglichen Gefahren. Früher wurden die Zelte weiter unten in der Gletschermulde aufgebaut. Aber am 13. Juli 1990 ereignete sich eine jener Katastrophen, wie sie sich in diesem Ausmaß nur bei den Sowjets ereigneten. Als Folge eines Erdbebens riss eine Lawine mit einer Breite von eineinhalb Kilometern 43 schlafende Menschen mit. Weltweit der Unfall mit den meisten Toten in der Geschichte des Alpinismus.

Ich konnte meine Besteigung nicht fortsetzen. Die Symptome waren so seltsam wie gravierend. Die weiten Lungen, die mir überall sonst Flügel verliehen, hatten plötzlich keinen Wind mehr in den Segeln. Im Lager 1 ging ich zum Arzt. Er riet mir, ein paar Gläser Wodka zu trinken, um meine Chakren zu öffnen oder so ähnlich. Wir landeten im Zelt des Lagerchefs, mit der Köchin, einem kirgisischen Cognac und den Funkrufen eines Bergungsteams, das sich mit der Leiche eines Koreaners abmühte.

Es hat mich etwas geärgert. Wenn mir schon einmal der Kopf nicht so wehtat, dass ich ihn gegen einen Felsen hätte schlagen können, musste es etwas anderes sein. Draußen das klare Mondlicht auf dem unberührten Schnee. Ich meditierte über die unglaubliche Planetenkonstellation, die die Besteigung dieser hohen Gipfel erfordert.

Wenn man also nicht selbst aufsteigen kann, interessiert man sich für die Erfolge anderer. Monatelang. Zum Beispiel für die Höchstleistungen jener beiden Brüder, die hinter einem beinahe vergessenen Familiennamen stecken. Außerhalb Russlands fällt einem dazu höchstens eine simple wie praktische Technik ein, ein Trick, den sich Witali ausgedacht hat, um sich mit wenig Aufwand in Eiswänden zu sichern: die Abalakow-Eissanduhr. Der einzige russische Name, der in die Terminologie von Bergsteigern auf der ganzen Welt eingegangen ist. Ein Begriff, der sich klanglich abhebt von „portaledge", „big wall" oder „friends" und all den anderen lexikalischen Trophäen des Siegeszugs des Amerikanischen.

Darüber brütete ich, als ich mich zurück ins Tal begab und einigen Athleten begegnete, die den Berg hinaufrannten. Sie trainierten für das Lenin Race. Ein auf einen erlesenen Kreis begrenzter „Skyrunning"-Wettkampf, bei dem Spitzenathleten in Rekordzeit den 7134 Meter hohen Gipfel stürmen. Eine Art postmodernes Bergsteigen. Ich habe mich wirklich gefragt, was Witali Abalakow davon gehalten hätte.

Er hätte sich über den Verfall der westlichen Welt, ihren Rechtsrutsch und ihre reaktionären Laster ausgelassen. Er hätte Unmengen Tadel ausgeteilt. Er hätte sie scharf kritisiert und eines individualistischen Alpinismus beschuldigt, der selbstmörderisch nach Rekorden giert, um die Leere ihres liberalen Lebens mit käuflicher Sensationsmacherei und der Verschwendungssucht der internationalen Bourgeoisie zu füllen, und so weiter und so fort.

Außer … er hätte angefangen, revolutionäre Schuhmodelle zu entwickeln, um auf die Gipfel zu schweben. Wer weiß!

Anmerkungen

1 Am 16. Oktober 1990 durch den Ukrainer Berschow und den Russen Karatajew. (Anm. d. Ü.)

2 Tatsächlich wurden die Brüder Abalakow weiter nördlich am Fluss in Jenisseisk geboren. Nachdem seine Frau bei der Geburt gestorben war, zog der Vater mit den Säuglingen nach Krasnojarsk, wo er ebenfalls verstarb.

DANK

Für ihre Hilfe, Großzügigkeit und Unterstützung beim Schreiben dieses Buches und bei den Dreharbeiten für den Film *Vers les monts Célestes* (Übersetzt: *Zu den himmlischen Bergen*) über die Khan-Tengri-Expedition 1936. Dafür, dass sie sich nicht von Helden, die auf *-ow*, und von Ländern, die auf *-stan* enden, haben abschrecken lassen!

Éditions Stock, Manuel Carcassonne, Benoît Heimermann und Émilie Pointereau
Lionel Habasque, Terres d'Aventure
Staatsarchiv der Russischen Föderation (GARF)
Russisches Staatsarchiv für sozio-politische Geschichte (RGASPI)
Alpines Museum der Schweiz in Bern und Stefan Hächler
Alexej Abalakow, Serge Hardy, Eva Mauer, Bernard Germain, Christophe Raylat, Aliaksandra Bahatsel
Nathalie und Grégoire Wambergue
Paul-Erik Mondron
François Damilano
Hello Emotion Production und Ushuaïa TV
Le Centre National du Livre (CNL)

QUELLEN

Dieses Buch ist nur ein Versuch, eine Geschichte zu erzählen, die meines Wissens nie über die Grenzen der ehemaligen UdSSR gelangt ist. Zusätzlich zu meinen Reisen nach Zentralasien habe ich umfangreiche dokumentarische Recherchen gemacht, hauptsächlich in russischer Sprache. Ich habe die Archive, Bibliotheken und Antiquariate durchkämmt und auf Webseiten, die mit „.ru" und „.su" enden, nachgeforscht. Mit dem Internet hat die Dokumentarrecherche an Poesie verloren, dafür aber an Effizienz gewonnen. Unten steht eine unvollständige Liste der Werke, Zeitschriften und Websites, die ich genutzt habe.

Ich kann mich richtigerweise nicht für alle Informationen verbürgen. Viele Zeugen sind um die Jahrhundertwende gestorben. Man hätte dieses Buch zwanzig Jahre früher schreiben müssen. Ich habe versucht, so nah wie möglich an dem zu bleiben, was ich für die Wahrheit halte. Kritisch zu bleiben, ohne die sowjetischen Quellen grundsätzlich infrage zu stellen, aber gleichzeitig vor den Verfälschungen des Internets auf der Hut zu sein. Ich war auf die vorhandenen Quellen angewiesen und habe vielleicht die ein oder andere nicht beachtet beziehungsweise einige andere bewusst verworfen. Vielleicht werden mit der Zeit neue Einzelheiten dazukommen. Die Überlieferung einer Geschichte ist immer nur eine Möglichkeit unter vielen, die von denen konstruiert wird, die sich zu erinnern versuchen. Sie kommt einem Roman sehr nahe.

Abalakow A., *Tajna legendarnowo alpinista Jewgenija Abalakowa*, Balabanow, 2010

Abalakow J., *Na wyssotschajschych werschinach Sowjetskowo sojusa*, Académie des sciences, 1963

Abalakow W., *Neprawilnoje woschoschdenije*, Zeitschrift unbekannt, 1980

Belezki E., *Pik Lenina*, Balabanow, 1958

Cottino L., *Ici Elvira, m'entendez-vous?*, Les Éditions du Mont-Blanc, 2020

Filimonow L., *Doroga na Everest*, Molodaja Gwardija, 1991

Horsman S., *The politics of toponyms in the Pamir mountains*, Area Nr. 38, Royal Geographical Society, 2006

Hunt J., *The Red Snows*, Hutchinson, 1958
Kisel V., *Pobedewschi Sudbu*, Verleger unbekannt, 2002
Schwarzenbach A., *Lorenz Saladin. Ein Leben für die Berge*, Hallwag, 1939
Schibaew S., *Witali Abalakow*, Eks Books, 2020
Simonow E., *À l'assaut du pic de la Victoire*, Éditions en langues étrangères, 1958
Simonow E., *Iduschi po werschinam*, Fiskultura i sport, 1964
Popow Y., *Gory na wsju schisn*, Stolby.ru, 1982
Tscherepow I. A., *Alpinisme soviétique*, Amiot Dumont, 1957
Zopfi E., Steiner R., *Tod am Khan Tengri, Lorenz Saladin*, AS Verlag, 2009
Artikel von Pawel Sacharow et Juri Pustowalow vor allem auf www.mountain.ru und www.alpklubspb.ru

Für die Übertragung ins Deutsche und die Kommentare der vorliegenden Ausgabe wurden folgende Quellen genutzt:

Maurer E., *Wege zum Pik Stalin, Sowjetische Alpinisten, 1928–1953*, Chronos Verlag, Zürich 2010
Steiner R., *Tote auf Urlaub – zur tragischen Geschichte der österreichischen Schutzbundalpinisten*, in: Alpenvereinsjahrbuch BERG 2011, S. 242–251.
Steiner R., *Das andere Bergsteigen – Kultur und Geschichte des sowjetischen Alpinismus*, in: Alpenvereinsjahrbuch BERG 2013, S. 106–119
Vogl S., *Spionage am Pik Stalin, Österreichische Bergsteiger im sowjetischen Exil*, www.doew.at – Dokumentationsarchiv des österreichischen Widerstandes (Hg.), Wien 2016
www.doew.at

BILDNACHWEIS

Seiten 60, 62/63, 65, 66, 74/75, 78, 81, 102, 138, 144: Fotoarchiv Lorenz Saladin. Alle Bilder aus dem Fotoarchiv Lorenz Saladin stammen aus dem Bildband *Tod am Khan Tengri. Lorenz Saladin* von Emil Zopfi und Robert Steiner (AS Verlag Zürch 2009). Emil Zopfi hat sie freundlicherweise für die vorliegende Publikation zur Verfügung gestellt. Das Fotoarchiv Lorenz Saladin befindet sich heute im Alpinen Museum Bern.
Seiten 28, 175: https://commons.wikimedia.org
Seiten 56, 93: Archiv des DAV, München
Seite 149: Cédric Gras
Seiten 169, 196, 207: Sputnik/Alamy Stock Foto
Seite 201: Gustav Harder (Lindau)

Der Druck dieses Werkes wurde durch den Zukunftsfonds der Republik Österreich unterstützt.

ZukunftsFonds
der Republik Österreich

MIX
Papier aus verantwortungsvollen Quellen
FSC® C014138

Nachhaltige Produktion ist uns ein Anliegen; wir möchten die Belastung unserer Mitwelt so gering wie möglich halten. Über unsere Druckereien garantieren wir ein hohes Maß an Umweltverträglichkeit: Wir lassen ausschließlich auf FSC®-Papieren aus verantwortungsvollen Quellen drucken, verwenden Farben auf Pflanzenölbasis und Klebestoffe ohne Lösungsmittel. Wir produzieren in Österreich und im nahen europäischen Ausland, auf Produktionen in Fernost verzichten wir ganz.

Mitglied der Verlagsgruppe „engagement"

Titel der französischen Originalausgabe: Alpinistes de Staline
Übersetzung aus dem Französischen: Manon Hopf, Mannheim (D)
Umschlagentwurf, Layout und digitale Gestaltung: Tyrolia-Verlag, Innsbruck
Umschlagbilder: Jewgeni (vorne) und Witali Abalakow (Rückseite), fotografiert von Lorenz Saladin, 1936 © Fotoarchiv Lorenz Saladin.
Druck und Bindung: FINIDR, Tschechien
ISBN 978-3-7022-3972-5 *(gedrucktes Buch)*
ISBN 978-3-7022-3973-2 *(E-Book)*
E-Mail: buchverlag@tyrolia.at
Internet: www.tyrolia-verlag.at